Justice comes like a law of nature,
like spring after winter

겨울 지나면 봄,
정의도 자연법칙처럼

하태훈 칼럼집

하
태
훈

박영사

머리말

마지막 욕심이다. 이 세상에 살았던 흔적이 활자로 남아 여기저기 흩어져 있었는데 모으고 싶은 마음이 생긴 것이다. 종이 글이 잊혀 가는 마당에 모음집으로 펴낸들 누가 관심을 기울이겠냐만, 더 이상 공적 활동을 기대할 수 없게 될 거라는 허전함이 허세를 부른 것이다. 2023년 2월에 32년의 교직 생활을 마무리했고, 2021년 8월부터 시작한 한국형사·법무정책연구원 원장직도 이제 7월 말이면 끝이다. 이즈음에 뭔가 마무리 짓고 싶은 노욕이 발동한 것이니 너그러이 봐주길 바란다.

누군가가 나를 '사회 참여형 학자'라거나 '법치국가의 파수꾼'이라고 불러주기도 했다. 과분하다고 보지만 듣기 좋은 평가라 사양하고 싶지는 않다. 학자 중에는 연구자로 이름을 얻는 분도 있고, 교육자로서 명성을 떨치는 사람도 있다. 정치에 기웃거리다가 폴리페서라는 부정적 평가를 받는 자들도 더러 있다. 연구자와 교육자로서 소홀함이 없었기에 '학자'로 불릴 수 있었고, 여러 형태의 사회 참여가 있었기에 학자 앞에 '사회 참여형'이라는 수식어가 붙었다고 생각한다.

법학자로서 언론에 기고하기도 하고, 사회적 이슈에 대한 견해를 인터뷰로 밝히곤 했다. 김대중 정부와 노무현 정부에서 명칭에 '사법개혁'이 들어가는 여러 위원회에 참가했고, 시민사회단체인 참여연대에 가입하여 공동대표의 직까지 올라 시민참여의 기회를 가질 수 있었다. 특히 법조비리, 전관예우, 검찰개혁을 포함한 사법개혁 등 사법 정의와 법치주의 실현을 위한 비판과 대안 제시 활동을 했기에 법치국가의 파수꾼이라는 평가를 받을 수 있었다. 학자로서 강단에 머물며 연구와 교육을 소홀히 하지 않았고, 이론적 토대를 쌓고 활동 반경을 넓혀 학교 밖에서도 목소리를 높인 덕이다.

목소리를 내는 방법은 주로 신문 지상에 고정으로 칼럼을 쓰는 것이었다. 사회과학 전공자지만 사회에 관한 지식과 식견이 법적 이슈에 한정되어 있어서 칼럼의 주제가 다양하지 못했음을 인정한다. 그러나 어쨌든 논쟁거리가 떠오를 때마다 빠지지 않고 소리를 냈다.

30년이 지난 일이라 기억이 가물가물하지만, 언론 칼럼은 한겨레신문이 처음이다. 독일 유학에서 돌아와 홍익대학교의 강단에 첫발을 내디뎠을 때다. '사기당하고 싶어 하는 사회'라는 다소 도발적인 제목으로 시민을 향해 목소리를 내기 시작했다. 사회과학자로서, 젊은 형법학자로서 사회현상을 짚어본 내용이다. 검색해 보니 1992년 7월 29일 자다. 정치적이든 경제력이든 힘 있는 자가 군림하고 지배하는 사회가 아니라, 법과 절차가 중시되면 편법도 사라지고 사기 치거나 사기당하는 사람이 줄어들 것이라는 희망을 담은 글이었다. 법치와 민주주의의 선진국인 독일에서 공부한 덕에 정의와 공정이 흐르는 사회, 법이 지배하는 사회를 염원하는 마음에 자리하고 있었다.

여러 언론 매체에 칼럼을 실었다. 한국일보 '아침을 열며' 2003년 4월 2일 자, 주간지 시사IN '이것이 법이다' 2007년 10월 5일 자(제3호) 기고를 시작으로 고정칼럼을 썼다. 그 후 경향신문과 법률신문에 오랫동안 고정칼럼 필자로 활동했다. 글 소재며 시각, 글쓰기 실력 등 한계를 느껴서 그만둬야지 하면서도 독자가 원한다는 신문사의 감언이설에 넘어가 장기간 필진으로 남게 되었다. 그 탓에 매달 때로는 두 차례씩 '없는 집 제사 돌아오듯' 하는 마감 기한을 지키느라 애를 먹었다.

2021년 8월 한국형사·법무정책연구원 원장으로 취임한 후 국책연구기관장의 직책으로 칼럼을 쓰는 것은 적절치 않은 것 같다는 나의 핑곗거리가 나를 구해주었다. 그때까지 마감 기한을 넘기거나 걸러본 적이 없었다. 하기야 담당자 속을 썩이지 않은 게 고정칼럼 장수 비결이었는지 모르겠다. 경향신문은 '정동칼럼'을 시작으로 '하태훈의 법과 사회'로 이어지면서 6년여를 썼고, 법률신문 '서초포럼'은 이 시사평론 코너가 생긴 때부터 10년 넘도록 필진이었다. 경향신문 '하태훈의 법과 사회'는 2023년 10월에 다시 시작되었다.

이미 철 지난 이슈에 관한 칼럼도 있고 여전히 유효한 목소리를 담은 칼럼도 있는데 이를 모아 정리했다. 그때그때의 사회적 이슈에 관한 칼럼이었으므로, 세월이 많이 지난 지금 왜 이런 내용의 칼럼이 었는지 와닿지 않을 수 있다. 그래서 당시의 신문 기사 일부를 소개하고 해당 칼럼을 수록하는 형식을 취해서 독자의 이해를 돕고자 하였다. 주로 법적 이슈를 다루고 있어서 법조 전문 언론인 법률신문의 기사를 인용했다. 흔쾌히 동의해 주신 법률신문사 이수형 대표께 감사드린다.

이 책의 제목이자 첫 장을 장식할 칼럼은 '겨울 지나면 봄, 정의도 자연법칙처럼'이다. 경향신문에 게재한 칼럼이다. 추운 겨울 차디찬 광장에 모여 정의와 민주주의를 외쳤던 촛불집회의 결실이 보이기 시작했던 2017년 2월 겨울 끝자락에 봄을 기다리며 쓴 것이다. 첫 회 청계광장의 집회부터 매주 토요일 거의 빠짐없이 촛불 시민혁명에 참석했던 나는 겨울이 지나면 봄이 오듯 정의도 자연법칙처럼 온다는 믿음과 확신을 얻었다. 정의가 자연법칙처럼 흐르는 사회가 오기를 바라면서 쓴 글이다.

이 칼럼은 당시 신뢰의 상징이었던 언론인 손석희 앵커가 뉴스 끝 앵커 브리핑에서 언급하기도 했다. 이 책의 제목으로 택한 이유이기도 하다.

끝으로 열과 성을 다해 칼럼집을 만들어 준 박영사 임직원 여러분, 특히 장유나 차장과 조성호 이사의 노고에 깊이 감사드린다.

2024. 7.

녹음 가득한 여름, 율현동 다락 서재에서

하 태 훈

차 례

PART 03 정의를 정의(定意)하는 무소불위 권력, 검찰 · 103

PART 04 정의와 공존, 안전을 향한 목소리 · 153

PART 05 Ha-story · 237

PART 01

정의가 흐르는, 사람 중심 사회

'겨울 가면 봄' 정의도 자연법칙처럼

(경향신문 2017. 2. 28.)

그래서 꽃샘추위는 조금만 더 견디면 봄은 찾아올 것이라는 희망을 담은 용어라는 것이죠. 그것은 지극히 당연한 자연의 이치이기도 합니다.

어린 시절 어른께 들었던 지극히 자연스러운 이치는 또 하나 있습니다.

법(法)이라는 한자를 풀어보면 물 수(水) 변에 갈 거(去). 즉 물이 흐르는 이치와도 같이 마음이 편한 쪽으로 행동하면 그것은 곧 법과 같다는 이야기였습니다.

법학자인 하태훈 교수도 칼럼에서 같은 말을 했더군요.

"정의와 동의어로 사용되는 법(法)이라는 한자도 물(水)이 흐르는(去) 형상에서 유래되었다. 만물이 자연법칙에 따르고 질서에 순응해야 정의가 세워진다는 뜻일 것"

아마도 이런 말들이 거듭 강조되는 이유는 꽃샘추위가 끝날 듯 끝나지 않고 남아있듯 때론 법이나 정의도 아픈 통과의례를 겪어야 할 때가 있기 때문이겠지요. 그러나 꽃을 시샘하는 추위가 자연의 이치대로 어느샌가 물러가듯 '법' 또한 흐르는 물의 이치와도 같이 자연스럽게 흘러가게 되지 않을까…

그렇다면 이 정도의 꽃샘추위 정도야… 또한 이 정도의 더딘 통과 의례쯤이야…

오늘(8일)의 앵커 브리핑이었습니다.

- JTBC 앵커 브리핑 2017. 3. 8.

이제 한두 차례 꽃샘추위가 훼방을 놓겠지만 겨울은 가고 봄이 올 것이다. 매서웠던 찬바람과 추위를 견뎌내니 늘 그래왔던 것처럼 새봄이 다가오고 있다. 이게 자연법칙이다. 우리가 아무리 오는 봄을 마다하고 겨울 추위를 더 맛보고 싶어도 봄은 그렇게 온다. 물은 높은 곳에서 낮은 곳으로 흐른다. 물은 흘러가면서 막히더라도 평평함을 유지하다가 넘치면 다시 낮은 곳으로 흘러간다. 이것이 자연법칙이요, 순리다.

정의와 동의어로 사용되는 법(法)이라는 한자도 물(水)이 흐르는(去) 형상에서 유래되었다. 만물이 자연법칙에 따르고 질서에 순응해야 정의가 세워진다는 뜻일 것이다. 법의 옛 한자는 물 수(水), 해태 치(廌)와 갈 거(去)가 합쳐져 있었다고 한다. 해태(廌)는 사리의 옳고 그름을 밝혀 곡직(曲直)을 판단하고 가려내는 능력을 지닌 동물로 알려져 있다. 해태는 사람이 싸우는 것을 보면 바르지 못하고 사악한 사람을 뿔로 받았으며, 사람이 다투는 소리를 들으면 옳지 못하고 부정한 사람에게 달려들어 뿔로 들이받고 물어뜯었다고 한다. 그래서 법과 정의를 상징하는 동물로 여겨졌다. 옳고 그름을 판단하는 능력을 지닌 영험한 동물인 해태는 주로 관청 앞에 세워져 있다. 정의의 상징으로서 관리들의 비리를 감시하는 역할을 기대했던 것이다. 경복궁의 정문인 광화문 좌우에도 해태가 자리하고 있다. 지난겨울 우리가 지켰던 그 광장의 북쪽 양편에.

겨울이 가면 봄이 오듯, 높은 곳에서 낮은 곳으로 물이 흐르듯 정의도 그렇게 실현되면 얼마나 좋을까. 우리는 겨울이 지나면 봄이 온다는 확신이 있기에 추운 겨울을 버티고 견뎌낼 수 있다. 자연법칙에 대한 믿음이 있기에 그 법칙을 따르고 순응하며 살아가는 것이다. 그런데 법과 정의는 어떠한가. 자연법칙처럼 그저 믿고 기다리면 실현되는가. 언제나 진실이 승리하고 원칙과 상식이 통하는 사회인가. 땀 흘려 일한 만큼 공정하게 누릴 수 있는 공동체인가. 불법과 비리는 파헤쳐지고 법으로 징치되는 법치국가인가. 그렇지 않다.

때로는 부정의가 정의를 누르고 거짓이 진실을 이기는 때도 있다. 편법과 뒷거래가 발붙이고 반칙이 통하기도 한다. 법이 다가서지 못하는 성역도 있다. 정치와 행정이 법보다 우위에 있기도 하고 돈이 법 이상의 힘을 발휘하기도 한다. 그래서 정의가 실현될 것이라는 믿음과 확신이 부족하기에 때로는 불의와 타협하기도 하고 거짓을 진실로 왜곡하는 데 가담하거나 방조하기도 한다. 힘 있는 자가 곧 정의로 둔갑하거나 돈 있는 자가 거짓과 진실을 거래하기도 한다.

지난겨울, 정의의 상징 해태가 버티고 있는 광화문에서 그리고 전국 방방곡곡에서 우리는 정의를 외치며 매서운 추위와 칼바람 속에서도 인내와 끈기로 촛불을 밝혔다. 자연법칙처럼 정의가 실현될 수 있다는 믿음으로. 다행스럽게도 정의도 자연법칙처럼 우리에게 다가올 수 있음을 경험했다. 여전히 정의의 길은 험난하고 멀지만, 아직 무엇이 법인지를 판가름해 줄 사법부의 재판절차가 남아있지만, 차디찬 아스팔트 광장에서 찬바람과 맞서 싸우면서 결국 진실이 밝혀지고 정의가 실현될 수 있을 것이라는 믿음을 갖게 되었다. 시민의 힘으로 세상을 바꿀 수 있음을 확인할 수 있었다.

국민주권이 확인되는 국회의 대통령 탄핵 결정은 그 출발점이었다. 민주주의와 법치주의를 무너뜨린 헌법 유린과 국정농단의 실체가 드러나고, 공작정치를 자행하고 권력을 남용한 권력자들이 수사 대상이 되고, 정경유착의 고리로 재벌을 지배해 온 재벌총수가 구속되자 참으로 오랜만에 법 앞에 평등을 목격하게 되었다. 법의 지배와 거리가 멀었던 재벌에게 경종을 울렸다. 민주주의 촛불은 정치와 정국을 이끌며 입법부와 의회, 언론에도 그들의 역할을 자각하게 했다. 시민 참여가 민주주의를 성숙하게 할 수 있다는 사실을 시민 스스로 일깨워 주었다.

정의는 지연될지언정 실현될 수 있다는 믿음으로 광장을 지킨 성과다. 매주 토요일 생업을 뒤로하고, 휴일의 달콤함도 반납한 채 촛불 광장을 지키느라 치른 대가는 엄청났지만 그래도 값으로 매길 수 없는 시민의 힘을 증명해 보였던 것이다. '이게 나라냐'라는 탄식을 '이것이 민주주의다'라는 감탄으로 바꾸어 놓았다. 불평등과 불공정을 걷어내고 그 자리에 채워질 민주와 정의가 살아 숨 쉬는 세상을 만들 수 있다는 희망을 엿본 것이다. 이제 100일 넘게 달궈진 광장의 분노가 민주주의와 국민주권을 회복하고 대한민국을 리셋하는 에너지로 승화되기를 간절히 바란다.

02

늦게 온 정의는 정의롭지 않다

(경향신문 2016. 12. 30.)

　지연된 정의는 정의의 부정('Justice delayed is justice denied')이나 마찬가지다. 정의를 찾는 길이 어렵고 시간이 걸리지만 너무 늦게 세워진 정의는 정의로서 인정받기 어렵다는 뜻이다. 헌법재판소의 조속한 탄핵 심판을 촉구하는 시민들이 즐겨 인용하는 문구다. 이 말이 2016년 말 광장에서 자주 들리는 이유는 그만큼 정의를 갈구하는 시민의 목소리가 높기 때문이다. 우리 사회에 만연한 부정의와 불공정, 불공평을 타파하길 원하는 시민들이 촛불을 들고 광장으로 나왔기 때문이다.

　'돈도 실력이야. 니네 부모를 원망해'라는 철없는 코멘트가 태생적 경제 신분이 평생 간다고 생각하는 젊은 세대를 분노케 하더니, 그녀의 어머니 최순실이 숨겨놓은 자산이 최대 수조 원에서 최소 몇천억 원이라는 보도는 그들에게 더 이상 분노할 힘조차 없이 좌절을 맛보게 한다. 사회에 첫발을 내디디자마자 계층 이동의 꿈을 접어야 하는 현실을 접하고 아무리 노력해도 부모의 경제력을 넘어서기 힘든 현실을 맛봐야 하는 청년세대가 느끼는 상대적 박탈감은 이루 말할 수 없을 정도다. 월급을 몽땅 모아도 10년 안에 집 한 채 사기 어려운 대한민국에서 최 씨처럼 번듯한 직업도 없었던 사람이 엄청 난 자산가가 될 수 있는 길은 부유한 부모로부터 물려받지 않았다면 부정한 방법으로 축재했다고 볼 수밖에 없다.

올해 추징금 미납액수가 24조 원에 달하고 추징된 액수는 겨우 0.1%에 불과하다는 법무부 자료는 우리를 더욱 절망케 한다. 10억 원 이상의 고액 미납자들 대다수는 고위공직자였거나 전직 최고경영 자(CEO)라고 한다. 이들은 자기 재산은 없으나 여전히 호화 생활을 하는 경우가 많다. 본인 지갑은 비었을지 몰라도 추징을 피하려고 배 우자나 자식에게 범죄행위로 얻은 재산을 넘겨주었기 때문이다.

부정부패한 재산을 추징하지 못하고 범죄자들이 그 재산으로 호 의호식하도록 내버려 둔다면 사법 정의는 미완성이다. 미완성인 사법 정의는 더 이상 정의가 아니다. 지갑에 29만 원밖에 없다는 전직 대 통령, 수십조 원대의 추징금에도 배우자나 자식들에게 넘겨진 재산으 로 잘 먹고 잘사는 전직 기업 총수를 보며 분노하는 것은 정의롭지 못하다고 느끼기 때문이다. 돈 없는 서민은 벌금을 못 내면 내야 할 벌금을 일당 10만 원으로 나누어 그 일수에 해당하는 만큼 노역장에 유치되는데, 기업인들은 일당을 수천만 원 혹은 억대로 쳐줘 며칠만 살고 나오는 황제 노역의 현실은 부정의한 사법제도 운영의 민낯이다.

범죄자에게 그의 불법행위에 상응하는 형벌을 내려도 범죄행위로 얻은 이익을 환수하지 못하면 정의롭지 못하다. 범죄자가 부정한 이 익을 보유하지 못하게 하는 것이 범죄자를 형사 처벌하는 것만큼 중 요하다. 징역을 살게 해도 복역 후 숨겨놓은 범죄수익으로 잘 살아간 다면 과연 사법 정의가 실현되었다고 말할 수 있을까. 미완성이거나 지연된 정의가 아니라 온전한 사법 정의를 세우기 위해서는 범죄수익의 환수는 반드시 이루어져야 한다. 범죄수익이라면 범죄자의 소유이거나, 그로부터 범죄수익인 줄 알고 받았다는 것이 확인되는 한 환수돼야 한다.

특별검사의 수사가 탄력을 받고 구체적인 범죄사실과 증거들이 나타나기 시작하자 범죄자들의 형사처벌을 전제로 그들이 국가권력을 사유화해 축적한 불법적인 재산의 환수에 대한 국민의 관심과 요구가 높아지고 있다. 이에 부응하여 박영수 특검은 최씨 일가의 재산 형성 과정 추적을 위해 별도 전담팀을 꾸렸다. 정치권에서도 부정 축적 재산을 환수하기 위한 특별법 및 관련법 개정안 발의가 이어지고 있다. 더불어민주당은 최씨 일가는 물론 박 대통령 재산까지 추적하여 부정 축적 재산을 국고로 환수하는 방안을 추진 중이다. 국민의당도 '최순실 법 패키지'를 발의했다. '민주 헌정 침해행위자의 부정 축적 재산 환수에 관한 특별법안'도 포함되어 있다. 형사처벌을 전제로하지 않는 민사몰수제도의 도입 논의도 활발하다.

국정조사나 특검 수사를 통해 진실을 밝혀 책임자들을 처벌하는 것이 우선이지만, 국정농단을 주도한 비선 실세들이 그동안 불법적으로 획득한 재산을 샅샅이 추적하여 국고로 환수하는 것은 더 중요하다. 범죄수익의 환수는 우리 사회에 법과 정의가 살아 있고 법치국가 원리가 작동되고 있음을 보여주는 기본지표이기 때문이다.

부자건 빈자건 형벌의 고통은 같아야

(경향신문 2021.5.4.)

　국정감사 때가 되면 증인으로 채택된 대기업 총수들은 줄줄이 해외 출장을 간다. 불출석에 대한 벌금형은 1,000만 원 정도밖에 안 되니 별 부담도 안 된다. 생중계되는 국정감사 현장에서 곤욕을 치르는 것보다 그 정도의 벌금은 내고야 말지라는 생각이 드는 이유다. 서민들에게는 몇 달 치 월급이고 꽤 번다는 사람의 한 달 치 월급 정도이니 큰돈이지만 그들에게는 막말로 껌값이다. 현행 총액 벌금제가 갖는 맹점이다.

　부자와 빈자의 1만 원이 다르게 느껴질 텐데 같은 불법행위에 대한 벌금형은 누구에게나 똑같이 부과된다. 피고인의 재산 상태나 월소득과 상관없다. 그래서 형식적·절대적 평등이지만 실질적·상대적 불평등이라는 지적을 받는다. 평균적 정의 관념에는 부합하지만 배분적 정의와는 거리가 멀다. 같은 것은 같게, 다른 것은 다르게 취급해야 정의롭다는 관점에서 보면 공정하지 못하다. 기본소득은 국가가 국민에게 주는 것이므로 부자와 빈자에게 차등 없이 동등해야 하지만, 형벌은 고통의 부과이므로 절대적 평등을 고집해서는 안 된다. 상대적 평등도 헌법의 평등에 어긋나는 것은 아니다.

　　재산(또는 소득)비례 벌금제가 등장하는 이유다. 정치인들 사이에 재산이냐, 소득이냐는 지엽적인 말다툼이 정쟁으로 번져 이념논쟁으로 변질하고 있지만, 총액 벌금제의 불공정성을 고쳐보자는 제안이다. 이 제도가 시행되고 있는 나라들은 월수입 또는 일수입을 기준으로 하지만 재산 상태를 함께 고려해 하루 벌금 액수를 정한다. 그래서 소득비례 또는 재산비례 벌금제라고 부르는 것이다. 불법에 비례하는 일수(日數)를 정하고 피고인의 수입과 재산 상태를 고려한 하루 벌금 액수를 산정해 곱하면 벌금 총액이 산출된다. 피고인의 불법행위에 비례하는 일수는 누구에게나 동일하지만, 1일 벌금 액수가 다르므로 벌금 총액도 달라진다.

　　하루 수입이 1만 원인 자와 10만 원인 자가 똑같이 절도했다고 치자. 그들이 범한 절도의 불법에 상응하는 일수가 징역 2개월 정도에 해당한다면 60일이 되는 것이고, 전자는 60만 원, 후자는 600만 원의 벌금형이 선고되는 것이다. 이렇게 하면 형벌이 주는 고통이 똑같게 와닿을 수 있다는 것이 재산비례 벌금제의 취지다. 일수벌금제라고 알려졌지만 무슨 말인지 알 수 없으니 이렇게 부르자는 것이다. 일수 자체는 피고인이 누구냐에 따라 달라지는 것이 아니라 동일하기 때문에 불공정한 형벌이 아니다. 일수는 불법과 책임에 비례해 정해지므로 책임원칙에 어긋나지도 않고, 평등원칙에 위배되는 것도 아니다.

　　자유의 제한은 누구에게나 고통의 크기가 같다. 재벌총수의 징역 6개월과 노숙인의 징역 6개월은 똑같은 고통이다. 그러나 벌금형은 그렇지 않다. 형벌 감수성이 다르기 때문이다. 사람마다 느끼는 형벌의 영향과 고통 정도를 형벌 감수성이라 한다면 벌금형은 재산이나 소득 수준에 따라 감수성이 천차만별이다. 없는 사람에게 벌금 100만

원은 크나큰 고통이자 부담이지만 있는 사람에게는 별거 아니다. 범
죄자는 공동체 또는 타인에게 해악을 끼쳤으므로 그에 대한 응분의
대가로서 국가가 고통과 해악이 본질인 형벌을 가한다. 범죄라는 부
정에 대해 해악과 고통을 주는 형벌이라는 부정을 부과함으로써 법
질서가 회복되어 정의가 살아난다. 벌금이 해악과 고통, 부담으로 와
닿지 않으면 형벌의 맛을 잃게 된다.

　이러한 문제의식은 1980년대 중반부터 싹텄고 1990년대 초반에
는 개정 논의도 있었지만, 피고인의 재산 상태와 지불 능력 등을 조
사하여 일수 벌금액을 산정하는 데 어려움이 많다는 이유로 결실을
보지 못했다. 지금까지 드문드문 공론화와 입법 시도가 있었지만, 시
기상조론과 평등권 위반 등 반론의 목소리가 커 도입이 좌절되었다.
그러나 이제는 국민연금이나 건강보험제도 등과 같은 소득 계측 장
치가 갖춰져 있어 피고인의 소득과 재산 상태를 파악하는 데 어려움
은 없다.

　현재 벌금형에 대한 양형기준은 마련되어 있지 않은데, 재산비례
벌금제가 도입되면 벌금형의 양형도 합리화된다. 소위 황제 노역으로
불리는 환형유치의 문제도 해소된다. 벌금을 못 내면 노역장에 유치
되는데 하루 벌금 액수가 미리 정해져 있으므로 얼마나 노역을 해야
하는지 알 수 있다. 벌금 미납으로 노역장에 유치할 때는 재산 상태
를 고려하여 일당을 수억 원으로 계산해 며칠만 살아도 벌금을 탕감
해 주는 게 황제 노역의 문제다. 이렇듯 불공정한 벌금형을 개선해야
할 이유는 여럿이다. 전체 80%가 넘어 징역형보다 많은 벌금형이 공
정해진다면 범죄예방 효과도 커질 것이다.

04
인권에 여야가 따로 없다
(경향신문 2021. 1. 12.)

5일 18시를 기준으로 교정 직원과 수용자 등을 포함해 전국 교정시설 코로나19 누적 확진자 수는 총 1,125명을 기록했다. 지난해 11월 27일 서울 동부구치소에서 첫 확진자가 발생한 지 한 달여 만이다. 확진자는 수용자가 1,084명으로 대다수를 차지하고 있는데, 이 가운데 1,045명이 서울 동부구치소에서 감염됐다. 2,400여 명의 서울 동부구치소 수용자 가운데 거의 절반이 감염된 것이다.

법무부의 늑장 대응도 도마에 오르고 있다. 추미애(63·사법연수원 14기) 법무부 장관은 서울 동부구치소에서 첫 확진자가 발생한 지 34일 만인 지난 1일에야 처음으로 이번 사태에 대해 사과했다. 이용구(57·23기) 법무부 차관은 5일부터 감염병 사태가 진정될 때까지 매일 서울 동부구치소를 방문해 교정시설 감염병 대응 실태를 점검하겠다고 밝혔다.

하지만 최초 확진자가 나왔을 때 재빨리 전수조사를 실시하지 않는 등 초기 대응에 실패한 점이나 확진자와 의심 증상자 등을 제때 분리 수용하지 못한 점, 비용 문제 등을 이유로 마스크 지급을 제대로 하지 않은 점 등은 비판의 대상이 되고 있다.

－ 법률신문 2021.1.7.

서울 동부구치소 관련 코로나19 확산에 야당과 야권 대선주자들은 호재를 만난 듯 대통령을 비난하면서 '인권'을 공격무기로 꺼내들었다. '재소자 인권을 강조했던 인권변호사가 대통령인 나라가 맞나', '선택적 인권 의식', '인권 감각이 우려스러울 정도로 후진국 수준' 등. 문재인 대통령의 30년 된 언론기고문도 끄집어내 그 당시 갈수록 악화하는 재소자 인권을 지적했음을 환기했다. 맞는 지적이자 비판이다. 인권의 가치를 존중하고 최우선시해 온 문재인 정부로서는 수치다. "사람이 먼저"라고 외치면서 재소자들이 사람대접받지 못했으니 참을 수 없는 일이다. 비난받아 마땅하다. 집단감염뿐만이 아니다. 무더위에 열사병으로 죽어 나가고, 지난해 5월 부산구치소에서는 의료진이 없어 제때 진료받지 못한 정신질환 수용자가 사망하는 사건이 발생했다. 그런데 비판과 공격이 야당의 임무라지만 왠지 씁쓸하다. 맞는 말 하고도 싹수없이 한다는 느낌이 든다. 욕먹기 딱 좋은 밉상 짓으로 와 닿는다.

인권을 상대방 공격무기로 삼았다는 점 때문이다. '선택적 인권'이라고 지적질한 자들에게 화살을 돌려줄 수 있기 때문이다. 그들이 인권을 논할 자격이 있는가. 재소자의 인권을 호명할 수 있는가. 성적 지향의 문제로 포괄적 차별금지법 제정에 반대하거나 무관심한 이들이 그들이다. 소수자와 약자, 소외된 자의 인권에 무관심하다가도 상대를 공격할 때만 인권을 소환한다. 비판하고 공격하고 발목 잡는 것이 야당다움이지만 그래도 앞뒤는 좀 가려야 하지 않을까.

지금의 과밀 수용으로 수용자의 인권을 좁디좁은 감방에 처넣은 자가 누구인가. 박근혜 정권 출범 이후 수용자가 급증했다. 대책 없이 잡아 가두다 보니 정원보다 20~30%가 늘었다. 4대 악 관련 수용자도 크게 늘고 생계형 경제사범도 폭증했다. 옆으로 비스듬히 누워 자야 할 정도로 교정시설은 이미 과포화 상태다. 재소자의 운동권과 의료권은 바닥이다. 교정·교화는 뒷전으로 밀리고 가두어 두는 데 급급했다. 교도소가 아니라 일제시대의 감옥과 조금도 다르지 않다.

재소자의 인권을 생각했다면 교도소를 더 지었어야 한다. 그러나 어느 지역구 국회의원도 땅을 내주지 않는다. 혐오시설로 여기기 때문이다. 님비현상은 인권 의식의 민낯이다. 그러니 동부구치소와 같은 아파트형 밀집 교정시설이 들어선 것이다. 오래돼 낡고 열악한 시설, 환기라고는 되지 않는 밀폐된 공간에 중형 선고로 넘치는 수용자들이 전국 교도소의 모습이다. 의료진도 정원이 턱없이 부족하지만, 그조차도 충원 미달이다. 운동장도 변변치 못하고 햇빛도 제대로 들어오지 않는, 감염병에 아주 취약한 구조의 수용시설인데 방역 물품 예산조차도 없다는 것은 우리의 인권 수준을 드러낸다.

수용자가 포화상태면 가석방을 확대하거나 벌금형의 집행유예를 활용하고, 불구속 수사 원칙을 지켜 미결구금자의 숫자를 줄였어야 한다. 그러나 아무도 신경 쓰지 않았다. 재소자의 인권보다는 피해자의 인권과 시민의 안전이 중요하다는 이유 때문이다. 그러나 재소자 인권을 옹호해봤자 표가 되지 않는다는 정치인의 득표 계산이 깔려 있다. 차별금지법 제정이 지지부진한 것도 같은 이유다.

몇 해 전 박근혜 전 대통령 본인이 들어가 보고 비로소 인권침해를 알았다. 유엔 인권기구에 구치소에서 심각한 인권침해를 당하고 있다고 주장한 것이다. 고 노회찬 전 국회의원이 국감장 바닥에 신문지 한 장을 깔고 누워보는 퍼포먼스까지 벌인 인권침해의 현실이었다. 더럽고 차가운 시설을 고치지 않은 책임은 본인한테도 있었지만 당해보자 와 닿았던 것이다. 이랬던 야당은 대통령에게 사과하고 책임지라고 한다. 인제 와서 머리 숙이면 뭐가 나아지고 달라지나. 정치공세에 불과할 뿐이다. 선거를 앞둔 시점이라 날마다 대통령을 끌어들이고, 대통령의 과거 언행을 찾아내 공격에만 핏대를 세운다. 공허하고 비생산적이다. 야당이라도 비판만이 아니라 원인을 파헤치고 문제점이 무엇인지 따져 대안을 제시하는 게 우선이다.

　인권에 배제와 구별이 없듯 여야가 따로 없다. 재소자건, 소년원생이건, 성소수자건, 경제적 약자건 인권에 차별이 없다. 사람이라면 누구나 누려야 할 기본권이다. 교도소는 죄인을 징계하고자 하는 곳이지 사람을 죽어 나가게 하거나 못살게 하는 곳이 아니다. 무더위와 추위, 감염병에 취약한 곳이어서는 안 된다. 제대로 먹지 못하고, 치료도 받지 못하는 곳이어서는 더욱 안 된다. 법무부의 힘만으로는 불가능하다. 범정부적 차원에서, 입법부와 사법부 모두 과밀 수용을 포함해서 재소자 인권을 위한 대책 마련에 나서야 한다.

05

기본권은 누구에게나 기본권이다

(경향신문 2020.11.17.)

추미애(62·사법연수원 14기) 법무부 장관은 지난 12일 "채널A 사건 피의자인 한동훈 연구위원처럼 피의자가 휴대전화 비밀번호를 악의적으로 숨기고 수사를 방해하는 경우가 있다"며 휴대전화의 비밀번호 제출을 거부하는 피의자를 처벌하는 법안 제정을 검토하라고 법무부에 지시했다.

추 장관이 당시 근거로 제시한 유사 외국 입법례인 영국의 '수사권한규제법(RIPA)'에 대해서도 학회는 "이 법에 따르면, 수사기관이 휴대전화 비밀번호를 얻으려면 먼저 그에 대한 영장을 청구해 법원의 허가 판단을 받아야 하고 법원의 허가 명령이 있음에도 불구하고 피의자가 비밀번호 고지를 거부할 경우 '법원 명령 위반죄'로 처벌한다"고 설명했다.

실제 이 법안에서는 법원의 관련 영장도 △국가 안보 △중대한 범죄 방지 △국가 경제에 심각한 영향을 미칠 목적 중 하나에 해당할 경우에만 발부되도록 제한을 두고 있다.

– 법률신문 2020.11.19.

추미애 법무부 장관이 수사 과정에서 휴대전화 잠금 해제를 강제할 수 있는 법률안(일명 '한동훈 방지법')을 검토하라고 지시하자 정치권은 물론 시민사회에서도 헌법 유린이라는 비판과 비난이 쏟아졌다. 피의자에게 방어권이 보장되어야 하고 불리한 진술을 강요당하지 않을 권리가 있다는 논거다. 언론과 시민단체, 말 깨나 좀 한다는 사람들이 인권 옹호자가 되어 공격대열에 합세했다. 장관의 지시에 침묵만 지키는 민변 출신 여당 국회의원들을 향해 참을 수 없이 화가 난다는 전직 국회의원도 있었다.

국민의힘은 "헌법도 보이지 않는 법무부(法無部) 장관, 오로지 '내편'만을 위한 인권"이라는 논평을 냈다. 평소 인권에는 관심도 없거나 애써 외면했던 이들조차 맹비난에 가세했다. 차라리 고문을 허하라는 극단의 비판도 들어야 했다. 언제, 어디서, 누구에게나 똑같아야 할 기본권이 상대를 공격할 때만 꺼내 드는 전가의 보도로 쓰이고 있다.

하지만 그런 사람들의 반대로 차별금지법안은 실종된 지 오래다. 무수히 죽어 나가도 여전히 관심 밖인 노동자의 기본권은 어떠한가. 이럴 때는 인권이고, 저럴 때는 악법이라며 앞뒤 다른 말을 내뱉는 이들이 가소롭다.

피의자가 형사 절차상 보장받아야 할 기본권을 침해하면 증거로 인정받지도 못한다. 위법하게 수집한 증거이기 때문이다. 진술 거부권, 자백 강요 금지, 영장주의, 적법절차, 무죄추정의 원칙 등등. 거대권력에 맞닥뜨린 피의자의 방어권은 그가 검사장이든, 살인자든, 강간범이든 상관없이 누구에게나 보장되어야 한다. 수사 과정에서 수단과 방법을 가리지 않고 얻어낸 진실과 정의는 색바랜 진실과 정의다. 그러니 헌법과 형사소송법에 분명히 적혀 있는 원칙을 무시하는 법무부 장관의 법률안 검토지시는 비판받아 마땅하다.

그러나 수사 방해를 포함한 사법 방해죄가 느닷없이 튀어나온 요물은 아니다. 이명박 정부에서 법무부가 강력하게 추진했던 적이 있다. 진보적 시민단체와 인권 단체들은 이명박 정부가 사법 방해죄를 도입하려던 당시부터 검찰이 수사피의자의 방어권을 무력화하고 기본권을 침해할 가능성이 크다는 이유로 반대했다.

　　지금 소위 휴대전화 비밀번호 방지법에 대해 십자포화를 퍼부은 사람들은 그때는 어떤 태도와 입장이었을까. 그때도 언론이나 당시 여당 의원들이 이렇게 벌 떼처럼 공격했을까. 국민의힘 논평처럼 "헌법에 보장된 진술 거부권, 형사소송법상 방어권을 무너뜨리는 반헌법적 발상, 헌법과 국민 위에 군림하는 법무부 장관"이라는 비판의 한 조각이라도 들렸던가. 전혀 그렇지 않다. 지금 국민의힘에 소속된 국회의원 중에 법안을 발의한 자도 있었다. 이에 동조했던 언론도 부지기수다. 인제 와서 마치 인권 옹호자가 된 양 호들갑을 부려 아연실색할 수밖에 없다.

　　그야말로 내로남불이다. 맘에 들지 않는 상대라면 이전에 뭐라 했는지, 어떤 태도와 입장이었는지 상관없다. 조국 전 법무부 장관의 진술 거부권 행사에 대해서도 무차별 공격을 퍼부었다. 그들은 이명박 정부의 사법 방해죄 도입에는 침묵하거나 필요성과 당위성을 설파했었다. 그러나 지금은 정반대다. 공격의 대상이 내 편이 아니라는 이유로 비난의 화살을 퍼붓는다. 그때는 그랬다고 지금은 달라지지 말라는 법은 없다. 그때는 사법 방해죄의 찬성론자였지만 지금이라도 변심할 수는 있다. 그러나 적어도 왜 달라졌는지는 말해 줘야 한다.

　　사법 방해죄, 법무부의 숙원이다. 정권이 바뀌어도 그 DNA가 남아있는 것인지 자유와 인권이라는 진보적 가치를 표방하는 이번 정부의 법무부도 예외는 아니다. 당위와 이상보다는 현실이 앞서게 되는 모양이다. 수사의 편의와 효율성이 우선인 듯하다. 진실발견이 형사소송의 최고 목표라지만 헌법에 쓰여 있는 형사사법상의 기본권이 지켜지는 절차에 의해야 한다. 우리 헌법은 불리한 진술을 강요당하지 않을 권리를 보장하고 있다. 사생활의 비밀과 자유를 침해받지 아니할 권리도 적혀 있다. 디지털 시대에 과학수사 기법이 필요하다지만 인권이 존중되어야 한다.

수사의 효율성만 생각해서도 안 된다. 아무리 진실발견이 급해도 피의자의 기본권이 보장되고 법에 정해진 절차에 따라야 하는 것이 법치국가원리다. 외국에도 있다는 사실은 이유가 되지 않는다. 선진국의 법제라고 모두 타당하거나 정당성이 있는 것은 아니기 때문이다. 경제 선진국 중에는 인권 후진국도 있다. 어느 국가나 받아들여야 하는 보편적 인권이 무엇인지가 중요하다. 기본권은 때와 장소, 누구인지 묻지 않는다. 차별적으로 적용된다면 더는 기본권이라고 말할 수 없다.

06
진실을 말할 자유를 보장하라

(경향신문 2018.3.27.)

법무부 성희롱·성범죄 대책위원회(위원장 권인숙)는 12일 '미투(Me Too)' 운동에 참여한 성범죄 피해자에 대한 무고나 명예훼손 혐의 수사를 성폭력 사건 수사 종료 시까지 중단하고 2차 피해 유발자는 중징계하는 등 피해자 보호 방안을 마련할 것을 박상기 장관에게 권고했다.

대책위는 "서지현 검사의 폭로 이후 전국적으로 미투 운동이 전개돼 성범죄 피해자들이 과거 자신의 피해 사실을 용기 있게 말하기 시작했지만, 가해자들이 법을 악용해 무고나 사실 적시에 의한 명예훼손 혐의 등으로 피해자를 고소하거나 개인신상 공개, 피해 사실의 반복적 진술, 음해성 인신공격, 동료나 주변인들의 차가운 시선 등으로 2차 피해에 심각하게 노출돼 있다"며 "이에 피해자가 가해자로부터 역으로 고소되는 두려움과 2차 피해 때문에 신고를 주저하지 않도록 안전한 대책을 시급하게 마련하고 신고 이후 특별한 보호가 필요하다고 판단했다"고 설명했다.

– 법률신문 2018.3.12.

말이 칼이 될 때가 있다. 말(word)에 s만 붙이면 금방 칼(sword)이라는 단어가 만들어지듯 말을 잘못하면 타인을 공격하거나 상처를 주는 무기가 된다. 소위 '일베'가 저질러 온 여성혐오나 장애인 혐오 표현이 그렇다. 말이 소수자에게는 폭력처럼 다가오고 표현의 대상이 된 자들의 영혼을 피폐하게 만든다. 없는 말을 지어내어 떠들어대거나 모욕적인 언사를 퍼부으면 다른 사람의 명예가 훼손된다. 사람의 인격적 가치와 그의 도덕적·사회적 행위에 대한 사회적 평가가 일순간 저하되기도 한다.

헌법에 표현의 자유가 기본권으로 보장되어 있다고 아무렇게나 내뱉은 말은 다른 사람에게는 비수로 꽂혀 상처를 준다. 그렇다고 자유롭게 말할 자유를 마냥 규제할 수는 없다. 형벌로 처벌한다고 혐오표현이나 명예훼손적 표현이 줄어들 것 같지도 않다. 세종대왕은 그렇게 쓰라고 한글을 창제하지는 않으셨을 터인데, 우리의 대화에는 헐뜯기나 험담이 주를 이루거나 남 말하기를 참 좋아한다.

형법은 명예훼손과 모욕을 처벌한다. 사람의 명예를 법이 보호해야 할 이익으로 보면서 범죄로 규정하고 있다. 국가형벌권을 동원하여 사람이나 법인의 명예를 보호한다. 진실한 사실을 발설해도 형법 제307조 1항에 따라 형사처벌을 받을 수 있다. 그만큼 진실을 말할 자유는 제한되어 있다. 입 다물거나 일절 다른 사람 얘기하지 말고 살아야 할 판이다. 어쩌다 용기 내어 진실을 말하면 그 용기를 꺾는 방어 전략이 명예훼손 고소다.

명예훼손죄가 있으니, 방어가 최선의 공격이 될 수 있는 것이다. 그러면 어렵사리 내었던 용기는 사라지고 더 이상 알고 있는 진실을 말할 엄두를 내지 못하게 된다. 진실을 말할 용기가 위축되는 것이다. 결국 수사와 재판으로 이어지는 법적 다툼에서 진이 빠지고 두 손 들고 만다. 진실을 말한 자의 삶은 뒤죽박죽이 되고 영혼은 피폐해져 영웅은커녕 패배자가 된다. 정의를 향한 내부고발자가 겪는 어려움이자 지난한 싸움의 끝이 그렇다.

용기 있는 몇몇 성폭력·성희롱 피해자들의 미투(#MeToo) 운동에 힘입어 피해 사실을 폭로하고 싶어도 진실한 사실적시 명예훼손죄의 위력과 폐해 때문에 성폭력 피해자들은 위축되고 만다. 침묵 깨기는 문단, 영화계, 정치권, 학계, 종교계로 퍼지고 있지만 2차 피해뿐만 아니라 역고소의 위협 때문에 진실을 말할 자유가 쪼그라든다. 가해자의 역고소가 두려워 선뜻 나서지 못하는 피해자도 많을 것이다. 적시한 사실이 '오로지 공공의 이익에 관한 때에는 처벌하지 않는다'는 조항(형법 제310조)이 있지만 법정에서 인정받기 쉽지 않다. 진실을 말할 자유가 민주주의의 핵심 요소이므로 둔 규정이지만 잘 적용되지 않는다. 그러다 보니 용기 있는 고발자가 아니면 고쳐지기 어려운 내부 비리나 젠더폭력 등이 드러나지 않는 것이다.

국가정책을 비판하면 국가기관과 공무원 등이 명예훼손죄와 모욕죄를 악용하여 고소한다. 진실을 폭로하고도 고소당한 수많은 사례를 보면서 체념하고 만다. 이처럼 진실한 사실적시 명예훼손죄의 존재 자체가 고발자의 기본권을 침해하고 표현의 자유를 부당하게 위축시킨다. 진실을 말할 자유가 없으니, 민주주의를 성숙시킬 감시와 고발 기능은 마비된다. 민사 손해배상으로 규율해도 될 것을 형벌권을 투입하니 과잉 금지의 원칙에 어긋나 위헌적이다.

진실을 폭로한다고 폭로 당한 자의 명예가 훼손되는 것도 아니다. 진실이 알려지지 않은 상태에서 사회적 평가는 긍정적이었더라도 그 사람의 명예는 그 폭로된 진실을 포함한 평가여야 하기 때문이다. 성폭행의 혐의를 받는 정치인의 명예는 젠더폭력의 가해자라는 진실한 사실을 제외한 명예가 아니다. 위력으로 간음한 사실을 모르는 상태에서 내린 평가가 그의 진짜 명예가 될 수는 없다. 성폭행을 일삼아 온 그 정치인의 실제 모습에 대한 사회적 평가가 그의 명예여야 하기 때문에 피해자의 미투로 그의 명예는 저하되거나 훼손되지 않는다. 내부고발자가 회사의 비리를 폭로했다고 그동안 쌓아온 회사의 명예가 훼손되는 것도 아니다. 왜냐하면 비록 폭로 전에는 우리가 알지 못했다 하더라도, 비리로 얼룩진 회사가 그 회사의 실체이고 그에 대한 평가가 그 회사의 실제 명예여야 하기 때문이다. 국가가 형벌권으로 보호해야 할 명예는 진실을 폭로하기 이전에 이미 실추되었기 때문에 진실 적시로 훼손될 명예는 없다.

따라서 당연히 비범죄화해야 한다. 2015년 유엔 자유권 규약위원회와 2011년 유엔 표현의 자유 특별보고관 역시 대한민국 정부에 사실적시 명예훼손죄의 폐지를 권고한 바 있다. 국회에도 폐지 법안이 발의되어 있다고 하니 이참에 결단을 내려야 한다. 진실을 말할 자유가 보장되어야 진짜 민주주의다.

07

'정의의 지주'여야 할 사면

(경향신문 2017. 12. 5.)

문재인 대통령은 29일 2018년 신년을 맞아 정봉주 전 국회의원을 특별복권하고 용산 철거 현장 화재 사망 사건 가담자 25명 등 6,444명에 대한 특별사면을 30일 자로 단행했다.

이번 사면에서는 강력범죄·부패 범죄를 배제한 일반 형사범, 불우 수형자, 일부 공안 사범이 포함됐으며, 운전 면허 취소·정지·벌점, 생계형 어업인의 어업 면허 취소·정지 등 행정제재 대상자 총 165만 2,691명에 대한 특별감면 조치도 함께 시행됐다.

박상기 법무부 장관은 "이번 사면은 형사처벌이나 행정제재로 어려움을 겪고 있는 일반 서민들의 부담을 덜어주고, 정상적인 사회생활로 조기에 복귀할 수 있도록 기회를 부여하는 데 그 취지가 있다"면서 "이를 위해 경제인·공직자의 부패 범죄, 각종 강력범죄를 사면 대상에서 배제하고 이주노동자 등 사회적 약자를 포함한 일반 형사범 다수가 혜택을 받을 수 있도록 조치했다"고 말했다.

- 법률신문 2017.12.29.

문재인 정부 첫 특별사면을 검토 중이라고 한다. 언론보도에 의하면 제주 해군기지, 밀양 송전탑, 용산 화재 참사, 사드 배치, 세월호 등 5가지 특정 집회의 집회 및 시위에 관한 법률 위반자들에 대한 특별사면 절차가 진행 중이다. 성탄절은 시기적으로 어렵지만 설날에는 가능할 것이라는 관측이다.

이에 자유한국당은 '코드 사면'이라며 반발하고 있다. 직업적 전문 시위꾼에 대해 특별사면을 추진한다면 법치가 무력화되고 국가 공권력이 해체되는 사태가 올 것이라고 경고하고 있다. 보수언론도 그들은 양심수가 아니라 국가보안법 위반자이자 폭력 사범이라면서 원칙과 기준 없는 사면이 법치주의를 해친다는 취지의 사설을 쏟아내고 있다. 진보 시민사회에서는 특정인을 거명하며 문재인 정부 첫 특별사면이 조속히 단행되어야 한다고 목소리를 높이고 있다. 그 대상자는 적폐 청산과 인권 회복을 위한 양심수 전원이어야 한다고 주장한다. 민주주의를 갈망했던 촛불 광장의 뜻을 받들어 양심수 특별사면으로 적폐 청산의 의지를 보여줘야 한다는 것이다. 이전 정부에서는 비리와 부패에 연루된 재벌 회장, 정치인과 고위공직자들은 특별사면의 시혜를 받았는데, 정작 민주주의·인권과 평화·통일을 위해 헌신한 양심수들은 단 한 명도 사면을 받지 못했다며 촛불 정부는 이전 정부와는 달라야 한다는 것이다.

어쨌든 특별사면을 둘러싼 논쟁이 특별사면의 목적인 국민 대통합은커녕 이념대립과 갈등만 부추기고 있는 상황이다. 문재인 정부가 사면 정국을 돌파하고 첫 사면으로 정당한 사면의 좌표를 설정할 시험대에 서 있다. 특별사면의 대상과 범위 한정, 대법원의 의견을 듣는 절차 마련, 사면심사위원회 구성 다양화와 회의록 공개 등 사면법도 개정해야 한다.

사면의 원형은 '법에 앞서는 은사(恩赦)'로서 절대군주가 자신의 주관에 따라서 베풀었던 은전이나 시혜였다. 그렇다면 은사는 정의의 지주(支柱)인가 아니면 정의와 대립하는 것인가. '세상이 무너져도 정의는 세워져야 한다'며 정의를 확립하는 데 단호한 입장을 견지한 칸트에 의하면 은사는 정의에 반하는 것이다. 법치국가의 장애물로 보는 시각이다. 이에 반해서 은사는 법이나 정의보다 더 깊은 근원에서 나와 법이나 정의보다 더 높은 곳에 도달하는 가치 있는 것이라는 관점도 있다. 은사 없는 법은 불법이라는 입장이다. 이처럼 사면을 둘러싼 논쟁은 쟁점은 다르지만, 예나 지금이나 다르지 않다.

과거 절대군주가 자신의 의향에 따라 베풀던 은전과 시혜로서 사면을 바라보게 되면 대통령이 재판의 절차와 결과를 뒤집어 사법을 지배하는 것으로 보게 된다. 이에 반해서 사면권자가 법 또는 법의 적용 과정에 내재한 오류나 오류 가능성을 교정하여 더 완벽한 정의를 실현한다는 입장에 따르면 오늘날 민주적 법치국가에서도 유용한 법 제도인 것이다. 더 이상 법치국가의 장애이자 군주국가 시대의 유물이 아니다. 우리 헌법은 후자의 입장에서 사면을 법 제도로 인정하고 있다. 헌법 제79조 1항에 따라 대통령은 법률에 따라 사면·감형 또는 복권을 명할 수 있다.

이처럼 사면권은 사면법에 따라 행하는 국가원수의 헌법상 권한이며 통치행위다. 그러나 그동안 사면이 일반사면은 외면되고 특별사면에 치중하여 너무 자주 정치적 목적으로 행사됨으로써 국민의 기본권 침해를 제거해 주는 법의 안전판이 아니라 마치 군주 시대 국왕의 시혜처럼 여겨지기도 한다는 점에서 그 권한 남용이 문제되는 것이다. 이는 견제와 균형의 원리에 대한 왜곡을 가져왔고 형사사법 정의에 대한 불신을 초래하게 되었다. 사법 절차와 판결을 무시하고 통치행위라는 이름으로 베푸는 은사는 제왕적 권력으로 권력분립의 이념을 훼손하는 것이기 때문이다.

그래서 사면은 절대적 예외 상황에서 엄격한 한계 내에서 형벌면제를 위한 다른 법적 수단이 없을 때 보충적으로 행사되어야 한다. 그래야 법 앞의 평등원칙도 위배하지 않는다. 오판을 호소하는 사형수나 자신의 신념이나 사상을 어떤 폭력이나 무력에 호소하지 않고 표현한 혐의로 교도소에 갇힌 양심수에게 은사가 내려질 때 정당화된다. 그래야 사면권은 입법과 사법을 뛰어넘어 국가원수에게 인정된 고유권한이라는 점에서 법 세계 속에서 일어나는 법칙 없는 기적이 될 수 있다. 사면이 자의적으로 남발되면 기적으로 와 닿지도 않는다.

　양심수나 정치적·종교적 확신범을 가두어 둠으로써 야기된 사회적 갈등을 해소시키는 기능도 한다. 과거의 아픈 기억을 지워버리고 새롭게 출발할 수 있는 기회를 주는 것이다. 이런 기능을 수행하는 사면권 행사여야 정의의 지주가 될 수 있다. 그래야 대통령의 은사는 법 밖의 세계에서 법의 영역 속으로 비춰 들어와 법의 세계의 추운 암흑을 바라볼 수 있게 해주는 한 줄기 빛이 될 것이다.

08
ESG 경영과 '에코사이드'
(경향신문 2021.9.28.)

지난 24일은 '세계 기후 행동의 날'이었다. 스웨덴 환경운동가 그레타 툰베리가 독일 베를린에서 수천 명의 기후활동가와 함께 기후 파업 집회에 나섰다. 독일 총선을 앞두고 기후 위기를 제대로 인식하지 못하고 있는 정치권을 향해 일침을 가하는 압박 행동이다. 수백 명의 목숨을 앗아간 홍수와 산사태를 지난여름 목격하고도 독일 정치권이 정신 차리지 못하자 거리로 나온 것이다.

우리나라에서도 청소년 기후 행동이 곳곳에서 집회를 열고 1인 시위도 벌이고, 정부 주도의 기후 위기 대응판을 전복하기 위한 '기후 시민의회' 구성도 제안했다. 정부와 정치권이 더 적극적으로 기후 위기에 대응해야 한다고 목소리를 높였지만, 안타깝게도 널리 퍼지지는 못한 것 같다. 과감한 탄소 감축, 미흡한 탄소중립 기본법 당장 폐기 등의 주장은 정치권의 '대장동·고발 사주' 공방으로 묻히고 말았다.

전 세계가 직면한 기후 위기와 생태계 파괴로 엄청난 대가를 치르거나 경험하고도 기후 위기는 여전히 관심 밖이다. 정부나 개인이나 모두 위기를 위기로 받아들이지 않는다. 우리의 일상이 위협받고 있지만 당장 먹고사는 문제만 위기로 느낀다. 살아갈 날이 많이 남은 미래세대의 일이라고 치부해 버리고 미뤄놓기 때문이다.

그나마 다행이다. 기업들이 ESG(환경·사회·지배구조) 경영의 중요성을 깨닫기 시작했다. 서서히 생존과 지속 발전을 위한 경영 패러다임의 전환이 선택의 문제가 아니라 필수 덕목이라고 받아들이고 있다. 그래서 ESG 경영은 기업의 장기적인 생존을 위한 핵심적인 가치로 자리 잡을 것으로 전망된다. 친환경 경영 노선을 지향하면서 ESG 전담 부서를 설치하고 있다. 친환경 에너지 관련 산업에 대한 투자 비율을 확대하고 탄소 등 유해 물질을 배출하는 사업 비중을 줄이는 기획도 보이기 시작했다. 대선을 앞둔 상황도 기후 위기의 심각성을 알리는 기회이자 대응을 압박하는 계기가 될 수 있다. 기후 위기를 선거 의제로 삼는 기후 감수성 대통령이 필요하다는 주장도 들린다.

기후변화에 대한 리더십에는 진보·보수가 따로 없다. 이념의 문제가 아니라 우리의 생존 문제이기 때문이다. 젊은 세대의 표심을 잡으려면 공정성과 집값도 중요하지만, 기후 정책도 잘 짜야 한다. 탈원전은 논란이지만, 탄소중립의 중요성을 인식하는 분위기가 확산하고 있다. 인류의 지속 가능한 발전을 위해서는 화석연료를 대체하는 신재생에너지의 보급과 개발이 절실하다는 공감대가 형성되고 있다. 탄소 배출로 인한 기후재앙을 피하려면 감축의 속도가 문제일 뿐이다. 베를린 시위에 등장한 '석탄 대신 자본주의를 태워라'라는 손팻말이 우리 모두에게 와닿는 절박함이다.

국경을 초월하여 인류의 생존을 위협하는 기후재앙을 피하려면 그것만으로는 부족하다. 국내법과 국제법상 환경 범죄에 대한 응징이 필요하다. 지구온난화와 오존층 파괴를 일으키는 탄소 배출과 같은 행위는 그 결과가 초래될 개연성이 있음을 알면서 감행한 때에는 중

대한 범죄로 정의되어야 한다. 에코사이드(echocide · 생태 학살)가 그 것이다. 제노사이드(genocide · 집단 학살)에 빗댄 용어다. 둘은 무고한 생명을 앗아간다는 점에서 똑같다. 지금은 생태계를 파괴하는 행위가 범죄는 아니지만, 국제범죄화되어야 한다. 국제형사재판소가 형사 처 벌하는 국제범죄는 집단학살, 전쟁범죄, 반인도적 범죄와 침략 범죄 4가지다. 다섯 번째 범죄로 에코사이드를 추가해 국가나 기업을 처벌 하자는 제안이 12월에 열리는 국제형사재판소 연례 회의에서 결정된 다고 한다.

기후변화를 저지하고 감소시키려면 국내법상으로도 기후 파괴적 행태에 형법이 투입되어야 한다. 형법은 형벌이라는 강력한 수단을 갖고 있으므로 최후 수단이 되어야 한다는 원칙은 지켜져야 하지만, 지금이 바로 기후재앙을 막을 수 있는 최후 순간이다. '100년 만의 유럽 폭우', '캘리포니아의 대규모 산불', '중국의 기록적 홍수' 등 더 는 기후변화의 진행을 놔둘 수는 없는 심각한 상황이다. 사후적인 손 해배상이나 과태료, 과징금으로 대처하기에 부족함이 있다. 대기오염, 토양 오염, 산림파괴, 생태계 교란 등을 범죄화하고 형벌을 예고해서 형법이 기후 예방 형법으로 작동하도록 해야 한다. 그러면 개인과 기 업의 행태와 사고가 친환경적으로 변화될 수 있을 것이다.

우리는 내일 무슨 일이 벌어지든 당장 오늘을 사는 데 급급하다. 환경과 기후라는 주제를 언급할 때 자주 인용되는, "오늘 우리가 하 는 행동은 내일 아침 세상이 어떤 모습일지를 결정한다"라는 19세기 오스트리아 작가 에브너에셴바흐(Ebner–Eschenbach)의 명언이 떠오 른다.

09
5와 38··· 사고와 자살의 나라

(경향신문 2016. 7. 1.)

1, 5, 13, 38. 로또 당첨 번호도 아니고 웬 뜬금없는 숫자냐고, 규칙성도 없이 나열된 숫자에 의아해할 것이다. 지금 이 시각 살인 범죄로, 산재사고로, 교통사고로 아까운 목숨이 덧없이 사그라져 가고 있다. 누구의 관심도 받지 못한 채 스스로 삶을 마감하는 사람도 있다. 2014년 통계에 의하면 하루에 살인 범죄로 1명, 산재사고로 5명이 우리 곁을 떠났다. 음주운전이나 부주의한 운전으로 하루에 13명이나 죽는다. 교통사고 피해자에는 유치원생이나 초등학생들도 있다. 더욱 안타까운 것은 시험과 공부, 경쟁의 압박을 견디지 못한 젊은 청춘, 구조조정이나 실직으로 생존의 벼랑 끝에 내몰린 노동자, 사업실패로 삶에 지친 가장과 고독함과 질병에 시달리던 노인들이 스스로 생을 마감하는 숫자가 하루에 38명이나 된다는 것이다.

타인에 의한 것이든 스스로의 결정에 의한 것이든 인간의 존엄성을 모독하는 죽음의 문화가 일상이 되었다. 묻지 마 칼부림이나 혐오 범죄로, 구의역 일터에서, 도로 위에서 그리고 아파트 옥상이나 번개탄을 피운 차 안에서 귀하디귀한 생명이 우리와 이별하는 그 시각, 병원의 응급실이나 중환자실, 그리고 구조의 현장에서는 1명이라도 더 살려내려는 사투가 벌어지고 있다.

마른하늘에 날벼락처럼 살인 범죄의 피해자가 되거나 교통사고의 희생자가 되는 것은 운명일 수 있지만 개인의 탓으로 돌리거나 그들의 팔자소관으로 치부하기에는 너무 안타까운 목숨이다. 다 중하디중한 목숨이지만 우리나라를 '사고 공화국', '자살 공화국'이라는 오명을 붙여준 5와 38에 관심을 쏟아 보자. 이 숫자는 개인보다 국가의 책임이 너무 커 국가 탓으로 돌릴 수 있기 때문이다.

국가는 국민의 생명 존중 의무를 갖는다. 생명 보호의 소극적 의무가 아니라 생명권 보장의 적극적 의무를 진다. 국민의 생명은 평등하며 누구도 차별받아서는 안 되기 때문에 사회·경제적, 문화적 불평등을 해소하고 국민의 건강과 생명을 위협하는 사회·환경적 요소들을 제거해 평화로운 삶을 누릴 수 있도록 해야 할 의무를 말한다. 인간의 존엄과 가치와 모든 자유와 권리는 생명을 전제로 한다.

생명권은 모든 기본권의 토대다. 그래서 국가는 국민의 인간적 생존을 보장하는 사회·경제적 안전망을 확보해야 한다. 기초 생활 및 삶의 질을 위협받는 취약 계층을 보살피며 그들이 인간다운 삶을 살 수 있도록 해야 한다. 산업사회로의 성장으로 발생할 위험을 예측하고 그에 대한 예방과 안전을 위한 규제와 법 제도의 그물망을 갖추어야 한다. 국민의 생명을 담보할 위험을 예방하고 안전을 강구하는 법과 제도를 경제발전의 걸림돌로 여겨서는 안 된다. 산재사고나 교통사고와 같은 후진국형 위험이 도사리고 있기 때문이다.

그러나 지금은 어떠한가. 국가와 정치는 국민의 생명을 최우선으로 하는 정책을 펼치고 있는가. 하루에도 수십 명이 죽으니, 국민의 생명에 무감각한 국가가 되는 것은 아닌가. 우리 주위에는 가족과 사회로부터 고립된 삶을 살아가는 노인들을 포함해 공동체로부터 소외된 삶을 살아가는 숱한 취약 계층의 사람들이 있다. 무한경쟁의 사회는 경제·사회적 주류에 편입되지 못한 이들을 패배자로 낙인찍는다. 삶에 대한 기대감을 품고 사회에 첫발을 내디뎌야 할 청춘은 아프기만 하다. 질병과 고독 속에 자살하는 노인은 늘어만 가고, 경쟁에서의 승리를 최우선의 목표로 삼은 청년들은 아프다 못해 스스로 삶을 정리하는 극단적 선택을 취하기도 한다. 노동의 기회를 상실하고 노동의 권리를 침해받은 이들도 생존의 벼랑 끝에서 추락하고 있다. 사는 것이 더 힘든 '헬조선'을 탈출하려고 마음먹는 이들이 한둘이 아니다. 그래서 자살을 '사회적 죽음', '사회적 타살'로 규정하는 것이다.

빈부격차와 양극화, 불평등을 낳는 성장 위주의 자본주의가 지속되는 한 사회적 죽음은 멈추지 않을 것이다. 자살 공화국의 오명을 벗기 어려울 것이다. 살인 가습기 살균제나 과적 세월호의 침몰에서 보듯이 성장과 이윤이 우선시 되는 사회에서는 생명 경시가 일상화되고 사고 공화국의 오명은 여전할 것이다. 그 오명에서 벗어나려면 국가는 패러다임을 바꾸어야 한다.

무엇보다도 더디 성장하더라도 사회적 배제와 차별 해소와 함께 취약 계층에 대한 보호와 지원 강화 등을 통해 사회안전망을 확충해야 한다. 미래의 적신호를 제거하고 지속 가능한 사회를 만들기 위해서는 생명과 안전을 최우선시해야 한다. 인간의 존엄성이 존중되고 더불어 사는 공동체를 복원하기 위해서는 국민의 생명권과 우리 후손의 미래가 최고의 가치가 돼야 한다.

10
이 또한 공정한가
(경향신문 2020.9.22.)

추미애(62·사법연수원 14기) 법무부 장관 아들 서모 씨의 군 복무 시 특혜 의혹을 둘러싼 논란이 커지면서 여야 정치권을 중심으로 진실 공방이 연일 벌어지고 있다. 추 장관은 7일 아들 관련 의혹에 대한 검찰 수사 상황 등에 대해 일체의 보고를 받지 않겠다는 입장을 밝혔지만, 수사가 8개월째 지지부진한 데다 야당이 이번 사건을 '제2의 조국 사태'로 규정하며 공세의 수위를 높이면서 올 국정감사에서도 이 사안이 핵심 쟁점으로 떠오를 전망이다.
추 장관의 아들 서 씨는 카투사로 복무하던 2017년 6월 5일부터 14일까지 1차 병가를 내고 삼성서울병원에서 오른쪽 무릎 수술을 받았다. 이후 부대 복귀 없이 같은 달 23일까지 9일간 2차 병가를 냈다. 이어 3차 휴가에 해당하는 개인 휴가 4일을 쓴 뒤 27일 복귀했다.

– 법률신문 2020.9.10.

불공정에서 촉발된 촛불혁명의 힘으로 탄생한 문재인 정부와 집권 여당이 지금은 역설적으로 불공정에 발목이 잡혀 있는 형국이다. 불공정의 크기와 정도가 다르기는 하지만 입은 상처는 만만치 않다. 조국 전 법무부 장관 사태가 정점인 줄 알았더니 뒤이어 추미애 법무부 장관도 자녀 문제로 곤욕을 치르고 있다. 검찰개혁 추진을 저지하려는 세력의 기도된 의혹 제기로 보이기도 하지만, 어쨌든 집요하게 파헤치는 야당과 언론의 흔들기로 그들의 도덕성은 곤두박질치고 있다.

거대 여당에 맞설 무기와 돌파구를 찾지 못하던 야당은 호재를 만난 듯 인사청문회와 그 이후 몇 달째, 국회 대정부질문 내내 열을 올리고 멈춰 설 기미가 보이지 않는다. 언론도 하루 1,000개가 넘는 기사를 쏟아내며 정쟁의 불이 꺼지지 않기를 바라는 간절함을 드러내고 있다. 결과적으론 특권과 반칙, 기득권층의 부와 명예의 대물림을 끊어내겠다던 개혁 세력도 역시 마찬가지라는 인식 심기에 성공한 것처럼 보인다. 다를 것으로 기대했던 진보세력에 대한 상실감이 국민을 더 분노하게 만든 것이다. 다급한 상황 속에서 대통령은 출범 당시의 '기회는 평등, 과정은 공정, 결과는 정의'라는 대국민 약속을 소환하며 불공정에 대한 분노를 다독이려 제1회 청년의 날 기념식에서 37번이나 공정을 외치기도 했다.

다른 불공정 이슈에 대해 언론이나 정치권이 이만큼 관심을 두고 집요했던가. 의혹 관련 기사가 지면과 포털을 채우고 인사청문회부터 지금까지 장기간 무차별 폭로와 무조건 옹호를 반복하면서, 비생산적인 정쟁을 지속했던 적이 있는가. 이 또한 비례성도 잃고 불공정한 방식이다. 기승전 추미애 장관이다. 누구나 공감하고 반감을 불러일으킬 소재인 입시와 군대의 불공정을 들춰냈다. 흙수저 대 금수저의 이분법을 동원해 공분을 자극했다. 입시와 군대는 대한민국 국민이면 누구나 경험했거나 맞닥뜨려야 할 관심사이므로 자신의 처지에서 자기 것과 비교해 본다. 그리고 주관적 경험과 입장에 따라 공정한지, 불공정한지 판단한다.

여기에 바로 함정이 숨어 있다. 극한의 경쟁사회에서 조금이라도 자신에게 불이익이라고 느껴지면 민감하게 반응한다. 자신에게 유리한 방향으로 공정성을 재단한다. 상대방의 작은 불공정도 엄청나게 커 보이게 마련인데, 작은 불공정으로 우리 사회의 공정함을 판단하는 잣대로 삼기도 한다. 양심에 따른 병역거부 판결에서 보인 남성들의 거부반응이 그 예다. 정의를 표방하지만, 절차적 공정성을 무시한 디지털교도소도 마찬가지다. 공정성 개념과 기준은 다양한데 입시와 군대 관련 불공정으로 사회 전체의 공정성을 재는 우를 범하는 것이다. 절대적 평등을 공정으로 생각하기도 한다. 여기에 더해 개인의 도덕성 문제를 우리 사회 전체의 불공정 문제로 치환해 버려 공정성의 의미는 모호해진다.

공정과 정의를 내세우는 의도는 여러 가지다. 사회구조적 불공정 사례를 들춰내 이슈화하고 이를 바꿔보려는 노력이 주를 이룬다. 불공정을 바로잡아 공정과 정의의 사회로 나아가야 한다는 신념에 찬 행동들이다. 반면에 정작 공정하지 않고 정의롭지 못한 부류가 정의와 공정의 화신인 양 분칠하고 방패막이용으로 공정을 입에 올리기도 한다. 지금 야당이 후자의 모습인 것처럼 보인다. 불공정과 부정의의 총합인 국정농단 사태에 책임이 없지 않은 그들이 공정과 정의를 부르짖고 있다. 겉으로는 혁신을 외치지만 단절을 택하기보다는 그대로 답습하고 있는 정당이다.

그들이 공정을 말할 자격이 없다는 얘기가 아니다. 입맛에 맞는 것만 문제 삼는 편식적 공정을 탓하는 것이다. 작은 불공정에 눈감으라는 얘기도 더더욱 아니다. 그 이상으로 구조적 불공정 시정에 집요함과 치열함을 보여야 한다는 의미다.

공정을 위한 법과 제도를 만들 기획이 아니라 정쟁에만 활용할 생각에 그치니 불공정이 사회적 이슈가 되고 화두가 되었지만 좀처럼 나아지지 않는다. 우리 사회에 만연한 불공정을 타파하려면 바로 자신의 이익에 관한 것뿐만 아니라 사회 전반의 불공정에도 분노해야 한다. 전관예우와 법조비리, 대기업의 불법 경영승계, 하도급·가맹점·유통 분야 불공정 거래 관행, 노동자의 소득 불공정성과 이익 배분의 불공정성 등등 실현해야 할 공정과 타파해야 할 불공정이 산적해 있다.

　　선거에서의 승자독식제도는 공정한가. 국회의원의 이해충돌과 사적 이해관계도 불공정 사례다. 사회적 약자와 소수자에 대한 배려, 이것이야말로 공정함의 척도인데, 우리는 잘 인정하려 들지 않는다. 분열과 갈등만 조장하는 개별적이고 작은 불공정 들춰내기가 아니라 분노 게이지를 구조적 불공정에 맞춰야만 공정사회로 한 걸음이라도 나아갈 수 있을 것이다.

PART 02
정의를 세우고 법을
선언하는 힘,
사법(司法)

01

판결의 무게

(경향신문 2023.10.20.)

서울중앙지법 형사5단독 박병곤 판사는 8월 10일 노무현 전 대통령에 대한 사자명예훼손 및 정보통신망 이용촉진 및 정보보호에 관한 법률 위반(명예훼손) 등 혐의로 기소된 정진석 국민의힘 의원에게 징역 6개월을 선고했다.

선고 이후 박 판사가 재직 중 자신의 SNS에 정치적 성향을 나타낸 글을 올린 사실이 드러나면서 판결을 둘러싼 논란이 일었다. 법조에선 법관의 개인적·정치적 성향을 보이는 글 게시를 어디까지 허용해야 하는지를 두고 헌법상 보장된 표현의 자유 영역 내 행위로서 문제가 없다는 견해와 법관이 정치적 중립성을 의심할 수 있는 글을 올리면 재판에 대한 신뢰가 깨질 수 있어 허용돼서는 안 된다는 견해가 충돌하기도 했다.

– 법률신문 2023.8.24.

'국민의 이름으로(Im Namen des Volkes)'.

독일 판결문 상단에 적혀 있는 문구다. 사법권도 국민주권의 원리에 충실함을 상징하는 머리말이다. 권력의 근원인 국민의 수임기관으로서 내리는 판결이니 무게감은 엄청나다. 그래서 그런지 독일 언론에서 판결을 비판적으로 보도하거나 가볍게 취급하는 기사를 찾아보기 쉽지 않다. 정치인이 관련 판결에 대해 이러쿵저러쿵 언급하는 것도 들어본 적이 별로 없다. 대법원 양형위원회 위원 시절, 독일 연

방법원을 방문해 재판이 언론이나 여론의 영향을 받을 위험성이 있는지 물었을 때, 범죄나 판결에 관한 언론보도가 거의 없으니 그럴 가능성은 없다는 대답을 들었던 기억이 난다.

우리 판결문에는 독일 판결문 머리말 같은 거창한 문구는 없다. 그렇다고 독일 판결문보다 권위와 중량감이 떨어지지 않는다. 법관은 헌법과 법률에 의해 그 양심에 따라 독립해 재판하니 판결의 무게는 결코 가볍지 않다. 수십 년 경력의 대법관이 내리는 대법원판결은 물론이고, 하급심 판결도 마찬가지다. 판사가 국민의 이름은 아니더라도 헌법과 법률, 양심에 따라 숙고해 내린 결과물이기 때문이다.

누구나 시비 걸 정도로 가볍지 않다. 대법원 확정 판결문 잉크가 마르기도 전에 사면권으로 날려버릴 만큼 중량감 없는 결과물이 아니다. 영장판사 한 명이 내린 결정이라고 사법 후진국 소리를 들을 정도는 더욱 아니다. 영장판사를 향한 저주와 조롱을 담은 조화가 대법원 담벼락을 둘러쌀 정도로 허술하지도 않다.

이제 법원의 판결이나 결정이 내려지면 누구나 한마디씩 하는 게 일상이 됐다. 언론에 대고 하기도 하고 자신의 사회관계망서비스(SNS)에 글을 올리기도 한다. 자기 입맛에 맞는 판결이면 환영하고 그렇지 않으면 좌편향, 몰상식, 함량 미달 법관 운운하며 사설 형식을 빌리거나 논평, 전문가의 말을 인용해 공개적으로 망신을 준다. 판결한 판사의 신상을 털거나 고소, 고발도 남무한다.

근거가 있는 정당한 비판이면 당연히 받아야 한다. 법치국가에서 사법부와 판결이 비판적 공론의 대상이 되어야 함은 분명하다. 사법에 대한 국민의 감시와 입법의 사법 견제가 민주주의 원리이기 때문이다. 재판을 방청할 수 있고 판결문도 공개하는 이유다.

문제는 확정되지도 않은 하급심 판결을 감정을 섞거나 이념의 잣대로 난도질하고, 판결이 아니라 판결한 판사의 자질과 성향까지 들먹이는 것이다. 아무리 언론의 자유와 알권리가 보장된다고 해도 허용되어서는 안 된다. 기자나 정치인이 사건의 전말을 다 아는 것도 아니다. 재판의 전 과정을 방청한 것도 아니다. 같은 듯하면서도 다른 사안일 수 있는 데도 세세한 부분은 모른 채 대략의 줄기만 알고 판결문을 접하면 잘못된 비판이 나올 수 있다.

법관은 각자가 재판상 독립돼 있으므로 유사하게 보이는 사건에 대해 재판부마다 서로 다른 판결이 내려질 수도 있다. 법 규정에 대한 해석이 다를 수 있고 사실관계를 확정하는 데 필요한 증거에 대한 심증 형성이 다를 수 있다. 다를 수 있음을 인정하지 않고 왜 똑같은 사안인데 판결이 제각각이냐고 비판한다. 형량도 판사마다 다르다고 뭐라 한다.

법정에서 양 당사자의 치열하고 지난한 공방을 다 지켜본 사람은 재판부뿐이다. 검사와 피고인과 그 변호인도 참여하나, 그들의 시각은 주관적이고 일방적이다. 객관적으로 공정하게 재판을 진행하고 관찰한 사람은 판사뿐이다. 사건에 관해, 양형 사유에 관해, 도주 우려나 증거인멸의 우려가 있는지에 관해 가장 잘 알고 불편부당한 판단을 내리는 사람이 판사다. 그가 헌법과 법률, 양심을 걸고 내린 판단이니 신뢰해야 한다. 언론과 정치인, 시민의 선 넘은 개입은 사법 불신을 부추길 수 있다.

심급제도가 있는 이상 정당한 비판이라도 언론이나 정치권은 최종심까지 자제해야 한다. 그렇지 않으면 언론에 의해, 형성된 여론에 의해 재판이 좌우될 위험성이 커진다. 사법의 외부로부터의 독립은 멀어질 수 있다.

02
재판부, 심급마다 판결이 다를 수 있다

(법률신문 2019.3.4.)

판결이 나면 승복 여부가 갈리는 것은 당연하다. 원고와 피고, 검사와 피고인·변호인 등 대립당사자가 있는 싸움에서 판결로 승자와 패자가 갈라지기 때문이다. 여기에 더해 보수와 진보로 나뉘어 자신들의 입맛에 맞게 재판 결과를 이념적으로 재단해 찬반 논쟁을 벌이는 경우가 잦아졌다. 최근 정치인의 댓글 사건과 미투 사건 판결을 놓고 벌이는 비난전은 도를 넘고 있다. 정치권은 자신들의 이해와 유불리에 따라 재판부의 판결을 비난과 칭찬 사이에서 흔들어 놓는다. 맘에 들면 사법 정의가 살아있다고 칭송하고, 맘에 들지 않으면 사법부의 조종이 울렸다고 폄하하는 식이다.

그러는 사이 사법부에 대한 불신은 커진다. 언론도 이에 동조하면서 그 불신은 가속화된다. SNS에 올린 당사자들의 불만이나 제삼자의 인상비평 식 쪽글을 언론이 여과 없이 인용 보도하면서 불신은 더 쌓여간다. 아직 확정되지 않은 판결에 대한 정치권과 언론의 이러한 행태는 사법부 길들이기다.

재판부마다 판결이 다르다는 이유로 사법부를 믿을 수 없다고 단정하기도 한다. 1심 판결이 항소심에서 180도 뒤집어졌다고 사법 불신과 연결해 비판하기도 한다. 특히 유명정치인이 관련된 사건에서는 더욱 그러하다. '널뛰기', '복불복 판결'이라는 표현으로 마치 재판이 로또인 것처럼 희화화한다.

그런데 항소심 판결이 1심과 같아야 한다면 심급제도가 있을 이유가 없다. 대법원에서 하급심 판결이 뒤집혔다고 사법 불신을 말할 수 없는 이유다. 심급마다 재판부마다 유무죄 판결이 다를 수 있음은 당연하다. 법 규정의 추상성과 개방 규범성 때문에 규정의 의미는 다양하게 해석될 수 있고, 사실인정에서 법관은 자유심증에 따라 증거를 취사선택할 수 있기 때문에 동일할 수 없다. 진실발견과 법 발견의 과정은 평가적이고 해석학적 과정이다. 이는 법관 개개인의 법률과 양심에 따른 판단 과정이다. 다 같아 보이는 양심적 병역거부 사건이라도 피고인의 온라인 '총 쏘기 게임' 참가 여부를 병역거부의 정당성을 가려줄 합리적 기준으로 받아들일지는 재판부에 따라 다를 수 있다.

재판의 달인인 대법관이 모인 대법원 전원합의체에서도 다수의견과 소수의견으로 갈리는 이유도 여기에 있다. 부부강간 판결에서 간음의 사전적 의미를 부부 아닌 남녀가 성적 관계를 맺음으로 보면서 부부간에는 강제적인 '간음'이 될 수 없다는 소수의견도 있었다는 사실은 재판부마다, 심급마다 판결이 다를 수 있음을 보여주는 예다.

법관은 헌법과 법률에 의하여 그 양심에 따라 독립하여 심판하기 때문에 유사한 사건에 대해서 재판부마다 서로 다른 판결이 내려질 수 있다. 1심과 항소심, 상고심의 판단도 다 다를 수 있다. 심급마다 결론이 다르다고 이를 사법부의 신뢰와 연결 짓는 것은 논리의 비약이자 재판을 모르는 소치다. 튀는 판결이라고 낙인찍을 일도 아니다. 그렇다고 법적 안정성이 해쳐지는 것도 아니고, 판결에 대한 불복과 사회적 갈등만 부추긴다는 지적도 타당치 않다.

　물론 원심에서 충분한 심리를 하지 못해 항소심에서 뒤집힌다면 문제는 달라진다. 당연히 비판의 대상이어야 한다. 사법부가 신뢰를 회복하기 위해서 애써야 할 부분이기도 하다. 사법부의 불신은 사법부 스스로가 자초한 부분도 있지만 그렇다고 개개의 재판까지 싸잡아 불신의 굴레를 씌울 일은 아니다.

03
'Justice'로 불리는 대법관
(법률신문 2016.6.30.)

　대법원 홈페이지 영문판에 대법관을 'Justice'로 소개하고 있다. 직역하면 '정의'다. 최종심으로 대법원이 정의의 최후 보루이기 때문에 그 구성원인 대법관을 'Justice'라고 불러도 손색이 없다는 뜻이다. 대법관은 사법 정의 그 자체여야 한다. 정의의 화신으로 존경과 신뢰를 받을 만한 자만이 대법관의 자리에 오를 수 있다. 사법은 무엇이 법이고 정의인가를 말하는 것을 의미한다. 그렇다면 사법의 최고 정점인 대법원의 대법관은 최고 법관으로서 정의를 말하는 자여야 한다.

　그러나 아이러니하게도 사법 불신의 정점 역시 대법원이다. 대법원 판결의 공정성에 의문을 품는 국민이 있다는 얘기다. 대법원 스스로 이를 인정하고 있다. 대법원이 최근 발표한 '재판의 공정성 훼손 우려에 대한 대책'에 따르면, 8월부터 대법관 출신 변호사가 수임한 상고심 사건은 이 변호사와 대법원에서 하루라도 같이 근무한 대법관에게는 배당되지 않고, 대법관이 사건을 배당받아 주심이 되고 난 이후에 과거 대법관으로 함께 근무한 적이 있는 변호사가 추가 선임될 경우에는 주심 대법관이 대법원장에게 재배당을 요구할 수 있다. 대법관 출신의 전관 변호사로부터의 영향을 원천적으로 차단하여 전관예우의 의혹에서 벗어나겠다는 것이다.

대법원이 국민의 사법 불신을 인정하고 외관상 공정하게 보이려는 노력은 긍정적으로 평가할 만하다. 그러나 외관상 공정성을 확보하려다가 사법부 스스로 대법관이 대법관 출신 변호사로부터 영향을 받을 수 있고 따라서 불공정한 재판을 할 우려가 있음을 자인하는 우를 범하고 말았다. 'Justice'지만 실제 부정의할 수도 있음을 전제한 것이다. 물론 항간에 떠도는 전직 대법관의 도장 값이 그 값어치를 발휘하지 못하기 때문에 전관예우의 실체는 없는 것이지만 국민이 전관의 힘을 믿고 있으니, 궁여지책으로 내놓은 것이라고 변명할지 모른다. 그러나 전직 대법관이 수임한 사건이라는 사실만으로는 불공정한 재판을 할 염려가 구체적으로 인정될 수 없는 것인데도 미리 알아서 피하겠다는 것은 대법관을 '정의'로 부를 수 없음을 스스로 자백한 것이나 다름없다.

지금 이인복 대법관 후임자에 대한 추천 절차가 진행되고 있다. 검증에 동의한 수십 명의 후보자가 낙점되기를 학수고대하고 있을 것이다. 대법관으로 정말 'Justice'라고 부를 수 있는 자가 추천되어야 한다. 상고 사건의 폭증 속에서 사건을 신속하고 효율적으로 처리할 수 있는 능력이 인선 기준이 되어서는 안 된다. 좌고우면하지 않고 사법 정의를 말할 수 있는 자, 선출되지 않은 권력으로서 사법부의 민주적 정당성을 확보하기 위한 이념적 다양성을 고려한 인물, 퇴임 후에도 전직 'Justice'로서의 명예를 지키면서 공익실현에 기여할 수 있는 인물, 후배 현직 대법관들이 'Justice'로 불릴 수 있도록 법원 담장으로부터 거리 두기를 할 인물이 추천되고 임명 제청되어야 한다. 그래야 사법 불신의 늪에서 헤어 나올 수 있다.

04
양형으로 확증되는 법관의 양심과 사법 정의

(법률신문 2019. 12. 12.)

박근혜 전 대통령과 최순실 씨에게 뇌물을 건넨 혐의로 재판에 넘겨진 이재용 삼성전자 부회장 파기환송심 첫 재판에서 이 부회장은 유무죄를 다투지 않고 양형 부당 주장만 하겠다는 입장을 밝혔다.

서울고법 형사1부(재판장 정준영 부장판사)는 25일 뇌물공여 등 혐의로 기소된 이 부회장 등 삼성 관계자 5명에 대한 파기환송심 1차 공판 기일을 열었다. 이 날 재판장인 정 부장판사는 이례적으로 피고인인 이 부회장에게 당부의 말을 전했다. 정 부장판사는 "재판 진행이나 결과와는 무관함을 먼저 분명히 한다"고 전제한 뒤, 삼성그룹이 이런 범죄를 다시 저지르지 않아야 한다며 이 부회장에게 당부사항을 전달했다. "이 사건은 삼성그룹 총수와 최고위직 임원들이 계획하고 가담한 횡령 및 뇌물 범죄이고 이를 방지하기 위해서는 실질적으로 효과적인 기업 준법감시제도가 필요하다"며 "삼성그룹 내부에서 기업 총수도 무서워할 정도의 실효적인 준법감시제도가 작동되고 있었다면 이 법정에 앉아있는 피고인들뿐 아니라 이 사건에서의 박 전 대통령, 최 씨도 이 사건 범죄를 생각할 수 없었을 것"이라고 지적했다.

- 법률신문 2019. 10. 28.

이제 '국정농단' 파기환송심 재판부에 남아 있는 시간은 형의 양정(量定) 시간이다. 한겨울 매서운 추위만큼 시리디시린 고뇌의 연속일 것이다. 수동적이었고 특혜도 없었다는데 봐줘야 하는 것 아닌가,

-55-

누가 감히 대통령의 지시와 요청을 거절할 수 있었겠어, 압박으로 와 닿지 않았을까, 국가대표 기업 총수가 경영에 손 놓으면 가뜩이나 침체된 한국경제는 어떻게 될 것인가. 그래 '신경영 비전제시', '정경유착 방지책' 과제를 잘해 오고 '준법 감시' 주문을 성실히 수행한다면 반성의 기미, 낮은 재범의 위험성, 피해 회복 등등의 긍정적 양형 인자를 내세우며 집행유예도 가능할 것 같은데.

그러다가 재벌 총수 앞에서만 작아지는 사법부라는 비판 여론의 화살을 피할 수 있겠나. 또다시 살아난 '재벌 3·5 법칙(징역 3년, 집행유예 5년)', 돈에 팔린 사법 정의 등등. 무엇보다도 특검이 소환한 헌법 제11조는 어찌할 것인가. 귓가에 맴도는 '평등'과 눈앞에 어른거리는 '정의'의 여신상을 어찌 내칠 수 있겠는가.

피고인에게는 유무죄가 중요하지만, 유죄가 인정된다면 어떤 종류의 형벌이 어느 정도 부과될 것인지, 선고된 형벌이 집행될 것인지 등 형의 양정에 관심이 쏠린다. 형벌의 종류와 양은 피고인의 자유를 제한할 뿐만 아니라 가족이나 자신의 삶, 기업인이라면 기업경영에 영향을 미칠 수 있기 때문이다. 법관에게도 중요하다. 형사사법 정의의 실현이라는 자신의 임무를 양형을 통해서 과시할 수 있기 때문이다. 법관이 공정한 심판자적 역할을 온전히 수행하고 있는지를 스스로 확인하는 과정이다. 법관의 양심이 확증되고 사법 정의가 실현되는 단계이기도 하다.

그래서 양형 과정은 법적 정당성을 검증할 수 있는 법 적용이 아니라 법관의 자유재량에 속하는 영역으로 보아서는 안 된다. 양형을 법관의 개인적 직관과 당해 사건의 전체적인 인상에 맡겨버려서는 안 된다. 개인적 경험, 출신 계층, 성격, 가치관 등 주관적인 요인에 의하다 보니 개인적인 편차의 폭이 생기게 된다. 언론매체 등의 사회적 여론이라는 법 외적 요소도 비집고 들어온다. 그러면 결국 공평하고 적정한 양형에 대한 국민의 신뢰는 사라지게 되는 것이다.

　이것이 양형기준제가 도입되고 시행된 배경이다. 양형기준의 시행 효과로 양형 편차가 줄어들고 양형의 예측 가능성이 높아졌다는 분석이다. 기업의 횡령·배임 범죄에 관해서는 실형 선고가 증가하는 등 엄격하고도 공정한 양형이 이루어졌다는 평가다. 박근혜 정부 들어 재벌 봐주기 판결에 대한 비판 여론이 일면서 양형기준에 따른 실형 선고의 양형 실무가 형성되는 듯했다. 그러나 그것도 잠시뿐 다시 과거로 돌아갈 조짐이 보인다. 사법부가 여전히 재벌 총수를 구속하거나 실형을 선고하면 재벌이 위기에 빠지고, 국가 경제가 흔들린다는 인식에서 벗어나지 못하고 있는 듯하다.

　이제 이재용 부회장에 대한 파기환송심은 사법부의 기업 범죄에 대한 인식을 가늠할 시금석이다. 국정농단과 정경유착의 암울한 역사와 고리를 끊어낼 절호의 기회에 경제정의와 공정사회로 가는 이정표가 될 것인지 결말이 궁금하다.

05
법과 양심에 따른 재판

(법률신문 2017.9.14.)

> 종교적 신념을 이유로 병역을 거부하는 이른바 '양심적 병역거부자'에 대한 하급
> 심의 유무죄 판결이 엇갈리고 있지만, 대법원은 병역법 위반이라는 입장을 재확
> 인했다.
> 대법원 형사2부(주심 조희대 대법관)는 훈련소 입소 통지서를 받고도 종교적 이
> 유로 병역을 거부하며 소집에 응하지 않은 혐의(병역법 위반)로 기소된 신모
> (22) 씨에게 징역 1년 6개월을 선고한 원심판결을 확정했다고 25일 밝혔다. 대
> 법원이 양심적 병역거부자에 대해 실형을 확정한 것은 올 들어 13번째다.
> 재판부는 "양심에 따른 병역거부는 병역법 제88조 1항에서 처벌의 예외 사유로
> 규정한 '정당한 사유'에 해당하지 않는다"며 "이를 처벌하는 것이 헌법이 정한
> 양심의 자유에 어긋나는 것도 아니다"라고 밝혔다.
>
> — 법률신문 2017.6.26.

　법관은 본질적으로 당사자 사이의 갈등뿐만 아니라 사회적 갈등을 해결하는 기능을 수행한다. 법관의 역할은 미리 정해진 법률을 그대로 적용하는 것에 그치는 것인가. 헌법과 법률 속에서 잘 찾아내기만 하면 판결이 가능한 것인가. 판결이 수학공식처럼 대입만 하면 정답이 나오는 논리적 삼단논법의 결과인가. 그렇다면 인공지능(AI)도 재판할 수 있을 것이고 인공지능이 장착된 Watson이 판결을 더 잘 내릴 수 있을지도 모른다. 이는 법이 모든 사람에게 의심이 없을 정

도로 명확하고 분명한 개념만 포함되어 있는 경우나 가능한 얘기다.

법 규정에 사용된 언어나 개념은 매우 다의적이다. 언어에 의해서 표현된 법 규정은 어느 정도 추상성과 불명확성을 내포하고 있으며 가치충족을 요하는 요소를 갖고 있다. 양심적 병역거부가 병역법 제88조의 '정당한 사유'에 해당하는지 명확히 규정되어 있는 것이 아니다.

종교나 신념을 이유로 병역을 거부하면 그것이 정당한 병역거부 사유인지를 법관이 여러 가지 요소들을 종합적으로 고려하여 결정하는 것이다. 어느 요소를 중시할 것인가에 따라 유무죄의 다른 결론이 나오는 것은 당연하다. 사실인정에서도 증거의 취사선택이 법으로 정해져 있는 것은 아니다. 자유심증주의와 법해석의 다양성 때문에 똑같아 보이는 사건도 서로 다른 판결이 나올 수 있는 것이다.

법언어가 추상적이고 불명확하면 할수록 여러 가지 해석적용의 대안 속에서 어떤 선택을 할 수밖에 없는 형태로 사법권을 행사하게 된다. 법관에게 부여된 해석의 여지가 넓으면 넓을수록 법관에 의한 재판의 정치적 성격은 강해진다. 인간사이의 관계에 영향을 미치는 모든 결정을 정치라고 한다면 이런 의미에서 사법도 정치적 성격을 띤다고 볼 수 있다.

문리적, 체계적, 역사적 및 목적론적 해석 등 다양한 해석방법 중에서 법관은 자신이 타당하다고 확신하는 결과를 근거지우기 위한 해석방법론을 선택해야 한다. 법관은 법률에 구속되지만, 법언어의 다양한 해석가능성 가운데 선택해야 한다. 거기에는 법관 개인적 특성, 전문적 경험, 양심, 신념 등 법외적 요소가 작용할 수 있고, 따라서 재판결과가 다를 가능성을 인정할 수밖에 없는 것이다. 현직 판사가 '재판이 정치'라고 말했다가 보수 언론이나 법조인으로부터 뭇매를

맞았지만 어찌 보면 맞는 말인지도 모른다. 불신을 받고 있는 '정치'
라는 단어를 선택한 잘못은 있을지라도.

　　그래도 사법은 대체로 균질성, 안정성, 통일성을 유지한다. 사법
구성원의 행동양식과 사고, 성향과 취향, 가치체계가 법교육, 사법시
험, 연수, 직무수행 등의 과정을 거치면서 유사해졌기 때문이다. 사법
부 내의 인사제도나 상소제도 등 사법메커니즘의 영향도 있다. 그래
서 대체로 상급법원의 판결을 따른다. 법관이 의지해야 하는 양심이
객관적인 법조적 양심이어야 한다고 보는 한 불쑥 튀어나오는 판결
은 거의 없다.
　　그러나 그 법조적 양심과 객관적 양심이 무엇인지 실체가 불분명
할 뿐만 아니라 그것이 있다고 하여도 이를 모든 판사에게 강요할
수 없기에 주관적 양심에 따른 판결도 간혹 나온다. 그렇더라도 이를
'튀는' 판결로 매도해서는 안 된다. 그 판결도 법과 양심에 따른 고뇌
에 찬 판결이기 때문이다.

06
제대로 견제당한 사법부
(경향신문 2021.2.9.)

'좋은 재판'을 모토로 '사법부 개혁' 기치를 내세운 김명수(61·사법연수원 15기) 대법원장이 25일 취임 3주년을 맞으며 임기 반환점을 돌았다. '김명수 코트(Court)' 출범 이후 대법원 구성과 전원합의체 판결의 진보 색채가 뚜렷해지고, 경력대등부 신설, 장애인 사법 지원 정책 등 다양한 재판 제도 개선이 이뤄졌다는 평가가 나온다. 하지만 사법행정회의 신설 표류, 사법부 독립을 침해할 우려가 있는 외풍 차단, 법원 내부 갈등 해소 등 풀어야 할 숙제도 많다는 지적이다.

김 대법원장은 사법행정권 남용 의혹 사태의 진원지로 지목된 법원행정처를 폐지하는 대신 새로운 사법행정 기구로 사법행정회의와 법원사무처를 신설하기 위한 법원조직법 개정안을 꺼냈지만, 국회의 무관심 속에 표류 중이다.

김 대법원장은 이 같은 상황을 타개하려고 2019년 9월 사법행정자문회의를 출범했지만, 사법부 개혁에 대한 국회 논의가 지지부진하자 궁여지책으로 내놓은 셀프 개혁안이라는 비판을 받았다. 또 김 대법원장이 사법행정자문회의 의장을 직접 맡아 대법원장의 권한을 분산·통제하기에는 역부족이라는 평가도 나온다.

— 법률신문 2020.9.28.

　호미로 막을 것을 가래로 막는다는 속담이 있다. 일이 작을 때 처리하지 않다가 막바지에 이르러서 큰 힘을 들여야 해결됨을 이르는 말이다. 뒤늦게 가래로라도 막을 수만 있다면 그나마 다행인데, 지금은 가래로도 쉽지 않은 상황이다. 논란과 파장이 걷잡을 수 없다. 미적대다가 때를 놓치고 사태를 수습하려다 거짓말까지 들통나 정의와 신뢰의 상징이어야 할 사법부 수장의 체면이 말이 아니다. 법원 내부의 불만도 만만찮다.

대법원장 사퇴하라는 야권의 목소리가 거세지고 있다. 거짓 해명보다 미온적인 태도가 더 문제다. 사직을 받아주지 않으려면 확실하게 탄핵감이라고 말했어야 하는데, 탄핵되어야 한다고 생각하고 있지 않다며 바깥에서 탄핵하자고 설치고 있으니 가만히 있으라는 소극적 태도는 비판받아 마땅하다. 시민사회와 국회에서 탄핵 논의가 시작되었으니, 사표를 수리하지 않는 것이 적절하고 또 사법부에 대한 정치권으로부터의 거센 공격을 방어하는 것임에도 마치 눈치 보기라는 오해의 빌미를 준 것이다.

호미로 막았으면 이렇게까지 번지지 않았을지도 모른다. 호미로라도 막을 일이 아니라는 안이한 인식이 더 문제였는지 모른다. 법관 징계, 특별재판부 설치, 사법행정권 남용 의혹 문건 공개 등 사법농단 사태 해결에 대한 시민사회와 정치권의 요구에 응답이 없었다. 사법농단의 과거를 청산하고 사법개혁으로 나가겠다는 의지가 보이지 않았다. 법관대표회의에 내맡기고 국회에 떠넘기니 헌정사상 첫 법관 탄핵 심리라는 초유의 일이 벌어진 것이다. 징계결정문에는 "법원에 계속 중인 구체적인 사건의 재판절차에 개입하여서는 아니 됨에도"라는 문구가 들어 있다. 1심 판결문에도 "특정 사건의 재판 내용이나 절차 진행을 유도하는 재판 관여로, 법관의 독립을 침해하는 위헌적 행위"라고 적혀 있다. 그러나 그저 꾸짖어 타일러 잘못을 뉘우치게 하는 정도로 끝냈다.

법관징계위원회는 팔이 안으로 굽었던 것임이 틀림없다. 정직도

아니고 감봉도 아닌 견책이라는 솜털 같은 징계에 그쳤다. 사법농단
에 관여해 법관징계위원회에 회부된 법관들에게 가장 중한 징계가
정직 6개월에 지나지 않았고, 그나마도 2차 징계위원회는 감감무소식
이다. 기소되어 재판받는 전·현직 법관들에게는 거의 예외 없이 무
죄선고가 잇따르고 있다. 사법농단의 책임자 처벌 진행 상황은 이렇
듯 미흡했다. 수장과 사법부 전체가 사법농단 사태를 바라보는 인식
에 문제가 있음을 드러낸 것이다.

 탄핵당할 정도의 위법이 견책에 머물렀으니 징계 수준과 재판 결
과에 실망한 여론이 탄핵의 명분을 얻은 것이다. 재판개입 행위가 반
헌법적이라면서 직권남용은 무죄라는 감싸기 판결이 탄핵의 도화선이
되었다. 봐주려고 고심한 흔적의 판결이 호미로 막았어야 할 것을 가
래로 막게 했다. 물론 재판에 개입할 권한이 없으니, 남용도 없다는
형식논리는 흠잡을 데 없다. 그러려면 법관 독립을 침해한 위헌적인
행위라는 판단을 하지 말았어야 했다. 헌법 위반이 하위법인 형법에
는 위반이 아니라는 결론을 납득할 시민은 없다. 여러 갈래 면죄의
길이 법관 탄핵이라는 헌정사상 초유의 사태에 이르게 한 것이다. 김
명수 대법원장의 사법부가 손 놓고 있는 사이 늦었지만, 입법부가 사
법부에 견제구를 제대로 날린 것이다.

 국회의 탄핵소추가 법관 길들이기라고 보수언론과 야당이 비판하
지만, 헌법에 충실하도록 길들이기에 헌법이 작동한 것이다. 사법의
독립을 건드리려는 내외의 불순한 시도에 흔들리지 말라는 헌법의
경고다. 국정농단 사태가 헌법의 잣대로 마무리되었듯이, 법관과 재
판의 독립을 침해한 사법농단 사건이 헌법적 심판으로 마무리되고
사법이 바로 서기를 바라는 간절함이 결집한 결과다. 재판을 거래 대
상으로 삼아 국민의 공정한 재판 받을 권리를 침해한 판사들에 대한

탄핵소추는 입법부의 권한이자 책무다.

　헌법재판소의 심판대에 올린 것 자체로 상징적 의미가 있다. 대통령 탄핵으로 대한민국 민주주의가 되살아났듯이 헌법 질서가 살아있음을 증명해 보여야 한다. 일시적으로 감싸고 덮어주기로 위법과 반헌법이 사라지지 않음을 보여 대한민국이 법치국가임을 확증했으면 좋겠다. 사법 불신의 정점인 사법농단을 단죄함으로써 사법 신뢰의 싹이 트는 계기가 되기를 기대한다. 대법원장은 헌법재판소의 심판만마냥 기다릴 것이 아니라 지난 3년에 대한 진솔한 사과와 사법개혁의 의지를 다시 한번 천명해야 내외의 불신에서 벗어날 수 있을 것이다.

사법부(司法府)인가, 사법부(司法部)인가

(경향신문 2018.1.30.)

법관 사회 내홍(內訌)의 원인인 '사법부 블랙리스트' 의혹과 관련해 추가조사 위원회(위원장 민중기 서울고법 부장판사)가 64일간의 조사를 마치고 22일 결과를 내놨지만 논란이 가시지 않고 있다.

법원행정처가 특정 학회 소속 판사들의 동향을 파악하고, 원세훈 전 국가정보원장 정치개입 사건 항소심 재판을 앞두고 청와대와 관련 정보를 주고받은 정황이 공개됐기 때문이다. 블랙리스트 논란이 삽시간에 재판권 침해 논란으로 비화하는 형국이다.

일각에선 '사법부 블랙리스트' 논란과 관련한 의혹을 해소하기 위해 구성된 위원회가 블랙리스트 유무와 관련해 명확한 입장을 내놓지 않으면서 당초 목적 범위를 벗어나는 자료들을 공개함으로써 또 다른 논란거리를 만들어 냈다는 지적도 나온다.

추가조사위는 이날 법원 내부 전산망인 코트넷에 '조사보고서'를 게시하는 방식으로 조사 결과를 발표했다.

– 법률신문 2018.1.25.

1979년 제7대 대법원장으로 취임한 이영섭 대법원장은 퇴임사에서 '회한과 오욕의 나날'이라는 말을 남기면서 사법부(司法府)를 사법부(司法部)라고 썼다. 그는 짧은 민주화 뒤 들어선 신군부의 압력에 견디다 못해 취임 2년 만에 사임하면서 사법부를 행정부의 일개 부처로 취급한 것에 대한 수모와 굴욕을 자조적으로 표현한 것이다.

　40여 년이 지난 지금 그 사법부는 어떠한가. 그때는 정권의 외풍에 휘둘려 사법부와 법관의 독립이 침해되었다면 지금은 사법부 내부로부터의 독립이 훼손되었다는 점이 다를 뿐 여전히 독립성이 확고하지 못함은 그때나 지금이나 별반 다를 바 없어 보인다.

　믿고 싶지 않지만, 청와대의 수석비서관과 통화했다는 보도가 사실이라면 대법원장이 아니라 스스로 사법부 장관으로 처신한 것이다. 엄선된 엘리트들이 근무하는 법원행정처에서 법관은 관료적 위계질서 속에서 상관의 지시를 따르고 충성하는 사법행정 공무원이었다. 위법한 지시를 내린 상사나 그의 명령이니 어쩔 수 없다며 받아들인 이들은 스스로 법관이기를 포기한 직권남용의 공범자들이었다. 소위 '사법부 블랙리스트'와 사법행정권 남용에 대한 조사보고서 속의 법원행정처는 상명하복으로 움직이는 행정부처와 같았다.

　법원 내 특정 연구모임에 가입해 활동하거나 대법원장의 사법 정책을 비판한 판사의 성향과 동향을 기록한 문건은 지난 정부에서 작성한 문화예술계 인사의 블랙리스트와 다를 바 없다. 일부 보수언론은 진보적이거나 반행정처적 법관목록을 보고도 블랙리스트 의혹의 실체가 없다고 주장한다. 추가조사위원회의 조사 결과 대다수 사법부 구성원이 상상하기 힘든 문건들이 드러나자, 대법원장은 대국민 사과를 하면서 "사법행정이라는 이름으로 권한 없이 법관들의 동향을 파악하고 성향에 따라 분류하거나, 재판이 재판 외의 요소에 의하여 영향을 받는 것으로 오해받을 만한 일"이라고 정의했다.

　법관 개인을 감시하고 그에 대한 정보를 수집하여 자신들이 원하는 유형이나 부류로 분류하는 것 자체가 차별이고 인권침해이자 불법행위다. 사법행정이라는 이름으로 대법원장이나 법원행정처의 방침에 거스르는 법관들에 대한 성향과 행적을 조사하고 이를 바탕으로 대응 방안을 마련하도록 지시한 행위는 분명 직권남용이다.

대법원장의 대국민 사과와 셀프조사 · 개혁 약속으로 해결될 일이 아니다. 여러 건의 고발로 검찰수사가 불가피한 가운데 초유의 사태가 벌어질지도 모른다. 1995년 인천지법 집달관 비리 사건을 시작으로 대법원장은 2006년과 2016년 현직 판사 금품수수 의혹에 국민 앞에 머리 숙여 사과했었다. 거의 10년 주기인데 지금은 그때와는 다르다. 법원 공무원과 법관 개인의 비리였지만 지금은 사법부 내의 조직적 사법행정권 남용이다. 그래서 더 철저한 진상조사가 필요한 것이다.

아직 열어보지 못한 파일이 수백 개에 달한다. 파일명만으로도 의심이 가는 것들이다. 법원행정처 심의관의 컴퓨터는 공용물이자 국가 소유다. 공적 업무수행에 제공되는 컴퓨터다. 그 컴퓨터에 작성 · 저장된 파일은 모두 공적 문서다. 그래서 조사에 작성자의 동의가 필요한 것이 아니다. 판사 개인이 작성했으므로 개인정보라는 주장은 공과 사의 구별을 모르고 하는 소리다. 사용자가 사적으로 작성한 파일이 있다면 반납할 때 삭제했어야 하고 혹시 남아 있다고 하더라도 이를 제외하고 조사하는 것이므로 사생활 침해는 발생하지 않는다. 대법원 판례에 따르면 권한 남용이 구체적으로 의심되는 상황에서 긴급히 대처할 필요가 있는 경우 업무용 컴퓨터 조사를 상당한 범위로 한정한다면 적법한 조사다. 강제 개봉도 아니고 강제 조사도 아니다.

단언컨대 고질의 뿌리는 관료화된 법원행정처와 제왕적 대법원장에게 있다. 법원행정처는 법원의 인사 · 예산 · 사법 정책을 다룬다. 고등법원 부장판사 제도를 폐지하고 고법 판사와 지법 판사로 법관 인사를 이원화하면 인사업무는 최소화된다. 사법 정책은 대법원 산하

사법정책연구원의 일이다. 예산은 현직 법관이 아니라 전문가가 담당해야 한다. 그러면 법원행정처는 할 일이 대폭 줄게 된다. 인사가 축소되면 대법원장 권한도 줄어든다. 대법원장을 대통령이 임명하지 않고 대법관회의에서 호선하면 대통령 눈치를 살피지 않아도 된다. 법원장도 각급 법원의 법관회의에서 호선해서 사법행정을 맡기면 법원장 승진 인사에 목맬 이유도 사라진다. 이처럼 특단의 개혁 방안이어야 거꾸로 가는 사법을 되돌려 바로 세울 수 있다. 대법원장이 국민 앞에 머리 숙여 사과하는 일이 반복되지 않았으면 좋겠다.

08
법관 고위직이 중간 경유지인가
(법률신문 2015.8.3.)

박근혜 정부의 '법조인 중용'이 이어지고 있다. 이번에는 국가인권위원장이다.
박근혜 대통령은 다음 달 12일 임기가 만료되는 현병철 국가인권위원장의 후임
으로 이성호(58·사법연수원 12기) 서울중앙지법원장을 20일 내정했다.
현 정부 들어 서울중앙지법원장이 행정부처 요직에 발탁된 것은 2013년 12월
황찬현(62·12기) 원장이 감사원장에 임명된 데 이어 두 번째다.
현 정부 들어 법조인 중용이 계속되는 이유는 법과 원칙을 강조하는 대통령의
국정운영 철학에 잘 부합하기 때문이란 분석이 많다. 또 판·검사 등 오랜 공직
경험과 법조인으로서의 절제된 삶으로 다른 직역에 비해 국회 인사청문회 통과
가 수월하다는 점도 대통령이 법조인을 선호하는 이유로 꼽힌다.
하지만 현직 법관 등의 잇따른 행정부 '차출'에 대한 우려의 목소리도 적지 않
다. 서울의 한 부장판사는 "국민은 현직 법관, 그것도 법원장 같은 고위 법관이
잇따라 행정부 요직에 진출하는 것을 두고 법관들이 영달을 위해 정권의 눈치를
본다고 오해할 수도 있다"고 말했다.

– 법률신문 2015.7.23.

　　박근혜 정부의 지나친 법관 사랑이 이어지고 있다. 이번에는 국
가인권위원장이다. 이제 서울중앙지방법원장의 자리는 행정부 고위직
으로 가는 경유지가 되어 버렸다. 최근 들어 국민권익위원장과 감사
원장에 이어 3번째다. 방송통신위원장까지 더하면 '현직' 고위 법관이

행정부 관료로 발탁되는 인사패턴이 굳어지고 있다. 시작은 이명박 정부다. 임기가 보장된 현직 대법관이 임기 도중 감사원장으로 자리를 옮겨 청와대가 인사권으로 사법부의 독립과 삼권분립을 훼손하기 시작했고 사법부 스스로도 독립성을 포기했다는 비판을 받았다.

물론 감사원, 방송통신위원회, 국민권익위원회, 국가인권위원회 모두 대통령으로부터의 독립이 필요한 기구이므로 독립성으로 무장된 법관이 자리를 맡는 것이 바람직할 수도 있다. 법과 원칙을 강조하는 대통령의 국정운영 철학에 잘 부합하는 인사라는 분석도 있다. 그러나 행정부가 사법부를 대하는 비민주적·위계적 인식과 사법부의 자존심이 걸려 있는 문제다.

이로써 '사법의 정치화'가 우려할 만한 수준에 놓이게 되었다. 임명권자가 자신의 정치적 이익이나 비전에 봉사할 수 있는 사법부 인물을 행정부의 요직에 임명하고, 이에 '현직' 고위 법관들이 주저 없이 그 자리를 차지하는 현실은 임명권자가 정책이나 정치적 의지의 실현 수단으로 사법에 영향을 미치려는 시도로 볼 수 있다. 이는 사법부의 위상과 독립성에 대한 임명권자의 중대한 침해이자 사법부 구성원 스스로 독립성을 훼손하고 헌법정신을 경시한 심각한 문제다. 사법부 최고기관으로서의 권위와 그 헌법상의 지위를 내던지고 이런 직위를 받아들이는 대법관이나 고위직 법관도 비난받아 마땅하다. 사법부의 독립을 훼손하는 정치권력에 동조하는 셈이기 때문이다.

공공정책의 결정과 실행이 사법에 의해 좌우되는 경향이 하나의 흐름으로 자리하고 있는 상황에서 더욱 그런 의심을 받는다. 이런 인사패턴이 지속된다면 임명권자의 눈치를 살펴 정치권에 친화적 판결을 선고하거나 사법행정을 펼칠 유혹에 빠져들 수 있다. 법관이 법원을 자신 경력의 최종 종착지가 아니라 더 나은 직위를 위한 중간 경유지로 생각한다면 경제 권력이나 정치권력으로부터 자유롭지 못할 것이다. 고위 법관의 고위 행정 관료로의 전직은 정부 부처 관련 소송에서 전관예우의 우려를 낳게 한다.

　이는 결국 사법부의 신뢰가 허물어지는 원인 중의 하나가 될 수 있다. 이런 사례가 많아지면 많아질수록 아무리 법관들이 법과 양심에 따라 공정한 판결을 내렸다고 해도 공정하게 보이지 않을 가능성이 크기 때문에 사법에 대한 불신은 사라지지 않게 된다. 이쯤에서 국민 중심의 사법과 사법 신뢰의 회복을 위해 애쓰시는 대법원장께 입장을 묻고 싶다. 법관 개개인의 독립성 보장이라는 이유로, 법관 개인의 결정이라는 이유로, 아니면 사법부의 인사 숨통이 트인다는 이유로 그냥 내버려 둘 것인가. 아니다. 사법부의 수장으로서 사법부의 자존심을 지키기 위하여 한마디 맨션(mention)을 날려야 한다. "그만 좀 빼가라"고.

09
무엇도 방해할 수 없는 재판

(경향신문 2017.7.18.)

박근혜(65·구속기소) 전 대통령과 최순실(61·구속기소) 씨의 뇌물 혐의 재판에 증인으로 나온 전직 삼성 고위 임원들이 증언 거부권을 행사해 증인신문이 또다시 무산됐다. 이는 지난 19일 박상진(64) 전 삼성전자 대외협력담당 사장에 이어 두 번째다.

이날 출석한 삼성 관계자들은 지난 23일 자신들의 형사재판에서 "유죄 판결 및 추가 기소가 될 우려가 있다"며 재판부에 증언거부 사유 소명서를 제출한 데 이어 이날 법정에서 모두 증언을 거부했다. 이에 대해 특검과 검찰은 "증언거부 대상이 아니다"고 반박했다. 재판부는 진술조서 확인의 증언 거부권에 대한 판단을 한 후 추후 이들을 다시 부르는 한편 내달 3일 이재용(49·구속기소) 부회장을 소환해 삼성 측 주요 증인들이 증언 거부권을 행사하는 이유 등을 확인할 계획이다.

- 법률신문 2017.6.29.

공판정에서 집중 심리를 통해 형성된 생생한 심증으로 실체적 진실을 규명하려던 국정농단 사건의 재판이 난항을 겪게 됐다. 피고인 박근혜 전 대통령이 발가락 부상을 이유로 연이어 재판에 불출석하여 뇌물공여 혐의로 기소된 이재용 삼성전자 부회장과의 법정 대면도 무산되고, 법정에 출석한 이 부회장은 증언을 거부한다는 말만 앵무새처럼 반복하였다. "뇌물공여죄로 재판을 받고 있어서 증언하면 형사소추 또는 공소제기를 당하거나 유죄를 받을 우려가 있다"는 내용의 증언거부 사유 소명서도 제출했다. 박 전 대통령 재판에 증인으로 출석한 삼성 측 관계자들 역시 모두 같은 이유로 증언을 거부했다. 이들은 본인들의 진술 내용이 담겨 있는 검찰 조서에 자신들의 진술이 그대로 기재된 것인지 등을 묻는 진정 성립 관련 질문조차 답변을 거부했다.

특검은 삼성그룹 관계자들이 집단적, 조직적으로 증언을 거부하고 있다고 비난하면서 진실을 은폐하기 위한 것이어서 증언 거부권 행사가 정당하지 않다고 주장했다. 그러나 재판부는 진정 성립을 인정하면 그 내용들이 바로 자기의 범죄성립을 인정하는 중요한 증거가 되므로 증언 거부권 행사는 정당하다고 보았다. 형사상 자신에게 불리한 진술을 강요당하지 않는다는 진술거부권은 헌법과 형사소송법에 보장된 권리다. 그러나 실체적 진실발견을 원하는 국민은 피고인의 불출석과 증인들의 이어지는 침묵으로 헛바퀴 도는 듯한 재판에 답답하기만 하다.

박 전 대통령이 기소된 지 3개월째로 접어들면서 1심 재판은 반환점을 돌았다. 재판부는 주 4회 재판을 진행해 1심 구속 만료 기한인 오는 10월 16일까지 재판을 마무리하겠다는 의지를 보이고 있다. 그때까지 재판이 끝나지 않으면 구속된 피고인을 석방해야 한다. 그래서 지금 불출석과 증언거부로 1심 구속기간 만기 때까지 박 전 대통령 재판이 끝나지 않을 수 있다는 우려가 제기된다. 변호인단은 박 전 대통령의 건강상 이유, 방대한 기록 파악 등을 이유로 집중 심리에 난색을 표해 왔다. 변호인 접견 등 방어권 행사에 지장이 있다는 이유로 재판 진행 속도를 늦추자고 요구하고 있다. 주장을 관철하기 위해 불출석 카드를 꺼내든 것 아닌가 하는 의문이 들지만, 헌법과 형사소송법에 규정된 사법 절차적 권리이고 기본권이니 비난할 수도 없는 일이다. 보통 피고인은 재판부에 밉보이는 행동으로 불이익을 받지 않을까 염려하여 박 전 대통령과 이 부회장처럼 하지 않는다고 하니 전략적이고 의도된 재판방해가 아닐까, 의심해 볼 뿐이다.

그러나 불출석과 증언거부로 역사적인 재판이 방해받을 수는 없다. 형사소송법 제277조의2에 따라 피고인이 출석하지 아니하면 개정하지 못하는 경우에 구속된 피고인이 정당한 사유 없이 출석을 거부하고, 교도관에 의한 인치가 불가능하거나 현저히 곤란하다고 인정되는 때에는 피고인의 출석 없이 공판절차를 진행할 수 있다. 형사소송법상 원칙적으로 피고인은 정해진 공판 기일에 출석 의무가 있고, 출석을 안 할 정당한 사유를 거동이 곤란한 정도로 보고 있다. 재판부가 피고인의 현재 상태가 형사소송법상의 '거동이 곤란할 정도의 신병'으로 볼 수 없다며 형사소송법 원칙대로 공판에 출석하라는 압박을 가하고 있어 재판은 다시 계획대로 진행되고 있다.

박 전 대통령이나 이 부회장이 뇌물수수와 공여 혐의를 부인하면서 재판에서 치열하게 다투고 있는 상황에서, 재판에 영향을 미칠지도 모를 판도라 상자를 발견했다고 한다. 청와대가 찾아낸, 박근혜 정부 민정비서관실에서 작성된 문건 300여 종을 언론에 공개하고 그중 일부를 특별검사팀에 넘겼다는 것이다. 삼성의 경영권 승계에 청와대가 개입했다는 정황적 증거도 포함되어 있다고 한다. 특검의 압수수색을 거부했던 이유를 짐작하게 한다. 안보 등을 이유로 압수수색을 승인하지 않았지만, 사실은 범죄의 꼬리를 밟히지 않으려 그랬던 것 같다. 문건의 작성자가 누구인지, 언제 작성했는지 등을 확인하면 지금 진행 중인 국정농단 재판의 공소 유지에 도움을 받을 수 있는 증거도 있을 것이고, 추가 수사나 재수사의 필요성을 확인해 주는 자료도 있을 것이다.

문건 발견 경위와 발표 의도, 대통령기록물법 위반, 증거 수집의 적법절차 등을 의심하는 시각도 있지만 청와대 압수수색이 진행되었더라면 찾았을 문건들이다. 공간 재배치 작업 도중 발견한 것이라니 기획된 청와대발 사정도 아니다. 우연히 발견했고, 발견자가 수사기관에 신고한 모양새니, 특검과 검찰이 나서 진상을 규명하면 될 일이다. 그리고 재판부가 재판을 통해 무엇이 실체적 진실인지 선언하면 된다.

10
법관의 독립과 사법개혁

(경향신문 2017.5.23.)

문재인 정부의 고강도 개혁 바람이 법무·검찰을 넘어 사법부로 확대될 조짐을 보이고 있다. 대법원장 및 대법관 인선과 각종 사법 정책 현안에 직간접적으로 영향을 미칠 수 있는 대통령 법무비서관에 진보적 색채가 뚜렷한 소장 판사를 기용했기 때문이다. 법조계는 현재 진행되고 있는 이상훈(61·사법연수원 10기) 전 대법관과 박병대(60·12기) 대법관의 후임 인선이 새 정부의 법원 개혁 방향을 가늠할 수 있는 첫 시험대가 될 것으로 전망하고 촉각을 곤두세우고 있다. 그러나 문 대통령이 집권한 뒤 검찰과 헌법재판소장 인사 등에서 보여준 파격 인선이 대법관 인사에서도 그대로 드러날 것이라는 분석이 나오면서 판세가 달라지고 있다. 새 정부가 보여준 '진보', '호남 출신 중용' 등의 인사 코드가 대법원 구성 변화를 정점으로 한 사법부 개혁 기조에도 그대로 녹아들 것이라는 예상이 나오고 있기 때문이다. 특히 문 대통령이 21일 김형연(51·29기) 인천지법 부장판사를 신임 법무비서관으로 발탁한 것은 이 같은 작업의 시발점이라는 분석이 나오고 있다.

— 법률신문 2017.5.25.

검찰 이슈가 연일 뜨겁다. 거대한 변화가 느껴진다. 파격적이고 참신한 인사에 새 대통령의 검찰개혁 의지가 그대로 드러난다. 취임 후의 행보를 보면 촛불 시민의 목소리에 조응하여 검찰개혁을 최우선 과제로 삼고 있음을 알 수 있다. 비정상의 검찰 과거를 그대로 두지 않겠다는 메시지에 검찰조직은 사태의 향방을 숨죽여 주시하고 있다. 검찰개혁에 촉각을 곤두세우고 지켜보고 있는 권력이 또 있다.

바로 사법부. 사법개혁을 주장하는 판사 출신이 청와대 법무비서관으로 임명된 사실 자체가 사법부를 긴장하게 한다. 검찰에는 정치로부터의 중립성 확보가 화두지만 사법부는 내부로부터의 독립이 문제다. 선출되지 않은 권력의 수장인 대법원장의 인사권이 법관의 독립을 침해하고 있다는 지적은 오래된 일이다. 개혁의 시대에 사법부도 예외는 아닐진대, 사법부 내 연구모임인 국제인권법연구회에 대한 통제 시도 등 최근 법원행정처의 사법행정권 남용으로 불거진 사태로 사법개혁의 필요성과 압박은 더해지고 있다.

사법부 내의 블랙리스트로 양심과 소신을 지키는 판결이 내려지지 않도록 길들이기 하는 것 아닌가 하는 의문이 들게 한다. 제왕적 대법원장과 법원행정처의 대응이 사법부에 대한 국민적 불신을 증폭시켰고 재판의 독립에 대한 회의가 커진 것은 사실이다. 급기야 대법원장은 법원 내부 게시판을 통해 책임을 통감하고 판사들의 전국판사회의 소집 요구를 수용한다면서 뒤늦게 사태 수습을 꾀하고 있다.

헌법 제103조에 따르면 "법관은 헌법과 법률에 의하여 그 양심에 따라 독립하여 심판한다". 사법 권력을 실현할 힘과 돈이라는 현실적 권력이 없는 대신 독립성을 보장해 준 것이다. 국가권력의 한 축인 사법부는 법치주의, 민주주의와 인권을 지키는 최후 보루다. 무엇이 법이고 진실인지를 선언하는 최고기관이다. 그래서 모든 권력으로부터 독립해 심판하는 것은 무엇보다도 중요한 가치다. 민주주의 국가에서는 정치권력으로부터의 사법 독립은 크게 문제되지 않는다.

언론이나 여론, 재벌, 이익집단 등 외부로부터의 영향도 있을 수 있으나, 무엇보다도 법원 내부로부터의 독립이 여전히 과제다. 인사제도와 관료적 구조가 법관의 독립을 저해하는 요소가 되고 있다. 국제인권법연구회의 설문조사가 이를 뒷받침한다. 사법행정에 관하여 대법원장, 법원장 등 사법행정권자의 정책에 반하는 의사 표현을 한 법관은 보직, 평정, 사무 분담 등에 불이익을 받을 우려가 있다고 느낀다고 한다. 법원장의 권한, 승진제도와 인사제도, 법원행정처의 조직과 권한과 같은 유·무형의 압력 요인들로 인해 법관의 독립이 해쳐질 우려가 상존한다. 이것이 사법을 서열화하고 행정조직처럼 만들기 때문이다.

사법 조직이 탈 관료화되고 민주화되어야 법관의 조직 내부로부터의 독립도 이룰 수 있다. 그래야 법관이 국민으로부터 얻은 사법권을 오로지 법과 양심에 따라 행사한다는 믿음이 생길 수 있는 것이다. 위로부터의 독립이 보장되지 않으면 마치 상명하복의 검사동일체처럼 법관 동일체가 될 위험성이 있다. 따라서 사법부 내부로부터 개별 법관의 독립을 저해하는 법관인사제가 개선되어야 한다.

사법개혁의 핵심은 사법의 민주화다. 법관 개개인이 법과 양심에 따라 소신 있게 재판해야 한다. 하급심이 역동적이어야 정의가 살아난다. 법관 개개인의 독립성을 위협하는 관료화된 사법부를 개혁하기 위해서는 현행법관 인사 방식과 대법원장에게 모든 권력이 집중되어 있는 법원 구조를 과감히 개혁해야 한다. 대법원장의 대법관 제청권과 헌법재판관 지명권처럼 헌법사항이면 개헌해야 한다.

자유민주주의 국가에서 이념적 스펙트럼이 다양해진 만큼 그 사회적 변화를 대법원 구성에 반영해야 한다. 국민 각계각층의 다양한 의사와 이익이 반영되도록 대법관의 직업적 배경, 성별, 정치적 성향 등에 있어 다양성이 우선되어야 한다. 그래야 대법원이 변화하는 시대의 법 정신을 해석하고 선도하며 사회적 갈등을 봉합하는 최고법원으로서의 역할을 수행할 수 있다. 법원행정처도 대폭 축소해야 한다. 법관들의 업무지원을 위한 보조적 역할에 그치도록 개혁해야 한다.

일선 법관들의 의견을 수렴하는 법관회의를 제도화·상설화하여 사법 정책 결정의 민주적 정당성을 실질적으로 확보해야 한다. 법원 조직을 상하 위계 조직이 아니라 수평적 구조로 만들어야 한다. 국민과 소통하는 법원, 국민이 신뢰하는 재판이 되려면 사법 권력에 대한 시민적 감시와 통제, 참여가 가능하도록 해야 한다. 사법개혁의 추동 세력은 깨어있는 국민이다. 청와대나 정치권이 주도해서는 안 된다. 사법 권력도 국민으로부터 나오기 때문에 사법개혁도 국민과 호흡을 같이해야 하며 국민의 목소리를 놓치지 말아야 한다.

11

'좋은 재판'의 출발은 반성·성찰과 청산

(법률신문 2021. 1. 11.)

새로운 희망과 기대를 담은 2021년 새해가 밝았습니다. 새해에도 국민 여러분의 가정에 건강과 행복이 항상 함께하기를 진심으로 기원합니다.

지난해에는 사법행정자문회의를 통하여 민주적 사법행정의 기틀이 마련되고 법률 개정으로 법관 관료화의 원인으로 지목되었던 고등법원 부장판사 직위가 폐지되었습니다. 올해에도 지난해에 이어서 법원행정처에서 근무하는 법관 수를 조금 더 줄이고 법원장 후보 추천제를 확대하여 시행할 예정입니다. 특히 올해에는 사법행정회의를 설치하고 법원행정처를 폐지하는 내용으로 법원조직법이 개정되어 사법행정 구조 개편이 제도적으로 완성되도록 노력하겠습니다. 그리고 상고심 재판의 기능에 걸맞은 역할 수행을 위해 바람직한 상고 제도의 개선 방안도 마련하겠습니다.

사법부의 모든 구성원은 새해에도 충실하고 적정하며 신속하게 재판이 이루어지도록 최선을 다할 것입니다. 모든 사건에는 당사자의 삶이 고스란히 녹아들어 있으므로 중요하지 않은 사건은 단 한 건도 없다는 것을 명심하고 당사자의 애환과 고뇌에 더욱 성심껏 귀를 기울이겠습니다. 분쟁으로 법원을 찾은 국민이 빨리 본래의 일상을 되찾을 수 있도록 1심 재판에서부터 노력하겠습니다.

– 김명수 대법원장 2021년 신년사 일부

정경심 징역 4년이 합당한지 재판 결과에 대한 여론조사가 있었다. 재판부를 탄핵하라는 국민 청원도 등장했다. 윤석열 징계 집행정지 재판부에 대해서는 '일개 판사', '법적 쿠데타'라는 표현을 써가면서 맹비난한 유명 방송인도 있었다. 여론조사의 대상이 된 재판 결과, 법관 개개인이 공격의 대상이 된 사법부, 어제오늘 일이 아니다. 날로 격화되는 사회적 갈등과 대립이 법원으로 홍수처럼 밀려들면서, 특히 정치의 사법화가 심화하면서 생긴 부작용이다. 그중에서도 여론조사는 최악이다. 민심의 향배를 알아보려는 것이지만, 사법부 판단의 옳고 그름을 여론조사의 대상으로 삼는 것은 그냥 넘길 일이 아니다. 판결 자체가 정당성을 인정받아야 하는데, 그러지 못하니 여론으로 정당성을 확인하려는 것이다.

1심이든 대법원 확정판결이든 재판 결과는 그대로 받아들여야 한다. 불만이 있으면 불복하면 된다. 근거 있는 정당한 비판은 허용된다. 이것이 민주주의 원리이자 법치국가의 기본이다. 판결이 나면 논란은 일단 멈춰야 하지만 판결선고와 함께 논란은 다시 증폭되고, 판결 결과뿐만 아니라 판사 개개인의 신상이 털리는 일들이 반복되고 있다.

이유가 무엇일까. 사법 불신이다. 왠지 믿고 싶어도 믿음이 가지 않는 사법부. 원인이 어디에 있을까. 독재 권력 하에서 사법부(司法部)라는 오명도 있었지만, 결정타는 사법농단과 재판거래다. 민주화 이후에 공정하고 정의로운 재판을 위해 온 힘을 다해서 오명을 벗어버리려는 순간 다시 도진 사법부(司法部)로 회귀 때문이다. 정말 법과 양심에 따른 판단일까, 신뢰해도 될까, 하는 의심이 여전히 지배하고 있기 때문이다. 불신이 퇴적층처럼 쌓여 씻겨 내려가지 않았기 때문이다.

법원 스스로도 판사들의 재판개입 사실은 헌법상 요구되는 법관의 독립성을 침해한 것이라고 인정한 바 있다. 재판에 개입할 권한이 없으니, 남용도 없다는 형식논리로 직권남용 무죄판결이 쏟아져 나오고 있지만, 법치국가에서 있을 수 없는 사법농단이 사법 불신의 주범이다. 재판을 거래의 대상으로 전락시킨 자들 탓이다.

앞으로 '좋은 재판'을 하겠다는 언약으로 해결될 문제가 아니다. 김명수 대법원장이 신년사에서 짧게 언급한 통렬한 반성과 성찰이 전제되어야 한다. 그리고 이를 청산하려는 노력이 뒤따라야 한다. 재심에서 밝혀진 오판도 마찬가지다. 재판장이 피해자에게 사과하는 것으로 그칠 일이 아니다. 당사자에게 책임을 묻는 일이 뒤에 따라야 한다.

사법의 힘은 막강하다. 대통령이 행정부의 수반으로서 한 징계 재가도 정지시킬 수 있다. 미국 대선이나 우리의 총선에서 보듯이 당선무효형을 선고하면 유권자의 표심도 뒤집을 수 있다. 모든 권력은 국민에게서 나오는데, 선출되지도 않은 사법 권력의 힘은 어디서 나오는 것일까. 정당성은 어디에 있는가. 사법 신뢰에서 나온다. 정치적 다수에 종속되지 않는다는 신뢰, 법 외적 요소에 좌우되지 않을 것이라는 기대, 법규범에만 구속된다는 믿음, 법관 개개인이 비당파적이고 개인적인 이해관계에 영향을 받지 않을 것이라는 신망, 누구도 재판에 개입하지 않을 것이고 언론과 여론이 무어라 떠들어도 흔들리지 않을 것이라는 기대에서 나온다.

상고 제도 개선, 전관예우 방지도 중요하지만, 사법 신뢰를 어떻게 회복할 것인가가 우선이다. 불신의 원인을 알고 있으면 이를 외면해서는 안 된다. 격화소양(隔靴搔癢)은 미봉책이자 임기응변이다. 발등이 가려우면 과감하게 신발을 벗어 버리고 긁어야 시원해진다. 적당히 덮어두어 '사법농단'이라는 낙인이 언제라도 불쑥 소환되게 해서는 안 된다. 사법농단 재판거래의 피해자들은 하루하루 고통스러운 시간을 이어가고 있지만, 그에 책임지는 이는 하나도 없다. '좋은 재판'의 출발은 사법농단과 재판거래에 대한 반성과 성찰, 그리고 책임을 묻는 작업에 있다.

유도된 수요와 대법관 증원

(법률신문 2020.8.13.)

대법원장을 포함한 대법관 수를 현행 14명에서 48명으로 대폭 증원하기 위한 입법이 추진된다. 대법원에 접수된 상고사건이 연간 4만여 건을 훌쩍 넘어 폭주하면서 국민의 신속·충실한 권리구제는 물론 법령 해석 통일 기능도 충실하게 수행하기 어려운 상황에서 대법관 증원책이 상고심 제도 개선을 위한 돌파구가 될 수 있을지 주목된다.

판사 출신인 이탄희(42·사법연수원 34기) 더불어민주당 의원은 3일 이 같은 내용을 담은 법원조직법 개정안을 대표발의했다.

개정안은 대법원장을 포함한 대법관 수를 현행 14명에서 48명으로 대폭 늘리는 내용을 골자로 한다. 법 시행에 따라 지금보다 늘어나는 대법관 34명은 부칙을 통해 법 시행 이후 △1년 경과 후 12명 △2년 경과 후 12명 △3년 경과 후 10명 등 순차적으로 늘리도록 했다. 대법관 수가 늘어나면 상고심 사건에 보다 많은 시간과 역량을 투입할 수 있게 돼 대법관의 과도한 사건 부담을 줄일 수 있을 뿐만 아니라 보다 신속하고 철저한 사건처리를 통해 국민의 재판청구권을 보장할 수 있다는 것이 이 의원의 구상이다.

− 법률신문 2020.8.3.

내년 사법부 예산이 천억 원 증액된다면 어디에 써야 할까. 무엇이 시급한가. 그래 봐야 2조 원 조금 넘는 예산의 5% 정도 증가에 불과하지만. 재판에는 물적 시설보다는 인적 자원이 중요하다. 그러니 법관을 증원해야 한다.

여기까지는 이견이 없을 듯하다. 어떤 법관이냐에 대해서는 의견이 갈릴 것이다. 혹자는 대법관, 어떤 이는 하급심법관. 1년에 4천 건 넘는 상고사건을 처리해야 하는 대법관이 눈에 밟힌 분들은 대법관 증원, 고법 상고심사부 등 상고 사건처리에 초점을 맞추어 개선안을 제시할 것이다. 정원은 3천 명이 넘지만, 해외연수, 육아휴직, 외부 파견, 법원행정처 근무 등을 빼면 가동 법관은 이에 한참 못 미쳐 늘 사건의 홍수 속에서 허우적대는 법관이 안쓰러운 분들은 하급심법관 증원을 외칠 것이다. 야근도 하고 주말도 반납하지만, 사건처리 기간도 매년 길어져 신속한 재판의 원칙은 멀어져만 가고 있다.

2018년 법원접수 건수는 658만 건이 넘는데, 민사 사건이 475만 건, 형사사건이 151만 건이니 소송당사자 수는 어마어마하다. 소송하거나 당하는 많은 시민을 생각하면 하급심 강화가 답이다. 대부분은 상고심과 무관하다. 그런데도 상고심 개선이 사법 정책의 핵심이 되고 거기에는 늘 대법관 수 늘리기가 우선순위에 오른다. 정부와 국회가 사법부 예산을 대폭 증액해 준다면 대법관뿐만 아니라 법관정원을 대폭 늘릴 수 있겠지만 사법부 예산편성권이 행정부에 있는 한 기대하기 어렵다.

판사 출신 국회의원이 대법원장을 포함한 대법관 수를 현행 14명에서 48명으로 대폭 증원하기 위한 법원조직법 개정안을 발의했다. 대법관 수가 늘어나면 상고심 사건에 더 많은 시간과 역량을 투입할 수 있게 되어 대법관의 과도한 사건 부담을 줄일 수 있을 뿐만 아니라 더 신속하고 철저한 사건처리를 통해 국민의 재판청구권을 보장할 수 있다는 것이 개정안 취지다.

유도된 수요의 역설(일명 '루이스-모그리지 명제')이 떠오른다. 교통혼잡을 해결하려고 도로를 확장했더니 교통량도 따라 증가해 도로 건설의 효과가 곧 반감된다는 현상을 말한다. 차선이 늘어나면 소통이 잘될 거라 여겨 다른 도로 이용자들이 모여들고, 대중교통을 이용하던 사람들로 차를 끌고 나오니 그럴 수밖에 없다. 경제학의 유도된 수요 법칙이 딱 들어맞는 것은 아니겠지만, 대법관이 늘어나면 소송당사자들은 상고사건이 신속하게 처리될 것을 기대하여 상고하게 될 것이고 변호사들도 이를 권유할 것이다.

상고사건이 폭증하니까 주로 사건처리에 능숙한 '서오남', '서판남'이 대법관이 된다. 대법관의 다양화는 꿈도 꾸지 못한다. 대법관을 증원해 다양화를 꾀하는 방법도 있지만, 상고사건을 줄여나가면서 대법관 구성의 다양성을 모색하는 것이 정도다. 대법관 1명당 인구수를 선진국과 비교해 보면 대법관 수도 턱없이 모자라지만, 법관 1명당 인구수도 OECD 국가의 2~5배에 이른다. 사건 과부하 속에서 제대로 된 재판을 기대하기는 난망이다. 패소자들의 불만과 불신만 커진다. 그러니 삼세번 받으면 나아질까 기대하게 된다.

하급심에서 재판의 질 저하는 판사 개인의 능력이나 성실성의 문제가 아니다. 절대적으로 충분한 심리가 불가능하고 제대로 처리할 수 없는 사건 부담 때문이다. '좋은 재판'이란 1, 2심이 강화되어 당사자의 얘기에 귀 기울일 수 있는 절차와 과정이 존중되는 재판이다.

13
'높은 수준'의 직업윤리
(법률신문 2019. 7. 1.)

"법관은 공정하고 청렴하게 직무를 수행하며, 법관에게 요구되는 높은 수준의 직업윤리를 갖추어야 한다." 법관윤리강령 전문의 일부다. 사법농단 관련 재판이 진행되고 있는 지금이야말로 더욱 강조되어야 할 법관의 덕목이다. 이를 기대하기 어렵다는 합리적 의심이 사법농단 의혹사건 재판을 위한 특별재판부 설치를 요청했지만, 위헌소지를 이유로 한 저항이 만만치 않아 물 건너갔다.

이제 사법부는 국민이 받아들일 수 있는 공정한 재판을 해내야 하는 낭떠러지 위기 상황에 처해 있다. 아직도 사법부 내에 사법농단과 직간접으로 연결된 법관들이 적지 않아 그들이 재판부를 구성할 가능성도 남아 있다. 그저 공정한 재판을 위한 법관의 직업윤리에 기대기에는 뭔가 부족하다. 정의의 참모습은 공정함이지만 외관상 공정하게 보이는 것도 매우 중요한데 그렇게 보이지 않는 요소들이 여전히 숨어 있다는 의심을 받는다.

재판의 공정성은 사법의 핵심이다. 누구에게나 공정한 기회가 부여되고 법 앞에서는 공평하다는 믿음이 사법 신뢰의 핵심이다. 사법권의 독립도 결국 공정한 재판을 실현하기 위한 헌법적 보장이다. 지금의 사법 불신은 재판의 공정성과 독립성에 대한 의심이다. 공정성 (fairness)과 불편 부당성(impartiality)에 대한 신뢰가 형성되어 있지 않으면 사법의 권위는 사라지고 더 이상 사법의 역할을 수행할 수 없게 된다. 법관의 제척·기피·회피 제도가 왜 필요한가. 공정한 재판을 위함이다. "어느 누구도 자기 사건의 재판관이 될 수 없다(Nemo debet esse judex in propia causa)." 법관이 해당 사건과 특별한 이해관계로 얽혀있거나 법관이 당사자와 특수한 사적 관계에 놓여 있다면 아무리 판결 내용이 공정하고 정의롭더라도 공정하게 보이지 않을 것이다.

제척·기피·회피 제도는 민사소송뿐만 아니라 형사소송, 행정소송, 헌법소송 등 모든 재판에 통용되는 공정성 담보 장치다. 재판의 공정성에 대한 의심이 단순한 주관적 우려나 추측을 넘어서 객관적 사정에 근거한다면 불공정한 재판을 할 염려가 인정되어야 한다. 사건과의 관련성 같은 회피 사유의 존재가 명백한데도 이를 외면했다면 회피 의무 위반이다. 법관에게 요구되는 높은 수준의 직업윤리에 반하는 행위다. 공정한 재판을 받을 권리가 중대하게 침해되었음에도 판결은 그대로고 상소 이유가 될 수 있을 뿐이다.

재판의 공정성을 보장하기 위한 제척·기피·회피 제도가 유명무실하다고 한다. 신청 건수 중 인용되는 건수가 극히 드물다는 것이다. 법관 개인의 위신 때문이라는데, 절차적 공정성을 갉아먹는 우를 범하는 꼴이다. 지금 사법부 신뢰는 극도의 위기 상황이다. 외부로부터의 독립뿐만 아니라 내부로부터의 독립을 훼손한 사법행정권 남용 사태가 사법권의 독립과 재판의 공정성을 크게 흔들어 놓았기 때문이다. 전 대법원장을 비롯하여 전·현직 법관들이 피고인으로서 또는 증인으로서 법정에 서서 재판받게 된 상황은 그 재판이 법과 양심에 따른 공정한 재판인지 감시하는 시민의 눈을 부릅뜨게 한다. 그러므로 불공정한 재판의 염려가 조금이라도 있다면 법관의 위신과 사법의 권위를 염려할 것이 아니라 재판의 공정성을 도모하는 수준 높은 법관 직업윤리가 발휘되어야 한다.

민주주의의 보루에서 훼손된 민주주의

(법률신문 2018.11.29.)

전국법관대표자회의(의장 최기상)는 19일 양승태 전 대법원장 시절 사법행정권 남용 의혹과 관련해 "법원행정처 관계자가 특정 재판에 관해 정부 관계자와 재판 진행 방향을 논의하고 의견서 작성 등 자문해 준 행위나 일선 재판부에 연락해 특정한 내용과 방향의 판결을 요구하고 재판절차 진행에 관해 의견을 제시한 행위는 '중대한 헌법 위반' 행위"라며 "징계 절차 외에 탄핵소추 절차까지 검토돼야 한다"고 결의했다. 이 안건 표결에는 각급 법원 법관 대표 105명이 참여해 찬성 53명, 반대 43명, 기권 9명으로 가결된 것으로 전해졌다.

이와 관련해 여당인 더불어민주당 홍익표 수석대변인은 이날 서면 브리핑을 통해 "초유의 사법농단 사태에 대해 법원 스스로의 반성과 함께, 사법개혁을 바라는 소장 판사들의 제안이 반영된 전국법관대표회의의 결정을 환영한다"는 입장을 밝혔다. 그는 "사법부가 국민의 신뢰를 회복하는 길은 먼저 진상규명을 위한 검찰수사에 적극적으로 협조하는 것이고, 통렬한 자기반성과 내부의 자정 노력이 뒤따라야 한다"면서 "국회도 특별재판부 설치를 더 이상 미뤄서는 안 된다. 양승태 사법농단 사태의 진상규명과 사법개혁을 위한 특별재판부 도입에 야당의 즉각적인 동참을 촉구한다"고 강조했다.

한국당 윤영석 수석대변인은 논평을 통해 "탄핵은 헌법이 정한 국회의 권한으로, 국민의 대표인 국회가 행정부와 사법부를 견제하도록 만든 것"이라며 "이런 권한 행사에 대법원장 건의 기구인 전국법관대표회의가 간섭할 권한도 없고, 관여하는 자체가 삼권분립의 원칙에 어긋나는 것"이라고 비판했다.

- 법률신문 2018.11.20.

　전국법관대표회의(법관회의)가 사법농단 의혹 연루 판사들에 대한 국회 탄핵소추 검토 의견을 내자 일부 야당과 보수언론은 법관회의 때리기에 나섰다. 비판의 주 논거는 '삼권분립 훼손'과 '사법부 정치화'다. 가장 자주 들리는 소리는 판사들이 판결은 안 하고 정치를 한다는 얘기다. 지극히 적확한 지적이다. 모처럼 듣는 시원한 얘기다. 그런데 안타깝게도 그 비난의 화살은 겨냥해야 할 과녁을 한참 빗나갔다.

　그 화살의 좌표는 사법농단에 연루된 판사들이어야 한다. 정치권을 끌어들인 것은 누구인가. 법관회의 판사들인가 아니면 사법농단에 연루된 판사들인가. 그들은 공정한 재판으로 정의로운 판결을 내리라는 국민의 명령은 뒤로 한 채 재판을 거래 대상으로 삼았다. 구체적인 사건에 대한 판결을 미끼로 정치권에 기대어 자신들의 목표를 실현하려 했다. 사법부의 독립과 재판의 독립은 접어둔 채 입법과 행정을 감시하라 했더니 그들과 어울려 어떡하면 상고법원을 도입할 수 있을까를 도모했다.

　법관회의가 오죽했으면 동료 법관을 탄핵하라고 했을까. 탄핵을 여당과 입법부에 청탁하는 것은 삼권분립의 헌법적 가치에 반한다는 지적도 있다. 맞는 말이다. 그러나 누구에게 해 줄 말인가. 사법의 독립이라는 헌법적 가치를 뒤흔든 세력이 과연 누구인가. 법치주의를 망각한 채, 누가 정치운동을 하고 떼거리로 사법을 무너뜨렸는가. 엘리트주의에 사로잡힌 일부 판사들 아니었던가.

　법관회의의 대표성을 문제 삼은 판사들도 있다. 정당성이 부족하다며 법관회의를 탄핵하라는 모 부장판사의 지적은 어떠한가. 법관 탄핵이 잘못이라면서 법관 탄핵을 요구하고 있다. 이를 양심과 용기로 치켜세우는 언론은 과연 언론의 임무를 다하고 있는가. 탄핵 찬성 53명이 법관 2,900명의 양심을 대표할 수 있냐고도 묻는다. 대의민주주의 원리를 무시한 처사다. 법관회의에 국제인권법연구회 회원이 주류라거나 여론의 눈치를 본 결정이라고 비하했다. 제대로 된 증거 하나 살펴보지도 않고 겨우 두세 시간의 논의 끝에 유죄평결을 내렸다고 폄훼했다. 동료 판사의 고뇌에 찬 결정을 이렇게 한두 마디로 깎아내릴 수 있는가. 법과 양심에 따라 재판하고 결정하는 법관들이 모인 법관회의다. 특정 학회 출신이 조직을 장악하고 의사결정을 기획했다고 비난하기도 한다. 그러나 국제인권법연구회는 법원의 공식적인 모임이고 그 회원 수가 전체 법관의 5분의 1쯤이라고 한다. 법관회의에 참석한 비율도 대략 그 정도다.

법관회의의 대표성과 정당성을 부정하는 그들에게 민주주의가 무엇이라고 배웠는지 묻고 싶다. 자신들이 속한 법원의 판사회의에서 선출한 법원별, 직급별 대표 아닌가. 대법원의 전국법관대표회의 규칙에 근거한 공식 기구다. 그들이 내린 다수결에 의한 결정의 정당성을 부인하는 것은 대의 민주주의 제도를 몰각한 처사다. 법관회의의 투표 결과가 1표 차이로 갈렸다고 투표 전 자리를 뜬 판사가 자책감을 드러내는 것은 또 무엇인가. 자신의 성향을 코트넷에 공개하면서까지 투표 결과가 뒤집힐 수도 있었음을 암시하는 무리수를 어떻게 받아들여야 하는가. 사법부는 선출되지 않은 권력이라 다수결의 원칙에 이토록 무딘 것인가. 이런 왜곡과 억지가 민주주의의 최후 보루에서 들려오니 신뢰 회복은 요원할 것이라는 회의가 든다.

특별검사처럼 '특별판사' 도입해야

(법률신문 2018.8.6.)

최근 법원행정처가 '재판거래 의혹' 등 양승태 전 대법원장 시절 사법행정권 남용 의혹 관련 문건을 추가 공개한 이후 진보적 시민사회 단체를 중심으로 관련자들에 대한 엄정한 사법처리 요구가 거세지고 있다. 이들은 검찰 수사 단계에서 양 전 대법원장 등 의혹 관련 핵심 인물에 대한 압수·수색 필요성은 물론, 기소 이후 재판 심리를 담당할 '특별재판부 도입'까지 주장하고 나섰다.

민주사회를 위한 변호사모임(회장 김호철)과 참여연대, 경제정의실천시민연합, 민주주의법학연구회, 더불어민주당 송기헌(55·사법연수원 18기)·박주민(45·35기), 바른미래당 채이배, 민주평화당 박지원 의원은 13일 여의도 국회 의원회관에서 '사법농단 실태 톺아보기' 토론회를 열었다.

토론회는 지난달 31일 추가 공개된 문건에 양 전 대법원장 재임 당시 법원행정처가 상고법원 신설을 위해 국회와 언론, 청와대 등을 상대로 전방위적인 로비에 나선 것이 다시 드러남에 따라 관련 쟁점을 짚어보고 대책을 논의하기 위해 마련됐다.

- 법률신문 2018.8.14.

검찰과 법원 간 영장을 둘러싼 공방과 갈등은 어제오늘 일이 아니지만 사법부 불신이 극에 달한 상황에서 벌어진 정면충돌은 예사롭지 않다. 민주주의의 최후 보루인 사법부가 진실과 정의를 거래 대상으로 삼았다는 의혹을 파헤쳐 보려는 검찰이 번번이 영장 기각의 벽에 부딪히자, 압수수색 영장 발부 기준이 너무 차이가 크다며 법원을 공개 비판했다. 이에 법원이 영장 청구 요건이나 제대로 갖추라고 반박하면서 확전될 조짐도 보인다. 영장 청구의 대상이 전직 사법부 수장과 법원행정처장이고, 법원행정처 윤리감사관실이다 보니 '제 식구 감싸기' 의심이 공방을 달구고 갈등을 부추긴다.

어쩌면 제 발 저린 법원이 조목조목 요건을 따져가며 다른 고려 사항은 있을 수 없다고 차단막을 쳤지만, 여론은 그다지 우호적이지 않다. 재판거래와 재판개입 의혹으로 신뢰도가 바닥인 법원의 어떤 소명도 잘 와 닿지 않는다. 제 식구 감싸기 비판은 오해에서 비롯된 것이라고 항변하지만 누구의 탓도 아니고 공정함과 정의로움을 보여 주지 못한 법원의 탓이다.

사법행정권 남용 의혹과 관련하여 참고인 신분에 불과한 외교부에는 영장을 발부하고, 의혹에 관여한 당사자에 대해 영장을 기각한 것은 공정성을 잃은 것처럼 보인다. 영장 기각 이유가 궁색해 납득하기도 어렵다. 관련 자료를 임의 제출할 가능성이 있다는 이유를 들었지만, 관련자의 컴퓨터를 모두 디가우징한 전력이 있는 법원행정처다. 검찰수사 협조를 약속한 이후에도 자료 제출이나 공개를 거부하고 삭제하고 선별적으로 제출했다.

이런 태도에 비추어 보면 임의 제출할 가능성은 없다고 판단하는 것이 합리적이다. "일개 심의관이 작성한 문건에 따라 대한민국 대법관이 재판한다고 보기 어렵다"는 이유도 달았다. 그 문건의 내용이 사실인지, 대법관에게 영향을 미쳤는지는 압수수색 등 수사를 해봐야 알 수 있는데 근거도 제시하지 않은 채 예단을 하고 있다. 공무상 기밀에 해당한다는 이유도 들고 있지만 영장이 발부된 적이 있는 청와대나 법무부 검찰국도 공무상 비밀을 다루는 곳이었다. 공정성을 의심받는 때일수록 더욱 설득력 있는 근거 제시 부담을 져야 한다. 성역이 있을 수 없다. 대통령도 탄핵당하고 구속 재판을 받는 대한민국이다.

사법행정권 남용 의혹 사건은 법원 스스로 사법부 독립과 재판의 공정성에 대한 신뢰를 훼손한 사건이다. 그들이 사건 관련 영장을 발부하고 재판한다면 누가 신뢰하겠는가. 재판의 공정성을 담보하기 위한 제도로서 제척과 기피가 있는 것처럼 영장 심사를 담당할 전담 판사와 재판부 구성에서 공정성과 민주적 정당성을 확보하기 위한 형사절차 특례가 필요하다.

기존 사법행정 시스템으로는 무너진 사법 신뢰를 회복하기 어렵다. 검찰이 미덥지 않아 특별검사를 기대하는 것과 같은 취지다. 한 번 신뢰를 잃으면 계속 의심받기 마련이다. 전직 사법부 윗선에 대한 영장 심사를 현직 판사들이 아무리 공정하게 한다고 한들 어느 누가 믿겠는가. 어느 대법관은 퇴임사에서 법과 양심에 어긋난 재판을 하지 않았다고 밝혔지만 공허하게 들릴 뿐이다. '법과 양심'이 디가우징된 사법부라는 오명에서 벗어나려면 시간 끌기와 적당히 넘어가기로 대처해서는 안 된다. 조직 지키기가 걱정되는 사법부의 구성원이 아니라 국민의 입장에서 바라봐야 사법 신뢰의 추락을 멈추게 할 수 있을 것이다.

PART 03

정의를 정의(定意)하는
무소불위 권력, 검찰

01
대한민국 검찰의 현주소

(법률신문 2012.12.3.)

검찰 역사상 최대 위기를 불러온 '사상 초유'의 검란(檢亂)의 발단은 김광준 부장검사의 비리 의혹 사건이었다.

현직 부장검사가 직무와 관련해 기업과 다단계 사기범으로부터 10억 원에 가까운 금품을 수수했다는 사실은 국민은 물론 검찰조직에도 엄청난 충격을 줬다. 한상대 검찰총장은 의혹이 제기된 지 하루만인 지난 9일 김수창 법무연수원 연구위원을 특임검사로 지명하고, 검사만 13명에 달하는 매머드급 수사팀을 꾸려 진화에 나섰다. 한 총장은 김 부장검사가 구속되던 19일 밤 대국민 사과문을 발표했다.

하지만 불과 사흘 뒤인 22일 현직 검사가 집무실에서 자신이 조사하던 여성 피의자와 유사성행위를 하고 모텔에서 성관계한 충격적인 사건이 터졌다.

상상도 하지 못한 검사 성 추문 사건에 한 총장은 강도 높은 검찰 자체 개혁안을 만들어 환골탈태하겠다고 밝혔다. 그는 역대 검찰총장들이 직을 걸고 정치권의 공세로부터 막아낸 '대검찰청 중앙수사부'를 폐지하는 방안까지 검토하겠다고 했다.

- 법률신문 2012.12.3.

대한민국 검찰의 현주소가 자신이 내사했던 기업으로부터 수억 원대 금품을 수수한 부장검사 비리 사건을 통해서, 그리고 검찰 수뇌부의 사건 처리 과정에서 그대로 드러났다. 그는 권력형 비리 수사를 담당하는 중앙지검 특수3부장으로서 현 정권 초기 편파성과 공정성 시비에 휩싸였던 사건 수사를 맡았다. 무리하게 영장을 재청구하면서까지 환경시민단체 대표를 기소했고 공기업 비리 사정의 칼을 휘둘렀던 검사다. 대법원에서 무죄판결이 확정되면서 정치검찰의 표적·과잉수사로 비난받았던 인물이다. 결국에는 "검찰의 썩은 잣대로 환경운동가를 재단하지 말라"던 환경시민단체 대표의 말이 옳았음을 온몸으로 입증해 보였다.

금품을 수수하면서 추적의 위험을 알만한 부장검사가 수표로 받은 대담함은 검찰 윤리와 도덕성의 수준을 드러낸 것이다. 권력형 비리 수사를 담담하던 시절에 금품을 수수했으니 거악 척결을 외치면서 뒤로는 검은 돈을 받아 챙기는 파렴치함을 숨기고 있었던 것이다. 몇 해 전 각종 의혹으로 낙마한 검찰총장 후보자, 부산지검의 스폰서검사, 벤츠 여검사, 그랜저 검사, 그것도 모자라 검사 방에서 피의자와 성관계를 맺은 초임 검사까지 대한민국 검찰의 공직윤리는 더 이상 떨어질 곳이 없을 정도다.

이 사건에 대한 검찰의 대처방식도 꼼수라는 비난을 받을 만하다. 공직자 비리수사처 설치와 같은 검찰개혁 요구가 드센 상황에서 조직을 사수하기 위해 특임검사를 임명한 것도 그렇고, 수사권이 검사에게 있다는 이유를 들어 진행 중이던 경찰 수사를 가로채기까지 했다. 비난의 화살을 피하기 어려웠던 검찰총장이 중수부 폐지 개혁안을 꺼내 들자, 중수부장을 따르는 대검 간부들과 검사들이 검찰조직을 수호하기 위해서 검찰총장과 맞서는 사태로까지 번졌다. 급기야 검사동일체가 자리다툼으로 이전투구도 불사하는 조직으로 전락해 버렸다. 사실 그들도 검찰총장을 퇴진하라고 목소리 높일 처지가 아님은 마찬가지 아닌가.

대한민국 검찰, 이제 벼랑 끝이다. 검찰총장이 자리에서 물러난다고 살 수 있는 상황이 아니다. 통제받지 않는 비대한 권력과 기소 재량권, 검찰 윤리의 부재가 작금의 검사 일탈과 비리의 원인이다. 이런 상황에서도 "검사비리 수사도 특임검사가 할 거야, 내가 있는 한 중수부 폐지 절대 안 돼, 내부 감찰을 강화할 테니 기다려 줘, 수사도 우리 손을 거쳐야 해"라고 한다면 그 무게에 못 이겨 벼랑 아래로 추락할 것이다. 대통령 당선자를 예상하면서 그의 공약에 맞춰 개혁 시늉만 하면 된다는 인식이라면 '검사답다'는 비아냥거림을 들을 것이다.

이제 검찰 스스로의 개혁은 기대도 신뢰도 할 수 없다. 검찰 권력의 분산과 국민적 통제가 가능하도록 외부로부터 검찰개혁이 추진되어야 한다. 법조계의 전문성과 시민단체의 공익성, 정치권의 구체적 입법 노력과 의지를 함께 모아 검찰개혁을 이루어 낼 수 있도록 국회에 '검찰 제도개혁 특별위원회' 구성을 제안한다. 단 친정을 끔찍이 사랑하는 검사 출신 국회의원은 제외할 것.

망나니, 칼춤 그리고 검찰

(경향신문 2020. 1. 14.)

문재인 대통령이 현 정권과 관련된 각종 비리 의혹을 수사하고 있는 윤석열 검찰총장의 손발을 모두 잘랐다. 추미애 법무부 장관은 검찰 인사 문제를 두고 윤 총장과 대립하다 청와대를 찾아 문 대통령으로부터 재가를 받은 후 이 같은 내용의 검사장급 이상 고위 검찰 간부 인사를 단행했다.

법무부는 8일 오후 7시 30분 검사장급 이상 검찰 고위 간부 32명에 대한 신규 보임 및 전보 인사를 13일 자로 단행했다. 추 장관 취임 후 단행된 첫 검찰 인사이다. 이번 인사에서 5명이 고검장으로, 5명이 검사장으로 각각 새로 승진했다. 법무부는 조직 안정을 위해 이미 검사장으로 승진한 사법연수원 26기와 27기에 국한해 검사장급 승진 인사를 단행했다고 설명했다.

이번 인사에서 현 정권을 겨냥한 수사를 지휘해 온 대검찰청 간부 등 윤 총장의 참모진들이 대부분 좌천됐다.

- 법률신문 2020. 1. 9.

인사를 당했다. 인내심의 임계점에 달한 인사권자의 강력한 견제구이자 경고다. 이번 검찰 인사를 두고 '자업자득, 수사 방해를 위한 보복인사, 또 다른 길들이기' 등 다양한 관점과 반응이 혼재한다. 그러나 지난 몇 개월간 국민을 갈라놓고 혼미하게 만든 검찰의 칼춤을 멈춰 세워야 했다는 점에서 긍정적이다. 필요하고도 시기적으로 적절했으며 당위성 있는 인사권 행사다. 무소불위의 검찰을 독립성 보장이라는 이유로 통제하지 않는다면 이것이야말로 임명권자의 직무 유기다. 검찰수사의 중립성을 위해 정치권력은 삼가고 절제해야 했지만, 그것도 한계가 있는 법이다.

선출되지 않은 권력이 비정상으로 내달리면 선출된 권력에 의한 적절한 민주적 통제는 불가피하다. 검찰의 독단을 막기 위한 최후 수단이다. 적폐 수사로 날개 단 검찰은 검찰조직의 적폐 청산에는 소홀한 채 수사·기소권을 무기로 개혁의 흐름에 역행했기에 부러질 수밖에 없었다.

윤석열 검찰의 그간 수사를 되돌아보자. 가뜩이나 갈라진 대립과 갈등의 골을 격화시킨 장본인이 바로 검찰이었다. 시작은 대통령의 인사권과 국회 인사청문 절차를 무위로 만든 조국 법무부 장관 후보자 일가에 대한 수사와 전격 기소였다. 시기적으로 부적절했던 검찰의 정치개입은 시민을 서초동과 광화문으로 갈라놓았다. 공직자가 될 자격이 있는지 수사로써 정의 내리겠다며 정치검찰의 행태를 보인 것이다.

그러나 실은 살아있는 권력의 '권력형 비리·범죄'가 아니었다. 대통령의 측근 중 최측근이었지만 그 권력과 자리를 이용한 것이 아니었다. 그야말로 견문발검(見蚊拔劍), 모기 잡으려 칼을 빼어 휘두른 것이다. 포괄적 압수·수색영장을 동원한 전방위 수사, 피의사실을 흘리며 언론을 등에 업은 망신 주기 수사, 원하는 무언가가 나올 때까지 포기하지 않는 수사였다. 그러나 그 결과는 옹색하기 짝이 없었다. 헌법상 기본권도 무시되고 절차적 정의와 공정성도 지키지 않은 수사였다. 시작은 창대해 보였으나 그 끝은 미약했다. 쥐 한 마리 잡기 위해 온 나라를 들쑤신 꼴이다. 마구 칼날을 들이대 만신창이를 만들었다. 여기저기 찔러보고 아니다 싶으면 멈출 줄도 알아야 하는데 그러지도 않았다. 그러니 망나니의 칼춤에 비유되는 것이다.

검찰이라는 단어의 검(檢)은 검사한다는 뜻이지만 검찰을 흔히 칼 검(劍)에 비유한다. 수사권과 기소권을 다 움켜쥔 검찰은 사람을 찔러볼 수 있고 목숨을 좌우할 수 있다는 의미에서 칼로 표현된다. "검찰의 칼, 문 정부에 들이대다", "조국 의혹에 칼 빼어 든 윤석열 검찰" 등 언론의 기사 제목에도 자주 등장한다. 함부로 쥐고 흔들거나 과하다 싶으면 '망나니 칼춤'이라고도 한다. 망나니는 사형을 집행할 때 죄인의 목을 베던 사람이다. 언동이 몹시 막된 사람을 비하하는 말이기도 하다. 어떤 의미로 쓰이든 부정적이다. 거기에 위험천만한 칼춤까지 붙었으니, 극단의 비난조 표현이다. 망나니의 칼춤은 사형집행 전에 몸을 풀기 위함이라고도 하고 사형수가 죽음에 대한 공포를 이기도록 혼을 빼기 위함이라고도 한다. 어쨌거나 망나니로서 나름 임무를 충실히 완수하기 위한 몸짓이다. 그러니 검찰의 마구잡이 권한 행사를 망나니 칼춤에 비유하는 것은 적절하지도 않다.

윤석열 검찰은 출범 이후 모든 걸 잃었다. 참담한 수사 결과로 정당성도 얻지 못했고, 급기야 인사로 견제당하고, 공수처법과 검경 수사권 조정법안 등 개혁 입법도 통과되었다. 이쯤 되면 조직과 상관 지키기에 마지막 남은 자존심을 걸 것이 아니다. 인사권에 대한 집단적 저항을 시도해서도 안 된다. 국민 앞에 석고대죄하고 국민이 원하는 검찰로 변신하겠다고 다짐해야 한다. 참다못해 단행한 인사권자의 경고를 잘 읽어야 한다. 국민의 뜻인 검찰개혁에 저항하지 말라는 신호도 담겨 있다.

인사 당했다고 권력 앞에서 칼끝을 멈춰 세워선 안 된다. 이제 출범할 공수처가 해야 할 일이지만, 살아있는 권력의 권력형 범죄와 부정부패에 칼날을 겨누라는 임명권자의 요구는 여전히 유효하기 때문이다. 그러나 원칙과 절차를 지키는 공정한 수사여야 한다. 헌법상 기본권을 보장하는 인권 존중의 수사와 기소여야 한다.

언론에 흘리고 여론을 동원한 수사여서는 안 된다. 마구 찌르고 끝장을 보는 수사가 아니라 잘못이 있으면 그 자리에서 멈춰 설 줄 아는 절제와 염치를 아는 수사여야 한다. 망나니의 칼춤처럼 자신의 본분과 역할에 충실해야 한다. 인사권도 그렇고 수사·기소권도 더 이상 선을 넘어선 안 된다. 인사견제구는 경고 주기에 충분했다. 더 이상 항명, 감찰, 징계 운운하거나 검찰 중견 간부들을 내쳐서도 안 된다. 양 칼이 자주 부딪치면 칼날은 무뎌지는 법이다.

03

'헌법과 법치' 검찰 전유물이 아니다

(경향신문 2021.3.9.)

지난 4일 임기를 142일 남겨두고 전격 사퇴를 선언한 윤석열 검찰총장이 대검
청사를 나오며 기자들 질문에 답하고 있다. 윤 총장은 1988년 검찰총장 2년 임
기제가 도입된 후 중도 사퇴한 14번째 총장이 됐다.

윤석열(61·사법연수원 23기) 검찰총장이 전격 사퇴하면서 법조계는 물론 정치권
안팎에까지 큰 파장이 일고 있다. 윤 총장이 "검찰에서 제가 할 일은 여기까지"
라면서 "우리 사회의 정의와 상식이 무너지는 것을 더는 두고 볼 수 없다"고 밝
힌 것이 사실상 정계 진출을 예고한 것으로 풀이되고 있기 때문이다. 검찰총장이
중도 사퇴한 뒤 곧바로 정치에 나선 전례는 없었다.

윤 총장은 지난 4일 오후 2시 서울 서초동 대검찰청 현관에서 취재진과 만나
"이 나라를 지탱해 온 헌법 정신과 법치 시스템이 파괴되고 있다. 그 피해는 고
스란히 국민에게 돌아갈 것이다"라며 "오늘 총장직을 사직하려고 한다"고 밝혔
다. 이어 "우리 사회가 어렵게 쌓아 올린 정의와 상식이 무너지는 것을 더는 두
고 볼 수 없다"며 "검찰에서 제가 할 일은 여기까지"라고 했다.

– 법률신문 2021.3.8.

수사권을 지키려고 정치적 수사(修辭)만 내뱉은 검찰총장의 사직
서였다. 반성은 없고 반발만 드러낸 사퇴의 변이었다. 과연 검찰이
헌법 정신과 법치 시스템을 파괴해 온 숱한 과오에서 자유로울 수
있는가. 그 피해로 고통받는 이들이 얼마나 많은가. 우리가 어렵게

쌓아 올린 정의와 상식을 무너뜨린 건 오·남용한 검찰권 아니었던가. 검찰이 자유민주주의를 지키고 국민을 보호하기 위해 힘을 다해왔다고 감히 말할 수 있겠는가.

　낯 뜨거운 퇴임사다. 군부독재까지 거슬러 올라갈 필요도 없다. 국정농단 사태를 기억해 보자. 권력의 사유화로 파괴된 민주주의와 법치를 살려낼 기회를 걷어찬 검찰이었다. 미적대다 마지못해 수사하는 시늉만 내다가, 결국 언론과 특별검사에게 자리를 내주었다. 보수 정권에서 그러했다. 비굴하다 싶을 정도로 엎드렸다. 그들의 무소불위를 알아주는 정권이었다. 그러나 그들 눈에 만만하게 보이는 정권, 자신들을 인정하지 않는 정권에서만 정의의 사도인 양 투사형으로 돌변했다. 여전히 구태에서 벗어나지 못한 그런 검찰의 수장이었으므로 사과와 반성을 앞세워야 했다.

　하지만 그도 막강한 검찰 기득권이 축소될 위기 때마다 직을 던졌던 전직 검찰총장과 다르지 않았다. 사람에게 충성하지 않는다는 말에 현혹되어 정치권력으로부터 자유로울 것이라는 착각을 불러일으켰지만, 검찰개혁에 저항하고 검찰조직을 수호하려는 또 한 명의 중도 사퇴 검찰총장 이상도, 이하도 아니었다.

　다른 전직 검찰총장 이상일 가능성이 있어서 문제다. 어느 순간부터 검찰총장의 직을 후일 도모를 위한 자리로 여겼다. 포스트 총장을 염두에 둔 것이다. 물론 그가 어떻게 자유민주주의를 지키고 국민을 보호하겠다는 것인지 알 수 없지만, 그것이 정치입문이라면 그동안의 언행은 기획되고 계산된 것으로 볼 수밖에 없다. 그러나 그 길로 들어서게 된다면 그 자체가 헌법 정신을 파괴하는 것이고 법치를 말살하는 행위가 될 것이다.

오래전부터 야권의 대권후보로 분류되어 조사 대상이 되었지만, 적극적으로 자신의 이름을 빼라거나 정치할 생각이 없다고 단호히 말한 적이 없다. 현직 검찰총장인데도 말이다. 오히려 정권에 맞서는 투사 이미지를 만들어 갔다는 오해를 불러일으켰다. 현 정부 인사에 대한 표적 수사는 보수정권의 정치검사와 다를 바 없었다. 다르다면 정권의 입맛이 아니라 마치 살아있는 권력에 대한 수사로 포장하는 것이었다. 권력형 비리도 아니었지만, 거악 척결로 둔갑시킨 정치적 수사였다. 검찰개혁에 저항하고 조직수호를 위한 수사, 이것이야말로 자신들의 이익을 꾀하기 위한 정치검사의 전형이었다.

검찰총장으로서, 그리고 공직자로서 정치적 중립위반의 선을 넘었지만 멈추지 않았다. 그러나 반문이라는 공통 분모 아래 그를 반기는 보수 야권에 발을 들여놓는다면 검찰총장 출신으로서 치욕스러운 역사를 쓰는 것이다. 그가 입버릇처럼 떠올린 헌법과 법치를 파괴한 세력 속으로 들어가는 것이기 때문이다. 그들은 검찰 권력을 사유화하고 정치화한 이명박·박근혜 정권의 부역자들이다. 헌법을 무시하고 법치를 파괴하는 데 앞장서도록 검찰을 조종했던 자들이다. 그러니 정치를 해서도 안 되지만 그들에게 붙어 정치한다면 자가당착이다.

그는 검찰이 거악 척결의 유일한 기관인 양 호도하면서 떠났다. '부패 완판', 검찰이 수사하지 않으면 부패가 완전히 판친다는 신조어도 남겼다. 언론에 등장하고 언론을 다루는 솜씨가 여느 정치인 못지않다. 그의 발언에 어김없이 '국민'이 등장하는 것도 그렇다. 검찰개혁을 추진하는 정부·여당을 헌법 파괴자이자 법치 말살자로 정의한 프레임 짜기도 기막히다. 새로 출범한 공수처와 논의 중인 중대범죄수사처가 부정부패에 눈감고 손 놓고 있을 것이라는 전제지만, 그렇지 않을 것임은 분명하다.

검사의 신분은 헌법에 보장된 것도 아니고 검찰청이 헌법에 명시된 것도 아니다. 행정부의 일원인 검찰은 헌법기관인 법원과는 전혀 다르다. 헌법과 법치가 검찰의 전유물이 아니다. 새로운 수사기구를 만드는 것이나 공소 기관을 설치하는 것이 헌법에 반하는 것도 아니다. 수사를 검사의 임무로 규정한 검찰청법을 바꾸면 된다.

수사·기소권 완전 분리, 검찰의 직접 수사 기능 박탈, 그리고 새로운 수사기구 설치가 민주주의의 퇴보이자 헌법 정신의 파괴라는 주장은 법률가의 언어가 아니라 아이의 떼쓰기로 들린다. 검찰청의 검사가 수사해야만 법치가 실현되고 민주주의가 수호될 수 있다는 생각은 착각이자 오만이고 선민의식일 뿐이다.

해답은 공수처 출범이다

(경향신문 2020. 10. 20.)

고위공직자범죄수사처 설치 및 운영에 관한 법률이 15일 시행됐다. 공수처는 입법부·행정부·사법부 어디에도 속하지 않는 헌정사상 처음으로 설치되는 독립적인 제3의 수사기관이다. 문재인 정부 검찰개혁의 상징인 공수처 설치를 위한 제도적 기반은 마련됐지만 공수처 출범은 난항을 겪고 있다. 현행법상 공수처 조직 구성의 키(key)를 쥐고 있는 공수처장 임명은 제1야당인 미래통합당의 협조가 없으면 관련 절차 진행이 사실상 불가능하기 때문이다. 이대로라면 여당인 더불어민주당의 제21대 총선 공약인 '연내 공수처 설치'는 사실상 어려울 것이란 전망도 나온다.

공수처 조직은 처장 1명과 차장 1명을 포함한 25명 이내의 검사와 40명 이내의 수사관으로 구성된다. 하지만 법 시행에도 공수처 출범은 첫발도 떼지 못한 상태다. 처장이 임명되지 않으면 공수처 조직 구성 자체가 불가능하다.

– 법률신문 2020. 7. 15.

검찰수사가 미진하거나 의혹이 일면 특임검사가 임명된다. 주로 검사 비리를 수사하기 위해 2010년 도입된 특임검사로도 모자라면 특별검사가 등장한다. 이렇듯 단판으로 끝내질 못한다. 두세 번 수사한 사건이 무수히 많다. 굵직한 사건에서는 어김없이 3종 세트가 등장한다. 검찰의 수사가 때로는 선택적 수사, 때로는 정치권력 눈치보기 수사라서 불신의 대상이었기 때문이다. 이제 수사 삼세번은 낯

설지 않다. 마치 삼심 재판을 하는 것 같다.

한참 뜨거워진 라임·옵티머스 사태도 그럴 태세다. 법무부와 대검찰청이 충돌하며 낯 뜨거운 설전을 펼치고 있다. 법무부 장관과 검찰총장의 격돌이 점입가경이다. 검찰총장의 부실 수사 책임론도 제기된 상황이다. 장관의 감찰 지시에 맞선 총장의 신속 수사 지시로 여론전은 뜨거워지고 있다. 한통속으로 일해왔던 그들의 과거를 생각하면 어색하지만, 비 검사 출신 법무부 장관이 임명되고 나서부터는 일상이 되었다.

여야도 반전에 반전, 받아치기와 되치기를 반복하고 있다. 사기 피의자의 입에 정치권은 물론 검찰과 법무부가 놀아나고 있다. 언론도 갈피를 잡지 못한 채 춤추고 있다. 검찰의 짜 맞추기 수사, 야권 정치인 연루, 청와대 라인 타기, 전·현직 검사 접대와 검사 출신 전관 변호사 선임 등등 그의 한마디 한마디에 공수교대가 계속될 것으로 전망된다. 그의 폭탄 발언에 어느 한군데 폭발할지도 모를 안갯속이다. 야당은 권력형 게이트라며 연일 특검 도입과 장외 투쟁 카드로 압박하고 있지만, 누구에게 불똥이 튈지 모를 형국이다.

검찰의 신뢰와 기대는 물 건너간 지 오래다. 검찰개혁은 촛불 시민의 요청이다. 지금 여당과 야당은 한목소리로 라임·옵티머스 사태를 두고 믿지 못할 검찰이라고 악평을 한다. 검찰을 대신해 특검이든, 공수처든 가동되어야 한다는 주장이다. 문제는 지워질 검찰을 메울 특검과 공수처 사이의 선택이다. 그동안 특검은 십수 차례 해볼 만큼 해봤다. 성공한 적도 있지만 손꼽을 정도다. 제도 특검에 따른 특별검사 임명은 여야의 정치적 이해에 따라 결정된다. 도입 논란으로 날 새운 적이 한두 번이 아니다.

그래서 상설적 기구 특검이 정답이다. 바로 독립적 수사기구인 공수처가 해법이다. 검사, 특임검사와 특별검사 3형제보다 공수처가 효율적이다. 정쟁의 대상이 되는 사건마다 모두 불러들여 같은 수사를 되풀이하는 우를 피할 수 있기 때문이다.

공수처법은 국민의 지지를 받은 검찰개혁 법안이다. 지난해 법이 통과되어 도입되었지만, 야당이 야당 몫 2명의 공수처장 후보추천위원회 위원을 추천하지 않아 개점도 못 한 상태다. 야당이 반대하는 공수처장이 임명될 수 없게 하는 절차와 방법을 규정해 놓았지만, 야당은 자신의 권한을 발로 차버렸다. 여당으로부터 최후통첩을 받고도 헌법재판소의 위헌법률심판을 기다려야 한다며 몽니를 부리고 있다. 곧 추천하겠다고 약속해 놓고도 감감무소식이다. 공수처 출범 시한이 법이 통과된 지 6개월 후인 지난 7월 15일이었으므로 100일이 다 되어간다. 야당의 직무 유기이자 위법행위다.

공수처에 전관을 배제하는 장치도 마련되어 있다. 그야말로 민주적이고 독립적인 수사기구로 설계했건만 억지 위헌론으로 국민을 오도한다. 출범도 못 한 상태에서 공수처법 개정안이 제출되는 우스운 일이 벌어지고 있다. 여야 교섭단체 추천 몫인 2인씩 4인을 국회에서 추천하는 4인으로 수정하는 안과 국회의장이 추천하는 안 등 더불어민주당은 입법적 다수를 이용하여 어떡하든 공수처를 빨리 출범시켜보겠다는 생각이지만 비판받을 일이긴 하다.

수천 명에게 막대한 피해를 준 라임과 옵티머스 등 펀드 사기 사건은 정·관계 로비 의혹과 검찰수사 무마 의혹까지 제기되고 있으므로 수사대상자와 범죄유형 모두 공수처가 딱이다. 정치인과 고위공직자가 로비 등으로 방패막이로 동원되고 뇌물을 수수했다는 의혹이고 전·현직 검사도 개입되었을 것이라는 사건이기 때문이다. 21대 국회 첫 국정감사 후반전에 돌입한 여야는 정국의 뇌관으로 떠오른 라임·

옵티머스 사태 2라운드를 맞아 치열한 공방으로 확전할 것으로 전망
된다. 특검과 공수처가 핵심 키워드로 떠오를 공산이 크다. 국감은
야당의 시간임을 국민에게 각인시키지 못한 국민의힘은 특검 도입을
위한 장외 투쟁까지 불사할 태세다. 여당은 여당대로 검찰과 대검찰청
을 공격할 빌미를 얻었다고 보고 공수처의 필요성을 부각할 것이다.

　국정감사가 여야 쌈박질로 맹탕이 되더라도 공수처 출범의 여론
이 확산할 수 있는 반전의 계기가 되면 좋겠다.

'준사법기관'에 걸맞은 검찰이어야

(경향신문 2019.10.22.)

조국 법무부 장관이 8일 검찰개혁 방안을 직접 발표했다. 검찰 대표 인지수사 부서인 특별수사부를 대폭 축소해 서울중앙지검 등 거점 검찰청 3곳에만 남기고 명칭도 '반부패수사부'로 바꾸는 방안을 이달부터 추진한다. 개편이 이뤄지면 1973년 대검찰청에 설치된 특수부가 46년 만에 역사 속으로 사라지게 된다.

조 장관은 또 심야 조사 금지, 별건 수사 제한 등 인권 보호를 위한 다양한 제도 개선을 신속하게 완료하겠다며 "'다음은 없다'는 각오로 검찰개혁에 매진하겠다"는 강력한 의지를 밝혔다.

하지만 특수부 축소·폐지나 대검찰청 조직 및 기능 개편 등이 이뤄지면 검찰 간부 등에 대한 후속 인사가 뒤따를 수밖에 없어 조 장관이 인적 물갈이 카드로 검찰을 압박하려는 것 아니냐는 지적이 나온다. 또 검찰에 대한 법무부의 감찰 강화 등은 검찰의 중립성을 저해할 우려도 있어 논란이 일고 있다.

- 법률신문 2019.10.10.

"검찰이 누구누구를 사법 처리할 방침이다"라는 표현이 언론에 자주 등장한다. 검찰이 수사 결과를 브리핑하면서 '사법 처리'라는 용어를 사용하니까 언론도 따라 쓴다. 여기서 사법 처리란 수사를 해서 기소했다는 뜻이다. 공소장 제출로 법원에 재판을 청구했다는 의미다.

그러나 굳이 '사법' 처리라고 표현하는 이유는 무엇일까. 통상 '사법(司法)'이란 무엇이 법인지를 말한다는 의미로 사법부가 하는 업무다. 그만큼 행정부에 속하는 검찰의 사무가 사법부의 일과 관련이 있기 때문에 사법 처리했다고 말하는 것이다.

검사들은 자신들이 법관과 비슷한 일을 하고 있다고 인식하면서 법관과의 동일성을 드러내고 싶어 한다. 검사의 직무와 권한은 사법권과 밀접한 관련을 맺으면서 형사절차에서 중추적 기능을 하고 있다는 점에서 그런 태도가 이해가 간다. 검찰은 기소편의주의에 따라 불기소처분 결정으로 형사사건을 종결하는 막강한 권한을 갖고 있어 판결로 사건을 마무리하는 법관의 지위와 다르지 않기 때문이다. 광범위하게 법관의 임무를 대신하는 것과 마찬가지다. 수많은 형사사건은 법정으로 가기 전에 법관의 재판이 아니라 검사의 사법적 판단으로 종결된다. 그래서 우리는 검찰을 사법부에 준한다는 의미로 준사법기관(準司法機關)이라 부르고 검찰 스스로 준사법기관임을 자부하고 있는 것이다.

검찰청은 법무부의 외청으로서 행정부에 속하지만 개개 검사의 직무는 사법권과 아주 밀접하다. 그런 의미에서 검찰은 행정기관이면서 동시에 사법기관인 이중성격을 가진 기관이다. 엄격히 말하면 사법기관은 아니지만 오로지 진실과 정의에 따라야 할 의무를 지고 있는 준사법기관이다. 그래서 법관 독립의 이념은 검사에 대하여도 요구되지 않을 수 없다. 사법기관이 아니면서도 사법부와 함께 형사사법에 공동으로 기여해야 하는 검사의 특수한 성격 때문에 검사에게 법관과 같은 자격을 요구하고 그 신분도 보장한다.

검찰권 행사로 국민의 권리와 자유가 제한되고 침해되기 때문에 엄격한 법적 근거와 절차를 지켜야 한다는 점에서 다른 행정기관보다는 법률 구속성이 더 높다. 검찰이 본질적으로 행정부 소속이지만 정치적 중립성이 요구되고 국민과 정치권력, 법원에 의한 견제와 감시의 대상이 되는 이유다.

 이렇듯 법관과 유사한 임무를 수행하는 권한을 갖는 검사에게는 법관과 마찬가지로 객관성, 공정성 및 진실과 정의의 원칙이 엄격하게 요구되어야 한다. 그래서 검사를 단독제의 관청으로 구성한 것이다. 일반 공무원과는 달리 개개의 검사가 검찰권을 행사하는 국가기관이라는 뜻이다. 검사는 검찰총장이나 검사장의 보조기관이 아니라 자기 이름으로 검찰사무를 행할 권한을 갖는다는 의미다.
 그러나 그동안 검찰은 준사법기관임을 자부할 정도로 독립적이고 중립적이었는가. 객관적이고 공정하게 검찰권을 행사했다고 감히 말할 수 있겠는가. 아니면 자신의 권한을 확대하고 싶을 때만 준사법기관임을 외친 것은 아니었던가. 검찰 비판에 방어막으로 준사법기관성을 내세운 것은 아니었던가.

 그동안 검찰은 조직을 지킬 때 준사법기관임을 강조해 왔다. 법원과 동등하게 대우받기를 원할 때 준사법기관을 무기로 들고나왔다. 법관과 동일한 신분보장을 요구할 때 들고나오는 논리가 준사법기관이었다. 검찰의 인사권과 예산권의 독립을 주장할 때도 준사법기관임을 내세웠다. 의전과 대우를 받을 때도 그랬다. 검찰은 검사장을 고등법원 부장판사와 같은 차관급이라고 보면서 출퇴근 차량 등 고법 부장판사가 받는 대우를 그대로 검사장에게도 해 왔다. 일은 준사법기관에 걸맞지 않게 하면서 대접만 받아온 것이다.

 형식적으로는 자기 이름으로 검찰사무를 처리하지만, 실은 상명하복의 위계 속에 속박되어 있었다. 바로 검사동일체 원칙으로 표현되는 상명하복 관계 때문이다. 검찰개혁의 핵심은 상명하복의 위계 조직에서 벗어나 준사법기관성을 검찰사무 곳곳에 실현하는 것이다. 상명하복의 검찰조직이 법무부 장관이나 검찰총장의 정치적 소신이나 성향에 따라 좌우될 수 있는 폐쇄적 조직이라는 점이 더해지면 개개 검사의 권력 행사의 정치적 독립성 및 중립성은 기대하기 어려워진다.

그래서 검찰개혁을 위한 최우선 과제는 무엇보다도 상하관계의 위계질서를 완화시켜 검찰 내부의 민주화를 이루어 내는 것이다. 조직이 관료화, 위계화, 폐쇄화 되면 될수록 권력 기관화되고 정치적 영향 가능성이 증가하게 되며 정치권력이 검찰을 사유화할 가능성이 높아지게 된다. 조직의 민주화와 외적 통제만이 검찰의 정치적 독립을 확보할 수 있게 한다. 그래야 검찰이 온전한 준사법기관이 될 수 있다.

06
Turning point를 간절히 기대하며

(법률신문 2016.8.29.)

우병우(49·사법연수원 19기) 대통령 민정수석비서관과 이석수(53·18기) 특별감찰관을 동시 수사하게 된 특별수사팀이 24일 진용을 갖추고 본격적인 수사에 착수하면서 법조계 안팎의 이목이 검찰로 집중되고 있다. 법무·검찰로부터 보고를 받고 인사에도 큰 영향을 미치고 있는 청와대 실세를 수사한다는 점에서 수사의 공정성과 실효성에 의문을 제기하는 목소리도 나오지만, 잇따른 악재로 개혁 요구에 시달리고 있는 검찰이 위기 상황을 정면 돌파하기 위해 특별수사팀이라는 의외의 강수를 뒀다는 점에서 사건의 실체 규명에 대한 기대감도 나오고 있다.

윤갑근(52·19기) 특별수사팀장은 "정도(正道)대로만 하면 된다"며 "신속하게 진상을 파악해 철저하고 공정하게 수사할 것"이라고 강조했다.

우 수석과 관련한 수사 대상은 일단 이 감찰관이 수사 의뢰한 2가지 혐의가 될 것으로 보인다. 우 수석이 의경으로 입대한 자신의 아들에 대해 보직 특혜를 주기 위해 직권을 남용했다는 혐의와 가족회사인 정강의 회삿돈으로 차량 리스비와 통신비를 썼다는 혐의(횡령·배임) 등이다.

- 법률신문 2016.8.29.

혹시나 했다가 역시나가 되는 것은 아닌지 우려가 없는 것은 아니지만 그래도 지금까지 매번 그래왔던 것처럼 한 가닥 기대를 걸어본다. 고위공직자비리수사처 도입을 포함한 검찰개혁 요구의 파고를 넘어야 하는 검찰은 절체절명의 시험대에 올라서 있다. 나락의 위기에서 지금껏 사용하지 않았던 낙하산을 펼쳐 시간을 벌어볼 것인지, 그저 날개도 없이 급전직하 바닥으로 추락하고 말 것인지의 기로에 서 있다. 검찰은 현직 청와대 민정수석과 특별감찰관에 대한 특별수사팀을 꾸렸지만 결국 불신만 더할 것인지, 아니면 말 그대로 환골탈태의 계기를 보여줄 것인지 두고 볼 일이다.

그런데 특별수사팀 구성부터 검찰개혁의 목소리를 잠재우기에 부족함이 있다는 우려가 높다. 공정하게 보이는 것부터 실패했다는 지적이다. 학연과 지연 등을 빼면 수사할 검사가 없다지만, 우병우 민정수석과 윤갑근 특별수사팀장이 사법시험과 연수원 동기라는 점에서도 그렇고, 대통령의 검찰 인사권 행사에 영향력을 갖고 있는 민정수석 때 고검장으로 승진한 특별수사팀장이 거꾸로 민정수석을 불러 수사한다는 것 자체가 수사의 공정성에 마이너스 요인이다.

판사는 판결로 말하고 검사는 수사 이력을 보면 알 수 있는데, 특별수사팀장의 수사 이력에서 나타나듯이 정권 관련 수사에서 정치적 중립성을 지키지 못했다는 평가를 받는 검사이기도 하다. 민정수석이 버티고 있는 청와대가 던져준 가이드라인과 정답을 알고 있는 특별수사팀이 자유롭게 수사할 수 있을 것인지도 의문이고 수사대상자가 여전히 보고라인에 있다는 점에서도 이미 공정성은 흔들려 보인다. 이같이 정치적 중립성과 공정성을 의식해 특별수사팀을 꾸렸지만 '우병우 사단'이라는 논란은 비켜 가기 어려울 것이라는 관측이 지배적이다.

이제 검찰의 운명은 김수남 표 특별수사팀에 달려 있다. 승부수를 띄웠다고는 하지만 누구를 위한 승부수인지가 문제다. 위기의 검찰을 살릴 승부수인지, 검찰총장 자신이 살기 위한 승부수인지, 국민

에게 승부수가 될 것인지, 청와대의 승부수로 판명 날 것인지 지켜볼
일이다. '역시 마찬가지야, 결국 특검으로 갈 걸 왜 검찰에서 힘 뺐
어, 면피용 수사였잖아'일 것인지, '그래도 검찰이 낫네'라는 평가를
받아 검찰개혁의 목소리를 잠재우고 검찰 스스로 개혁의 주도권을
쥘 수 있을 것인지, 아니면 '혹시나 했더니 역시 그렇지'라고 체념에
빠뜨릴 것인지 곧 판가름 날 것이다.

　살아있는 권력이 됐든, 누가 됐든 정도를 따라갈 것이라는 특별
수사팀장의 다짐을 믿어본다. '저는 검사이고, 검찰 속에 있는 검사'
라는 팀장의 뼈있는 말이 헛말이 아니길 바란다. 좌고우면하지 않고
불의를 찾아내는 정의의 수호자이자, 법무부나 청와대의 눈치를 살피
지 않는 검찰 속의 검사이기를 기대한다. 무뎌지거나 휘어질 칼날이
라면 애당초 빼 들지 않는 것이 좋다. 출발선에서 이미 부정 출발의
의혹을 받고 있다는 사실을 늘 새기면서 위기의 검찰, 정치검찰이라
는 오명에서 벗어날 터닝 포인트가 되기를 간절히 기대한다.

07
피의사실 흘리기·받아쓰기 지나치다

(경향신문 2019. 9. 24.)

법무부가 검찰의 피의사실공표를 강력하게 금지하는 내용의 훈령 제정을 추진하
자 법조계 안팎에서 논란이 일고 있다. 훈령은 공소제기 전 피의자에 대한 수사
상황이나 혐의사실 등 일체에 대한 공개를 금지하고 이를 어길 경우 법무부 장
관이 해당 검사 등에 대한 감찰을 지시할 수 있는 내용을 담고 있다. 피의사실
공표 금지를 강화하는 것은 무죄추정의 원칙과 피의자의 인권·방어권을 보호하
는 조치이므로 환영하지만, 추진 배경과 시기가 의심스럽다는 것이다. 조국 법무
부 장관 일가를 둘러싼 각종 의혹에 대해 검찰의 전방위적 수사가 진행되고 있
는 상황에서 조 장관이 검찰 수사를 무력화하기 위해 꺼낸 압박용 카드 아니냐
는 것이다.

17일 법조계 등에 따르면, 법무부가 마련한 새 훈령 초안은 이름부터 기존의
'인권 보호를 위한 수사공보 준칙'에서 '형사사건 공개금지 등에 관한 규정'으로
바뀌었다. 두 가지 모두 공소제기 전 혐의사실이나 수사 상황에 대한 공개를 금
지하는 것을 원칙으로 하지만, 수사공보 준칙이 국민의 알 권리 등을 위해 예외
를 상대적으로 폭넓게 허용한 반면, 새 규정은 이 같은 예외적인 경우를 축소하
고 위반자에 대한 감찰을 장관이 직접 지시할 수 있도록 하는 등 규제를 대폭
강화했다는 점에서 차이가 크다.

－ 법률신문 2019. 9. 19.

검찰은 그렇게도 애지중지하는 피의자 신문조서도 없이 조국 법

무부 장관의 부인 정경심 교수를 사문서위조 혐의로 기소했다. 공소 시효 만료 직전 전격적이었다. 압수·수색도 전방위로 행해졌다. 대상과 장소가 다소 포괄적이고 특정되지도 않았다. 일부 기관은 압수수색이 아니라 자료 제출을 요청해야 할 곳도 있었다. 피의자도 피고발인도 아닌데 압수·수색을 당해, 마치 피의자인 것처럼 비치고, 엄청난 범죄를 저지른 것처럼 보이게 만들었다.

그 과정에서 수사 정보가 언론에 노출되기도 했다. 언론의 도움으로 자신들의 일방적 주장을 '기정사실'로 만듦으로써 피의자를 압박하고 재판에서 유죄를 이끌어 내려는 전략을 펴는 것 같은 인상을 주기도 했다. 언론은 동조라도 하듯 최소한의 사실 확인도 거른 채 검찰이 흘리는 조각 정보를 짜 맞추어 퍼뜨리는 데 몰두했다. 베껴 쓰기까지 더해지니 조 장관 일가의 혐의와 관련한 기사가 어마어마하게 쏟아져 나왔다. 검찰은 부인하지만, 보도 형태로 미루어 상당 부분 검찰 정보에 의존했음은 부인할 수 없다. 클릭 수에 목매는 인터넷 언론은 물론이고 정론을 표방하는 중앙 일간지에도 고급 외제차가 등장하는 등 호기심을 자극하는 신상 보도나 부정적 이미지를 덧씌우려는 기사도 서슴지 않았다. 국민의 조급증과 호기심을 채워주려 속보 경쟁에 급급한 언론이었다.

검찰과 언론은 국민의 알권리에서 피의사실 공표와 언론보도의 정당성을 구한다. 하지만 설익고 확인되지 않은 흠집 내기 추측성 기사로 도대체 진실이 무언지 알 길이 없다. 그래서 법무부 장관은 취임 직후 2010년 '인권 보호를 위한 수사공보 준칙'이 마련된 불행한 배경을 떠올렸을 것이다. 피의사실 공표를 엄격히 금지하는 '형사사건 공개금지 등에 관한 규정'을 발표한 것이다. 그런데 또 다른 논란을 일으켰다. 취지에 공감하지만, 자신을 지키기 위한 방어 전략이라는 오해다. 그래서 추진을 미루기로 했지만, 논쟁은 진행형이다. 공인이기 때문에 언론을 포함한 여러 각도의 검증이 필요하다면서 국민의 알권리에 방점을 두는 입장에서는 검찰의 공소제기 전 피의사실 공표와 언론의 받아쓰기 보도가 어쩔 수 없이 필요하다고 말한다.

그러나 정확성이 떨어지는 신속성만으로는 알권리가 충족될 리 없다. 피의자의 인권과 사생활 및 명예도 침해된다. 검찰이 던져준 정보를 활자화하고 방송으로 전파하면 국민은 피의자를 영락없는 유죄의 범죄자로 보게 된다. 검찰이 일방적으로 흘린 피의사실은 법정에서 다투어 확정되어야 함에도 언론의 힘으로 진실한 사실이 되기 때문이다. 이런 상황에서 피의자는 법정에서 방어권을 행사하기 힘들다. 언론에 의해 형성된 여론에 밀려 공정한 수사도 장담할 수 없다.

수사기관이 유죄의 심증을 갖게 되면 확증편향이 생겨 보고 싶은 것만 보게 되고, 유죄라는 터널 끝의 출구만 보는 터널시야로 다른 가능성이나 증거는 보이지 않게 되어 수사의 객관성과 공정성을 잃게 된다. 재판이 시작되기도 전에 여론으로부터 유죄를 선고받게 되면 공정한 재판을 받을 권리가 보장되기도 어렵다. 판사도 사람이기 때문에 여론의 기대를 뒤집는 판결을 내리는 데 부담을 느낄 수 있고, 언론보도로부터 유죄의 심증을 갖게 될 수도 있다. 이처럼 피의사실 공표와 언론보도로 침해되는 것은 피의자 개인의 인권침해에 머무르지 않고 공정한 수사와 재판의 원칙, 무죄추정의 원칙이라는 공적 이익도 침해되는 것이다.

그래서 충돌되는 여러 이익 사이의 비교형량을 통해 조화로운 해결책을 모색해야 한다. 미디어, 수사기관, 피의자와 변호인 등 각자의 관심과 이해가 다르기 때문에 일방적이어서는 안 된다. 피의사실 공표를 전적으로 금지하고 언론보도를 엄격히 규제할 수 없는 이유다.

범죄혐의의 정도에 따른 내사 단계, 수사 착수 단계, 영장 청구 단계, 기소 단계, 공판절차 단계마다 다른 이익형량의 기준을 적용하여 수사공보의 한계와 범위가 정해져야 한다. 수사 초기 단계부터 언론에 공개하는 수사로는 검찰도 잃는 게 많다. 언론과 여론의 부담을 피할 수 없게 되고, 때로는 불공정 시비에 휩싸이게 되기 때문이다.

　피의사실을 공표할 때는 어느 정도 수사가 진척되어 의심의 여지 없이 확실히 진실이라고 믿을 만한 타당한 확증과 근거를 제시할 수 있어야 한다. 구속영장 청구 시점이 비로소 그런 단계에 다다르게 된다. 인신구속을 하려면 범죄혐의가 어느 정도 객관적으로 확인되어야 하기 때문이다.

　수사공보에 관한 사항은 헌법상 보장된 무죄추정의 원칙, 피의자의 공정한 수사와 재판을 받을 권리, 사생활 등 기본권이라는 점을 고려하면 법무부 훈령이 아니라 법률로 피의사실 공표의 허용 여부와 허용 기준 및 절차가 법제화되어야 한다. 수사기관의 일방적 피의사실 공표여서도 안 된다. 그에 대한 피의자의 반론권이 보장되어야 공정성을 유지할 수 있다.

08
검찰개혁은 과거사 정리부터
(경향신문 2017.8.15.)

문무일(56·사법연수원 18기) 검찰총장이 과거 권위주의 정부 시절 등 검찰이 본연의 역할을 다하지 못해 국민의 인권을 제대로 보장하지 못한 점에 대해 대국민 사과했다. 검찰총장이 과거사 문제에 대해 공식 사과한 것은 헌정사상 처음이다.

문 총장은 또 외부 전문가로 구성된 검찰개혁위원회와 수사심의위원회를 도입해 제도 개선은 물론 주요 사건 수사와 기소 과정을 점검받는 등 검찰의 정치적 중립성과 독립성, 공정성 강화를 위해 고강도 자체 개혁에 나서겠다는 뜻을 분명히 했다. 법조계는 문 총장의 개혁 의지를 높이 평가하면서 국민의 눈높이에 맞는 개혁이 이뤄져 피부에 와닿는 변화가 있기를 기대한다고 주문했다.

– 법률신문 2017.8.10.

'열 명의 범죄자를 놓치는 한이 있어도, 한 명의 무고한 사람을 처벌해서는 안 된다'는 법언을 모르는 법률가는 없다. 민주국가의 시민이라면 사법 체계의 근간을 이루는 무죄추정의 원칙을 익히 들어서 알고 있을 것이다. 수사와 기소의 책임이 있는 검사는 당연히 알고 지켜야 할 철칙이다. 초동수사를 담당하는 경찰에게 더욱더 요구되는 형사절차의 기본원칙이다. 사건을 빨리 해결해서 시민의 불안감을 잠재워 주고 싶은 수사담당자가 혹시 범할지도 모를 과오를 막아

주는 헌법상 장치다. 수사기관은 의심스러울 때는 피의자와 피고인의 이익을 위해서 권한을 행사해야 한다. 법원도 마찬가지다.

그러나 그동안 검찰은 수많은 사건에서 적법절차의 원칙을 지키지 않고 인권 보장의 책무를 다하지 못하여 무고한 피해자를 만드는 과오를 범하고 말았다. 적지 않은 재심 무죄 사건들이 이를 증명한다.

문무일 검찰총장이 역대 검찰총수로는 처음으로 "검찰이 과거 권위주의 정부 시절 일부 시국사건 등에서 적법절차 준수와 인권 보장의 책무를 다하지 못한 점에 대해 가슴 아프게 생각하며 국민 여러분께 깊이 사과드린다"고 말했다. '강기훈 유서 대필 조작 사건'과 '인혁당 사건', '익산 약촌오거리 택시 기사 살인사건' 등이 대표적이다. 잘못 처리된 사건의 수사 기록도 검토를 거쳐 공개 범위를 전향적으로 확대하겠다고도 했다. 2008년 검찰 창립 60주년에도 꿈쩍하지 않았던 검찰이었다. 검찰총장의 입으로 공식 사과한 것은 이번이 처음이다.

2008년 이용훈 대법원장은 사법부 60주년 기념식에서 "사법부가 헌법상 책무를 충실히 완수하지 못함으로써 국민에게 실망과 고통을 드린 데 대해 죄송하다는 말씀을 드린다"고 대국민 사과를 했지만, 검찰은 공식 사과를 유보한 채 유감을 표명하는 것으로 국민의 요구를 외면했었다.

새 정부의 첫 검찰총장은 검찰개혁이라는 국민적 요구에 직면하여 '투명한 검찰, 바른 검찰, 열린 검찰'을 만들겠다고 밝혔다. 국민적 관심이 집중된 주요 사건에 대해서 수사의 중립성과 투명성을 기하기 위해 수사·기소 전반을 점검하는 '수사심의위원회'를 설치하고 검찰 공무원의 비리 감찰과 수사에 대해 외부의 점검을 받기로 하는 등 시민에 의한 검찰권 통제와 감시를 강화하겠다고 했다. 다른 부처가 앞다퉈 개혁위원회를 꾸린 것처럼 검찰개혁위원회를 발족하겠다고 말했다. 셀프 개혁을 포함하여 여러 가지 방안을 제시했지만, 검찰의 직접 수사 필요성과 고위공직자비리수사처에 대한 찬반이 있음을 근거로 내세우며 수사권 조정이나 공수처 설치와 같은 핵심적 검찰개혁 방안에 대해서는 미온적인 입장을 드러내기도 했다.

검찰개혁은 법무부에 설치된 '법무·검찰개혁위원회'에 맡겨야 한다. 지금 검찰이 해야 할 검찰개혁의 출발은 과거사 정리다. 검찰은 그동안 밝혀진 재심 무죄 사건에 대해 과오를 인정하고 과거사를 정리해야만 정의 실현을 위한 진실발견의 한 축이자, 인권 수호 기관임을 자임할 수 있게 된다. 검찰이 바닥 모르게 추락한 국민의 신뢰를 회복하려면 오욕과 회한의 역사를 바로잡는 일에 적극 나서야 한다. 그것이 검찰개혁의 시발점이다.

검찰개혁위원회를 꾸리는 것보다 시급한 것은 가깝게는 지난 보수정권, 멀게는 권위주의 독재정권에서의 과거사를 정리하는 것이다. 조직의 총수가 일회성으로 국민 앞에 머리 숙여 사과하는 것에 그쳐서는 안 된다. 과거사 정리와 적폐 청산이 시대의 흐름이다. 촛불 광장의 목소리다. 그저 과거 잘못을 이벤트성 대국민 사과로 퉁칠 일은 아니다. 진정 잘못을 인정한다면 과거사를 드러내고 정리해야 한다. 대국민 사과가 검찰을 향한 개혁 드라이브를 피해 보려는 꼼수여서는 안 된다. 기존의 권한을 유지하는 선에서 끝낼 셀프 개혁에 그쳐서도 안 된다.

검찰은 검찰권 행사에 오류가 없었는지, 정치권력에 기대어 진실과 정의가 왜곡되지는 않았는지 돌아보아야 한다. 사과할 일은 사과하고 책임질 일은 책임져야 국가 공권력이 권위를 갖게 된다. 어두운 과거를 덮어두거나 이를 파헤치는 데 주저한다면 검찰에 대한 국민의 불신을 씻을 수 없을 것이다. 검찰이 과거로부터 자유로워지려면 스스로 과거를 반성하고 청산하는 길밖에 없다. 그래야 미래가 보인다.

지금이 명분도 있는 절호의 기회다. 국민적 요구를 받아 '정치검찰 역사'와의 단절을 선언하고 청와대가 아니라 국민을 바라보고 법률에 의해 보장된 검찰권을 행사할 것을 다짐하는 계기로 삼아야 한다. 과거사 진실 규명과 반성을 통해 무고한 피해자들의 명예도 회복시켜 주어야 한다. 국민으로부터 나온 검찰권을 국민을 위해 사용하는 국민의 검찰로 다시 태어나야 한다.

09
'조직을 사랑한다'
(법률신문 2020.7.9.)

이른바 '검·언 유착 의혹 사건'을 둘러싼 법무·검찰 내부 갈등 상황이 점입가경이다. 추미애(62·사법연수원 14기) 법무부 장관은 수사지휘권을 발동해 윤석열(60·23기) 검찰총장 등 대검찰청이 이 사건 수사 지휘·감독에서 사실상 손을 뗄 것을 지시했다. 윤 총장이 전국 검사장회의를 소집해 의견을 수렴하는 등 대응책 마련에 나서면서 갈등은 최고조로 치닫고 있다. 법조계에서도 장관의 수사 지휘권 발동의 적정성 여부 등을 둘러싼 논란이 이어지고 있다.

추 장관은 2일 윤 총장에게 보낸 '수사 지휘' 공문을 통해 검·언 유착 의혹 사건과 관련, △현재 진행 중인 전문수사자문단 심의 절차를 중단할 것과 △서울중앙지검 수사팀이 대검의 지휘·감독을 받지 않고 독립적으로 수사하도록 한 뒤 윤 총장은 수사 결과만 보고 받을 것 등을 지휘했다.

추 장관이 수사지휘권을 발동하자, 윤 총장은 3일로 예정됐던 전문수사자문단 소집 절차를 중단했다. 하지만 3일 추 장관의 수사 지휘 수용 여부 등에 대한 의견 수렴 및 논의를 위해 전국 검사장 릴레이 회의를 개최했다.

- 법률신문 2020.7.6.

자신이 몸담은 조직에 대한 사랑은 조직 구성원으로서 기본이다. 조직에 대한 애정이 없으면 자신에게는 물론 그 조직에도 해롭다. 조직에 대한 사랑과 충성도 면에서 남다른 몇몇 사조직이 거론되지만, 검찰도 그에 못지않다. 한번 검찰은 영원한 검찰로 남는다. 검사 출신 국회의원을 보면 과장은 아닌 듯하다.

현 검찰총장이 평검사 시절 국정감사장에서 던진 "조직을 대단히 사랑한다. 저는 사람에게 충성하지 않는다"라는 말은 어록으로 회자하고 있다. 권력자에 줄 서고 사람에 충성하는 검사가 아니라, 원칙을 지키는 검사, 승진 따위에 연연해하지 않는 검사, 상사의 위법한 지휘·감독은 따를 필요가 없다는 소신을 지킨 검사 등등 그의 강단 있는 언행은 국민적 칭송을 받기에 충분했다. 그래서 죽어야 사는 것처럼 검찰의 총수로 부활한 것이다.

또 한 번의 시련이다. 검찰총장을 지휘하는 법무부 장관과 충돌한 것이다. 임명 초기부터 죽 그래왔지만, 지금의 갈등은 정점인 듯하다. 둘 중 하나가 다쳐야 끝날 것 같은 태세다. 장관과 총장이 부딪힌 역사를 보면 검사 출신의 법무부 장관일 때는 거의 없었다. 검사 출신이 아닌 법조인이 법무부 장관 때 충돌이 벌어지고 이제 역사가 되었다. 사실 검사 출신이 법무부 장관일 때는 간섭할 일도 없었을 것이다. 검찰 선후배끼리는 알아차리는 사이였으므로 비공개로 해도 될 일을 굳이 서면으로 드러내면서 지시할 이유도 없었을 것이다.

그러나 비 검사 출신 장관이어서 그랬는지 검찰청법에 따른 법무부 장관의 수사지휘권 서면 발동은 합법적인 검찰 견제지만, 유독 갈등으로 비치고 검찰총장이 항명하거나 사퇴하는 일로 번졌다. 마치 장관의 지시는 부당하고, 검찰의 독립성을 침해한 것으로 오해되고 총장의 사퇴는 조직을 위한 용단으로 미화되기도 했다.

검사 출신 법무부 장관은 검찰조직을 건드리지 않았다. 조직을 사랑하는 마음은 검찰총장과 다르지 않았기에 충돌한 적이 없다. 비 검사 출신 법무부 장관은 조직을 흔들었다. 검찰개혁을 시도하고 민주적 통제를 가하려 했다. 그때마다 조직을 사랑하는 이들이 반기를

든 것이다. 지금도 마찬가지다. 발단은 검찰개혁에 대한 저항이다. 물론 지금 사태도 그러냐는 의문이 있을 수 있지만, 조국 전 법무부 장관부터 이어져 온 것이라면 조직 개혁과 조직 지키기의 충돌임을 부인할 수 없다. 그것이 검·언 유착이라는 구체적 사건에 대한 법무부 장관의 수사지휘권 발동과 조직을 사랑하는 검찰총장의 불복으로 비화한 것이다.

검사의 조직 사랑은 검사동일체 원칙에서 그대로 드러난다. 사랑하지 않으면 한 몸처럼 움직일 수 없다. 검찰총장이 임명되면 선배 기수가 용퇴하는 것도 조직 지키기다. 검찰은 스스로 준사법기관이라 자처한다. 업무의 성격이 사법과 유사하다는 의미지만 독립성이 보장된 사법부와 거의 동등한 지위를 인정받아 보겠다는 의도다.

그러나 지금처럼 검찰총장이나 검사장이 수사팀에게 지시하고 간섭하는 한 준사법기관이 될 수 없다. 검사동일체 원칙이 살아 작동하는 한 행정부를 구성하는 정부 기관일 뿐이다. 상사가 위법·부당한 지시를 내리지도 않고, 설사 하더라도 자유롭게 이의제기할 수 있는, 그리고 나아가 평검사의 목소리가 들려오는 조직의 민주화가 이루어진다면 준사법기관이라 불러줄 수 있을 것이다. 정녕 조직을 대단히 사랑한다면 그런 조직으로 탈바꿈시켜야 하는 것 아닐까.

10

수상한 대검찰청

(법률신문 2020. 12. 10.)

법무부는 26일 윤석열 검찰총장을 '재판부 불법사찰' 의혹과 관련해 직권남용 권리행사방해 혐의로 대검찰청에 수사 의뢰했다.

법무부는 이날 "윤 총장의 지시에 의해 판사 불법사찰 문건이 작성돼 배포됐다는 사실을 발견했다"며 "법무부 감찰규정 제19조에 의해 수사를 의뢰했다"고 밝혔다. 법무부 감찰규정 제19조 1항에서는 '비위 조사 결과 범죄혐의가 있다고 판단되는 경우 수사기관에 고발 또는 수사 의뢰해야 한다'고 규정하고 있다.

법무부에 따르면 해당 문건에는 특정 판사와 관련해 △행정처 정책심의관 출신으로 주관이 뚜렷하기보다는 여론이나 주변 분위기에 영향을 많이 받는다는 평 △행정처 16년도 물의야기법관 리스트 포함 △우리법연구회 출신 등의 내용이 담겼다.

- 법률신문 2020. 11. 30.

코로나19 팬데믹에 중요한 현안이 산적해 있건만 대한민국은 법무부와 대검찰청뿐이다. 양 기관 수장 간의 대치가 수많은 절박한 민생이슈를 잠식하고 있다. 확진자가 쏟아져 나오고 민생은 도탄에 빠져 힘들다고 아우성치지만, 첨예한 정치적 갈등으로 하루가 지나간다. 누구의 책임인지 가늠하기 쉽지 않지만, 윤석열 검찰총장의 대검찰청이 논란의 중심인 건 분명하다. 검찰총장 징계 청구 사유인 '주요 특수·공안사건 재판부 분석' 문건의 적법성 여부가 핵심이다. 전국법관대표회의에서 정치적 부담을 이유로 의견을 내지 않았지만, 검찰의 법관 정보수집이 불법하지 않다는 판단은 아니었다.

　　검찰청 사무기구 규정에 따르면 대검찰청 수사정보정책관실(현 수사정보담당관실)의 업무는 '사건 및 수사 관련 정보수집'이다. 판사의 개인정보와 성향 자료가 수사 중인 사건 관련 정보이고 공판 사건 관련 정보에 해당하는지, 검찰이 이런 정보를 조직 차원에서 수집해 일선 공판 검사에게 배포해도 되는지, 수집 목적이 무엇인지 등등이 불법성 여부를 가른다. 수사와 공소를 분리할 수는 없다는 논거로 규정을 넓게 해석하고 싶은 검찰은 정당한 업무라고 주장한다.

　　그러나 재판부 소속 판사의 성향과 개인정보까지 공판 사건 관련 정보라고 볼 수는 없다. 도청하거나 주변 인물을 찾아다니면서 정보를 수집하는 것만이 불법사찰이 아니다. 권력기관이 조직을 이용해 업무 범위 밖의 정보를 수집한다면 그것이 바로 사찰이다. 검찰 스스로 지난 정부에서 자행된 정보수집 명목의 불법사찰과 권한 남용을 기소한 바 있다. 수사정보정책관의 정보수집 또한 이와 다르지 않다. 오남용 위험 때문에 법무·검찰개혁위원회가 검찰 정보 수집기능의 전면적 폐지를 권고하기도 했다. 누구나 알 수 있고 언론에 나와 있는 내용이라고 반박하지만, 이는 하는 일 없이 자리만 차고앉아 국민의 세금을 축내고 있었다는 고백과 다름없다.

　　미국에서는 검사의 재판부 정보수집을 권장한다거나 판사 정보를 모은 책이 팔릴 정도라는 주장은 영어만 알고 비교법적 고찰 방법을 모르는 소리다. 미국 검사의 지위와 역할, 형사소송의 구조가 우리와는 다르다. 미국 검사는 plea bargaining, 소위 유죄협상도 할 수 있다. 미국 얘기를 하려면 이제부터 '공익의 대변자', '준사법기관', '객관의무'라는 소리는 집어치워야 한다.

　수사정보담당관실 외에도 수상한 곳이 또 있다. 검찰의 수장인 검찰총장이다. 대선주자 선호도조사의 후보에 포함돼 있다. 언젠가 이름을 빼달라고 언론사나 여론조사기관에 항의도 하더니 이제는 명확한 태도 표명 없이 수수방관이다. 정계 진출의 가능성을 열어놓는 발언도 했다. 야당 원내대표가 법치주의를 살리고 검찰의 중립성·독립성을 보장하는 길이라며 검찰총장의 명백한 선언을 촉구했건만, 당사자는 아무 말이 없다. 야권 후보로 거론되는 것이나 정권에 저항하는 이미지는 검찰의 사명과 거리가 멀다.

　여야든 좌우든 어느 편에 속해야 하는 정치적 지도자의 상(像)과 행정 관료로서 비 당파성을 지켜야 하는 검찰총장은 상극이다. 정무 감각이 있다는 평가 자체가 정치적 행보를 했다는 뜻이다. 그러니 수사의 공정성을 의심받고 정치적 의도가 있다는 오해를 받는다. 대선주자 지지율을 높이고 1등을 달리기 위해서 그렇게 의도하고 있는지도 모른다. 현직과 현업이 아니라 포스트 현직을 염두에 두면 정치적 사고와 행동이 뒤따르게 마련이다. 그러면 현직 수행도 그르치게 된다. 수상한 대검찰청에 바란다. 법과 원칙에 따라 주어진 직무에 충실해야 기나긴 갈등의 출구가 보일 것이라고.

11

Juristocracy(사법지배)

(법률신문 2019.9.2.)

조국 법무부 장관 후보자를 대상으로 한 각종 고발 사건을 접수한 서울중앙지검(검사장 배성범)이 27일 조 후보자의 딸과 관련된 대학 등을 상대로 전격적인 압수수색에 나서며 본격적인 수사에 착수했다.

서울중앙지검 특수2부(부장검사 고형곤)는 이날 조 후보자 가족의 입시, 사모펀드, 부동산, 학원 재단 등 관련 사건 수사를 위해 서울대 환경대학원과 고려대, 부산대 의학전문대학원, 경남 창원 웅동학원 재단 등 의혹과 관련된 장소들을 압수수색 중이라고 밝혔다.

서울중앙지검은 당초 조 후보자 관련 고소·고발 사건들을 형사1부에 배당했으나, 특수2부로 재배당했다. 검찰 관계자는 "사건의 성격을 감안해 수사 주체를 변경했다"며 "객관적인 자료를 확보하고 실체적 진실을 명확히 밝혀내기 위해 형사부가 아닌 특수부에서 수사를 진행하게 됐다"고 설명했다. 그는 "수사의 신속성과 효율성을 고려한 조치"라고 덧붙였다.

검찰은 당분간 압수한 증거물들을 분석하는 데 주력할 방침이다. 검찰은 또 압수수색영장에 기재된 수사대상자 중 일부가 해외에 체류 중인 사실을 확인하고 이들에게 신속히 귀국해 수사에 협조해 달라고 요청한 상태다.

- 법률신문 2019.8.29.

형사소송법상 법적 요건을 따져보면 적절치 않다거나 법에 위반된다고 말할 수 없을지도 모른다. 법무부 장관 후보자에 대한 검찰수사 말이다. 여러 건의 고발이 제기된 사건이고 압수수색영장 발부 요건 정도의 단순한 혐의도 있다고 볼 수 있고, 국민적 관심이 큰 공적 사안이어서 수사의 필요성도 인정되므로 검찰은 당연히 수사에 착수해야 했을 것이다. 더구나 법원이, 대상과 장소가 다소 포괄적이고 특정되지 않은 것처럼 보이지만, 압수수색영장을 발부했으니, 검찰의 무리수로도 보이지 않는다. 사람에 충성하지 않는 신임 검찰총장의 평소 소신대로라면 전격적인 전방위 압수수색은 당연한 수순이었을 것이다. 좌고우면하지 않는 수사, 과감하고 거칠 것 없는 수사는 그의 상징이기도 하다.

문제는 대물적 강제처분의 시점과 방법이다. 너무나 광범위하다. 20여 곳이 넘는다. 일부 기관은 압수수색의 대상이 아니라 자료 제출을 요청해야 할 곳도 있다. 피의자도 아니고 피고발인도 아닌데 압수수색을 당해, 마치 피의자인 것처럼 비치고, 고발 사실이 엄청난 범죄혐의가 있는 것처럼 보이게 만들었다. 무엇보다도 시점이 적절치 않았다는 점이다. 정치권이 공방을 벌이다가 겨우 인사청문회 일정에 합의한 직후였다. 정치적 의사결정을 위한 국회의 절차와 과정에 검찰이 느닷없이 끼어든 것이다. 우리가 심판하겠노라고 선언한 것이다.

전격 수사 착수는 자진사퇴 압박으로 받아들일 수도 있지만, 정치에 앞서 "우리가 정의(定意)하고 결정한다"고 선포한 것으로 읽히기도 한다. 정치적 과정에 개입한 정치적 행위로 인해 선입견이 생겨 인사 검증 절차가 방해받게 되었다. 그래서 검찰개혁에 대한 저항의 저의가 깔린 것이라는 오해를 받는 것이다.

또 다른 형태의 사법 지배다. 'Juristocracy'란 모든 사회적 문제에 법을 들이대며 법률가가 법의 논리로 판단하는 것을 의미한다. 그림 대작(代作)이 형사처벌 대상인지, 누구의 행적이 친일인지, 교과서의 내용이 역사 왜곡인지, 예술이든 역사든 가리지 않고 검찰을 포함하는 넓은 의미의 사법이 관여하여 수사의 대상으로 삼고 법정에서 판가름 나는 현실을 말한다. 각자의 영역에서 자율성을 발휘하여 규율하지 못하고 법적 판단에 내맡긴 책임이 크지만 그만큼 법과 사법의 영역이 확대되고 힘이 커졌다는 얘기다.

사법 지배주의, 정치의 사법화, 법률가 국가 등등이 이러한 현상을 나타내는 용어다. 법치국가의 이념에는 부합될지 모르지만, 사법지배로 정치와 정치인은 사라지고 법과 법률가만 살아남게 될지도 모른다. 정치영역에 검찰과 사법의 개입이 과도하면 민주주의와 정치가 왜곡될 위험성도 있다. 정치가 검찰권 행사에 개입하는 것도 문제지만 역으로 검찰이 정치 행위에 끼어드는 것 역시 바람직하지 않다. 보통 야당은 검찰의 정치적 편향을 비난하고 여당은 자기편이라 감싸지만 언제 뒤바뀔지도 모른다.

이번 법무부 장관 후보자에 대한 검찰수사를 바라보는 여야의 시각이 뒤바뀐 모양새다. 여당은 검찰 적폐라고 비난하고 야당은 검찰의 칼을 빌려 도려내고 싶어 한다. 그러나 그 칼이 야당을 겨눌 수도 있고 정치를 찌를 수 있음을 직시해야 한다. 정치권이 검찰권을 끌어들이는 것도 삼가야 하지만 검찰이 스스로 정치에 개입하는 것도 경계해야 할 이유다.

12

거악(巨惡)에 물들다

(법률신문 2016, 7, 28.)

게임업체 넥슨으로부터 뇌물을 받은 혐의 등으로 최근 구속된 진경준(49·사법연수원 21기) 검사장을 포함해 법조 비리 의혹에 연루된 전·현직 판사와 검사, 검찰수사관 등이 잇따라 법원의 영장실질심사를 포기하면서 그 배경에 관심이 쏠리고 있다. 구속영장이 청구된 피의자가 판사를 직접 대면해 자신에 대한 구속영장 청구가 부당함을 소명할 수 있는 유일한 기회인 영장실질심사를 포기하는 것은 구속을 당연한 결과로 받아들이겠다는 의사표시나 다름없기 때문이다. 특히 관련자 대부분은 자신에 대한 혐의를 전부 또는 일부를 부인하고 있는 상황이라 무슨 속사정이 있는지에 더욱 관심이 모아지고 있다.

진 검사장은 지난 16일로 예정된 영장실질심사에 불출석하겠다는 내용의 서면을 법원에 제출했다. 앞서 정운호(51·구속기소) 전 네이처리퍼블릭 대표의 전방위 로비 의혹 사건에 연루돼 구속영장이 청구됐던 검사장 출신의 홍만표(57·17기) 변호사와 부장판사 출신의 최유정(46·27기) 변호사도 모두 영장실질심사를 포기했다.

- 법률신문 2016.7.24.

"검찰은 사회의 불법과 부정을 발본색원하고, 거악을 척결하여 맑고 투명한 사회를 만들기 위하여 부패를 척결합니다."

대검찰청 홈페이지에 소개된 검찰의 사명이다. 거악에 칼을 들이 대려면 그 칼자루를 쥐고 있는 검찰은 스스로 청렴성과 소명 의식으로 무장되어 있어야 한다. 거악과 맞서면서 배운 것인가. 거악 척결을 외치며 수사하다가 시나브로 거악에 물든 것인가.

평검사도 아니고 현직 검사장과 검사장 출신 변호사가 척결 대상이 되는 사태가 벌어지고 말았다. 검사장 출신 변호사는 구속 기소되고, 현직 검사장은 구속된 상태로 검찰총장의 명을 받은 특임검사의 수사를 받고 있다. 권력 실세로 불리는 검찰 출신의 청와대 고위공직자에 대한 의혹투성이는 벼랑 끝 검찰을 떠밀어 나락으로 떨어뜨렸다. 대통령 직속 특별감찰관의 조사가 시작되었다고 한다. 초년병 검사가 부장검사의 모욕적 언사를 견디다 못해 자살하는 사건까지 벌어졌다. 불법과 부정으로 향해야 할 검찰의 칼끝이 검찰 자신을 찔러야 할 위기 상황에 부닥쳤다. 그야말로 총체적 난국에 빠진 '검찰공화국, 대한민국'이다.

왜 이 지경까지 이르게 되었는가. 누구는 극히 일부의 개인적 일탈이라며 대수롭지 않게 여길 수도 있다. 검찰 수뇌부가 그럴 것이고 검찰을 등에 업고 있는 정치권이 그럴 것이다. 사실 개인적 일탈이면 수장이 나서서 사죄해야 할 일도 아니다. 검사장도 조직의 구성원이자 일반 시민인데, 일반 시민으로서의 삶까지 책임질 일은 아니기 때문이다. 그러나 개인적 일탈이 아니라 검사장으로서, 검사로서, 즉 공직자로서의 일탈이라는데 문제의 심각성이 있는 것이다.

법무부 장관과 검찰총장이 나서서 머리 숙이고 자정과 개혁을 약속했지만, 그것으로 해결될 문제가 아니다. 개인의 탓이라면 도려내면 되지만 그 일탈이 조직 내부에 퍼져 있어 조직을 바꾸지 않으면 또 고개 숙여야 할 일들이 터져 나올 것이다. 셀프 개혁으로도, 셀프 수사로도 추락할 대로 추락한 검찰을 살릴 수 없다. 지금까지 그래왔던 것처럼 사과와 꼬리 자르기, 시간 끌기, 여론 잠재우기로 넘어가려 한다면 그야말로 밑이 보이지 않는 나락을 경험하게 될 것이다.

　국민으로부터 신뢰를 잃을 대로 잃은 검찰은 이제 그 권한을 내려놓아야 한다. 비대한 독점 권력은 썩을 수밖에 없음은 역사적 경험 사실이다. 독립적이고 중립적인 고위공직자비리수사처를 신설하든 상설적 기구로서 특별검사 제도를 도입하든 검찰 권한을 나누어야 한다. 아니면 기소 강제주의를 원칙으로 하여 검찰의 기소 재량권을 줄여야 한다.

　검찰을 무소불위의 권력으로 만든 것은 결국 정치권이다. 정치에 동원되고 휘둘리도록 만든 것이 정권이다. 정권의 눈치를 잘 살피면 승진과 꽃보직이 주어지고, 그렇지 않으면 좌천이나 시키는 조직은 국민으로부터 신뢰를 받을 수 없다. 신상필벌이 불확실하면 조직은 무너질 수밖에 없다. 정치는 검찰을 자유롭게 하고, 검찰이 수사와 기소의 독점 권력으로부터 자유로워지는 길을 찾아야 대한민국 검찰이 회생할 수 있을 것이다.

PART 04

정의와 공존, 안전을 향한 목소리

01

안전, 민주사회의 핵심 가치

(경향신문 2024.1.12.)

희망차게 시작해야 할 신년 벽두부터 시민은 불안하고 불편하다. 충격적인 사건으로 새해를 여는 덕담이나 화두는 가려지고 공포와 두려움이 앞선 출발이다. 특정 정치인을 겨냥한 공격이라서 일반 시민의 불안감과는 거리가 먼 것처럼 보이지만 그렇지 않다. 가뜩이나 지난해 우리를 불안케 한 이상 동기 범죄, 일명 묻지 마 범죄로 놀란 시민이다. 어디서 흉기가 날아올지도 모른다는 불안감, 누군가로부터 칼부림 공격을 당할 수 있다는 공포가 커진 상태다. 전례 없는 팬데믹의 공포에서 벗어나 외부 활동이 많아진 시기라서 더욱 두렵다.

범죄위험은 평화롭고 자유로운 삶을 원하는 시민을 불안하게 한다. 범죄에 더해서 자연 재난, 산업재해와 대형사고, 이념 대립과 갈등, 허위 정보 유통 등 날로 증가하는 위험 요소로 불안하기만 하다. 그중에서도 범죄피해자가 될 수 있다는 불안과 공포는 생생한 범죄 보도로 인해 커져만 간다. 살인, 강도, 성폭력 범죄와 같은 강력범죄뿐만 아니라 마약, 민생을 침해하는 전세 사기, 문자 사기 같은 교묘한 속임수에 누구라도 넘어갈 수 있어 방심할 수 없다. 인간을 뛰어넘을 듯 닮아가는 생성형 AI가 등장하여 우리의 삶을 위협하고 있다. 딥보이스나 딥페이크처럼 AI를 악용한 범죄 수법도 우리의 불안감을 증폭시킨다.

　사실 실재하는 범죄위험을 나타내는 객관적 통계 수치에 비해 시민의 불안감은 과도하게 높은 편이다. 우리나라처럼 사회의 안전상태와 치안 수준을 나타내는 범죄율이 낮고 치안이 잘되어 있는 국가도 없다. 10만 명당 발생 건수로 본 살인율도 다른 나라에 비해 낮다. 범죄율은 하향 곡선을 그리고 살인과 강도 같은 강력범죄는 줄어들고 있지만 대중이 느끼는 범죄율은 정반대다. 우리나라뿐만 아니라 독일, 미국 등 세계적으로 강력범죄는 줄어드는 추세지만 대중들은 항상 범죄율이 증가하고 있다고 느낀다. 객관적 안전도는 높더라도 위험에 대한 두려움이라는 의미의 주관적 안전도는 낮은 게 일반적이기는 하다.

　양자 사이의 불비례는 여러 요인 때문이다. 범죄율이 높았을 때의 불안감이 여전히 남아있어서 그렇기도 하다. 언론보도를 통해 접하거나 페이스북, 인스타그램 등 소셜미디어를 통해서 쏟아지는 많은 정보로 범죄 피해가 내 일처럼 와닿으니까 더 불안해진다. 불안감은 범죄가 핵심 원인이지만 다른 사회안전망과도 관련이 있다. 통계청이 발표한 2022년 사회지표에 따르면 10명 중 3명만이 전반적으로 우리 사회가 안전하다고 느끼며, 범죄가 불안 요인 3위다. 주거, 일자리, 교육, 질병, 노후 등 여러 가지 불안 요소가 연결고리처럼 작용하여 범죄에 대한 불안감은 실제 범죄 피해보다 높게 나타나기도 한다.

　범죄에 대한 두려움은 개인뿐 아니라 공동체의 안녕과 삶의 질에 영향을 미치고 사회적 비용을 증가시킨다. 실제 얼마나 안전한가도 중요하지만, 시민이 얼마나 안전하게 느끼며 살아가는지도 중요하다. 객관적 안전과 주관적 안전감 모두를 높이는 게 국가의 중요 임무다.

만인에 대한 만인의 투쟁으로부터 안전과 평화를 지키는 힘이 곧 국가다. 범죄예방과 치안 같은 객관적 안전도를 높이는 데 힘써야 하지만, 범죄 발생·검거 등 객관적 지표만으로 시민의 불안감을 잠재울 수 없다. 무엇보다 경찰, 검찰, 법원 등 형사사법제도에 대한 신뢰를 높여야 한다. 범죄 발생부터 수사와 재판, 형 집행까지 공정하고 신속해야 객관적 범죄율보다 높은 주관적 불안감을 낮출 수 있다.

진보든 보수든 이념을 떠나서 안전은 민주사회의 핵심 가치다. 국정과제에도 여기저기 안전이 포함되어 있다. 정부와 여야 정치인은 시민의 안전하고 평화로운 삶을 어떻게 보장할 것인가를 함께 고민해야 한다. 자기편만이 아니라, 이념을 같이하는 동료 시민만이 아니라 이 시대를 함께 살아가는 모든 시민을 안전하고 편안하게 만드는 것이 정치다. 국가 안보에서의 안전이든, 사회안전망에서의 안전이든, 치안에서의 안전이든 안전이 나침반이자 지향점이어야 한다.

법률가 정치인 세상

(경향신문 2024.2.9.)

제22대 국회의원 총선이 3개월 앞으로 다가온 가운데 전·현직 판사 중에서는 20여 명이 출마할 것으로 보인다. 지난 총선 때처럼 현직 판사의 정치권 직행 사례도 반복됐다.

국민의힘 인재영입위원회는 12일 전상범(45·사법연수원 34기) 전 의정부지법 부장판사를 영입했다고 밝혔다. 조정훈 인재영입위원은 "법조계에서 신망 있는 인물을 찾던 중 여러 경로를 통해 전 부장판사를 추천받았다"며 "재직기간 동안 늘 사려 깊은 판단과 공정한 판결로 법조계 찬사를 받아온 젊고 강직한 판사"라고 소개했다.

2020년 4월 15일 시행된 21대 총선에서 법조인은 117명이 출마해 총 46명이 당선됐다. 그중 판사 출신은 8명(17.4%)이었다. 준연동형 비례대표제 유지와 위성정당 방지법 도입을 촉구하며 총선 불출마를 선언한 판사 출신 이탄희 민주당 의원을 제외하면, 판사 출신 현직 국회의원들은 모두 4월 총선에 출마할 것으로 전망된다.

– 법률신문 2024.1.15.

법률가는 법 규정에 얽매여 산다. 법전을 뛰어넘을 생각도 하지 않지만, 해서도 안 된다. 법전과 판례를 금과옥조로 여긴다. 성직자와 신도들이 종교의 가르침이 적힌 경전을 절대시하는 것과 유사하다. 법률가는 법 규정의 문장과 단어가 무슨 의미인지를 밝혀 사안에 적용하는 것을 사명으로 한다. 그들은 법률이라는 틀 속에서 사고하고 행동하는 데 익숙하다. 검사는 기소 여부나 유무죄를 범인과 협상하거나 타협해서는 안 되고 판사도 마찬가지다. 유죄 아니면 무죄, 원고 승소 아니면 패소 양자택일밖에 없다.

이에 비해 정치는 선택지가 다양하다. 정치는 대립과 갈등의 조정 과정을 거쳐 합리적인 해결책을 모색하는 행위다. 대화, 협상과 타협이 정치의 본령이자 생명이다. 정치인이 상대해야 할 국민은 유죄와 무죄, 합법과 불법으로 갈라칠 수 있는 대상이 아니다. 사회 구성원으로서 이 시대를 함께 살아간다는 의미에서 동료 시민이지만 성별, 나이, 이념, 기득권층, 외국인, 사회적 약자 등 다양하고 이해관계가 복잡한 국민이다. 갈수록 진보와 보수 진영 간의 대립과 갈등은 양극단으로 치닫고 사회경제적 불평등은 심화하고 있다.

이렇게 대척점에 놓인 이해관계와 갈등을 공정하게 조정하여 제도와 법을 만들고 정책을 시행하는 것이 정치의 일이다. 다양한 국민을 통합하는 능력, '하나만 같아도 동지'로 보는 유연한 사고와 포용력이 정치인의 덕목이다. '하나만 달라도 적'으로 편 가르지 않고 대화와 설득으로 내 편을 만드는 것이 정치다. 소통해서 차이를 확인하고 이해를 조정하고 타협에 타협을 거듭해 절충적 합의점을 끌어내는 협상력이 정치의 힘이다.

사회생활 자체가 정치 행위라지만 정치는 누구나 할 수 있는 것이 아니다. 알려진 이름을 등에 업고 입문한다 해도 성공하기 어렵다. 훈련된 자만이 할 수 있는 전문가 영역이다. 분쟁을 해결한다는 점에서 법률가와 정치인은 공통이다. 문제는 법률가는 선과 악, 유죄와 무죄, 승소와 패소라는 이분법으로 해결하지만, 정치인은 그 갈등과 이해를 조정하여 대다수가 만족할 절충점을 찾아내야 한다. 중간

지점이나 회색지대가 있을 수 있다.

이처럼 정치인의 무대인 여의도의 문법과 법률가의 마당인 서초동의 문법은 다르다. 그래서 어제까지 양자택일의 한계 내에서 움직여야만 했던 법률가가 하루아침에 다수결과 소수 존중, 대화와 타협을 원리로 하는 정치인으로 변신하기는 쉽지 않다. 법조인에게는 찬사인 원칙주의자, 대쪽 등 수식어는 정치에는 부적합하다는 꼬리표다.

언론에 자주 등장하는 정치인 중엔 법률가 출신이 많다. 국회의원의 비중이 너무 높다는 지적도 있다. 그런데 미국이나 독일에도 법률가 출신 정치인이 적지 않은 것을 보면 과다 대표 자체가 우리만의 현상은 아니다. 문제는 판검사가 옷을 벗자마자 곧바로 정치인으로 변신하는 사례가 많다는 점이다. 정치인으로서의 자질과 자세, 사고와 행동이 아니라 스타성이나 엘리트라는 점을 이용해 유권자의 선택을 받는다는 점이다. 법의 잣대로 법적 분쟁을 양자택일로 재단했던 판검사가 곧바로 정계에 입문하여 대화, 설득, 협상이 정수인 정치를 제대로 할 수 있을지 의문이기 때문이다.

젊은 시절부터 지역, 시민단체, 정당 등 아래로부터 정치적 훈련과 경험을 쌓은 법률가가 정계로 진출하는 것이 일반적인 외국의 정치무대와 대비된다. 우리도 많은 법률가가 양성되어 사회 곳곳에 퍼져 그들이 정치적 사고와 훈련 과정을 거쳐 입법자가 되는 것, 정치인이 된다면 그들이 과잉 대표된다고 걱정할 일은 아니다.

총선을 앞둔 지금 각 정당은 공천심사에 골머리를 앓고 있다. 여전히 판검사 출신의 많은 법률가가 공천 대상으로 거론되고 있다. 낙하산 떨어지듯 하향식 인재 영입이 아니라, 장원급제한 엘리트라는 장점 때문이 아니라, 진정 정치인의 덕목과 자질을 갖추고 있는지가 공천 기준이어야 좋은 정치를 기대할 수 있다.

두 얼굴의 AI

(경향신문 2023.11.17.)

미국 행정부와 의회가 일제히 인공지능(AI) 관련 정치·안보 리스크를 관리하는 정책 도입에 나섰다. 내년 대선을 앞두고 AI가 생성한 가짜뉴스의 확산을 막고 중국 등과의 'AI 군비경쟁'을 준비하려는 움직임이다. 구글, 아마존 등 주요 AI 기업들은 백악관과 논의 끝에 AI가 생성한 콘텐츠에 식별무늬(워터마크)를 넣는 자율규제를 시행하기로 했다. 의회는 내년 시행될 국방수권법(National Defense Authorization Act·NDAA) 수정안에 국방부의 AI 관련 시스템을 강화하고 AI 무기에 대한 이해를 높이는 방안을 포함하기로 했다.

뉴욕타임스(NYT), 폭스뉴스 등에 따르면 백악관은 21일(현지 시각) 구글, 아마존, 마이크로소프트, 메타, 오픈AI 등 AI '빅테크' 7곳이 AI가 만든 콘텐츠임을 알리는 워터마크 표시를 넣는 등 안전조치를 도입하기로 했다고 발표했다. 조치에는 AI가 생체 정보나 사이버 안보를 위협할 경우를 대비해 기업들이 독립적 전문가로부터 AI 기술 일정 부분에 대한 안전 검사를 받는 내용도 포함됐다. 다만 기업들의 자발적 약속에 따른 규제안으로 법적인 구속력은 없다. 이번 조치는 조 바이든 대통령이 지난 5월 AI 기업 대표들과 첫 회동을 가진 뒤 나온 결과물이다.

— 법률신문 2023.7.27.

사람의 상상력과 창의적 사고에 한계가 없듯 AI의 세계도 무한하다. 보건 의료, 법률, 군사, 물류 유통, 금융 등 모든 분야에서 AI의

활약상은 대단하다. 최근에는 구글에서 기상청보다 더 정확한 날씨 예측 인공지능 모델을 개발했다는 소식도 들려온다. 창작과 예술에서도 인간을 능가한다는 평가다. 인공지능 기반 로봇이 사람을 대신해 각종 서비스를 제공하고 완전 자율 주행 자동차 상용화도 눈앞에 다가왔다. 이제 일상생활 곳곳에 인공지능 기술이 퍼져 우리의 삶은 편리성, 효율성, 생산성이라는 혜택을 누리고 있다. 민간 영역을 넘어 정부도 행정 영역에서 인공지능 기술을 활용하려 한다.

챗GPT가 출시된 후 순식간에 1억 명의 이용자를 끌어모은 열풍처럼 인공지능 기술에 대한 낙관적 전망이 우세하다. 인류 발전의 촉진제이자 게임체인저가 될 수 있다고도 한다. 인간의 생물학적 진화 속도는 더디기만 한데 AI로 인해 인간이 함께 진화할 것이라는 예측도 있지만, AI가 인간을 뛰어넘어 통제할 수 없는 상황이 올 것이라는 우려도 나오고 있다. 어쨌든 인간이 AI와 공존하는 시대가 다가온다. 법적으로는 자연인과 법인 이외에 전자인(e-person)도 인정해야 할 시기가 도래할 것이다.

그런데 인간 복제 사례에서 경험한 것처럼 과학기술 발전에 늘 명암이 있기 마련인데 AI의 의도치 않은 부작용도 만만치 않다. 문명의 이기가 초래할 부정적 결과는 사전에 예측할 수 있어 미리 방지할 장치를 마련하기도 하지만, 대개는 기술 발전의 광풍 속에서 치열한 경쟁에서 살아남기 위해서는 옆과 뒤를 돌아볼 겨를이 없어 앞만 바라보며 질주한다. 오남용의 위험성을 알지만 외면하거나 무시하고 멈추지 않는다. 기술 발전의 성과가 세상에 공표되고 나서야 비로소 부정적 측면과 사회적 부작용이 문제되고 대책 마련에 관심을 끌게 된다. 인공지능 기술도 마찬가지다. 차별과 편견, 경제적 불평등, 개인정보 등 프라이버시 침해, 창의성과 비판적 사고를 막는 기계의존성, 디지털 권력 집중 등 부정적인 사회적 영향을 지적하는 목소리가 들려온다. AI의 두 얼굴이 드러나게 된 것이다.

인공지능 기술이 테러 집단이나 범죄자 손에 들어갈 위험성은 이미 현실이다. 챗GPT가 등장했을 때 너도나도 남보다 먼저 접해보고 싶어 했듯 사이버 범죄자들 또한 얼리어댑터다. 그들도 인공지능 기술 발전 속도만큼 재빠르게 악의적 사용을 기획한다. 인공지능 기술로 정교한 딥페이크 영상을 제작해 피해자를 협박하거나 사기를 치고, 아동 성 착취물을 만드는 등 범죄를 도모한다. 생성형 인공지능이 음성 3초와 사진 1장으로 사람 복제가 가능하다니 누구나 딥보이스나 딥페이크 영상에 피해를 당할 위험에 노출돼 있다.

물론 AI를 이용해 보이스피싱을 사전에 차단하고, 해킹 등 보안 위협에 대응하고, 위험 예측 및 범죄예방 도구로 치안 정책과 범죄 수사에 활용하는 등 AI의 긍정적 이용이 기대되지만, AI를 이용한 범죄의 습격은 언제 어디서 자행될지 모를 일이 되어 버렸다. 더 심각한 것은 허위 정보를 유포하거나 여론을 조작하는 등 민주주의를 위협하는 요소가 될 수 있다는 사실이다.

AI가 만들어 낼 가짜 세상이 우리를 지배하기 전에 부작용과 악의적 오남용을 최소화할 강한 규제가 마련되어야 한다. 뒤늦게 빅테크 기업들이 생성형 인공지능에 대한 표기 의무 정책을 발표하고, 인공지능 선두 기업들이 AI로 생성·변조된 음성·영상 콘텐츠를 사용자가 식별할 수 있는 시스템을 개발하기로 했다니 다행이다. AI가 만든 '가짜 바이든'에 놀란 미국 대통령이 '안심할 수 있고, 안전하며, 신뢰할 수 있는 인공지능개발과 사용에 관한 행정명령'에 서명했다고 한다. 우리도 국회에 계류 중인 인공지능 관련 규제법 논의에 속도를 내야 한다. 날마다 보고 듣는 것을 의심하며 살아야 하는 두려움에서

벗어나고, AI에 종속되지 않으려면 진흥과 발전의 보폭을 조금은 줄
여도 되지 않을까.

불평등하게 다가온 위험

(법률신문 2020. 3. 12.)

　"빈곤은 위계적이지만 스모그는 민주적이다." 독일 사회학자 울리히 벡의 저서 '위험사회'를 특징적으로 요약한 표현이다. 산업화로 빈부격차는 더 벌어져 가지만, 산업화의 부산물인 재난의 위험이나 기후 위기와 원전 사고 같은 후기산업사회의 위험은 성별, 사회계층, 세대 등 차별 없이 민주적으로 동등하게 퍼져 영향을 준다. 누구도 오염된 비와 공기를 비켜 갈 수 없다. 위험에는 경계도 없고 국경도 없다. 보호막과 안전망도 소용없다. 그래서 위험으로부터의 공포와 불안은 커져만 간다.

　지금 신종바이러스의 무서운 전파력으로 시민의 불안감은 고조되고 있다. 공포와 혼란의 연속이다. 물론 전염병은 산업사회의 산물이라고 보기 어렵지만 산업화와 세계화로 그 전파속도는 빛의 속도다. 산업화 과정에서 파괴된 자연생태계가 원인일 수 있다는 점에서 후기산업사회의 위험원과 닮았기는 하다. 그리고 그 위험에 너나없이 민주적이고 평등하게 노출되어 있다는 점에서도 같은 종류의 위험으로 분류할 수 있다.

　그러나 노출된 위험에 대처하는 방식과 능력에는 차별이 있다.

위험 노출에는 평등하지만, 위험대처는 비민주적이다. 이런 의미에서 위험도 빈곤처럼 위계적이다. 코로나19의 피해가 노인이나 장애인, 열악한 거주시설 입소자 등 사회경제적 취약 계층에 집중되어 있다는 점에서 그렇다. 그들은 재난 앞에 무방비로 놓여 있다. 열악한 거주환경이 바이러스 확산을 촉발한다. 누구는 사회적 거리 두기가 가능하지만, 누구는 먹고살기 바빠 잠시 멈춤이 허락되지 않는다. 재택근무가 가능한 사람도 있지만 누구는 혼잡한 대중교통을 이용해 일터로 나가야 한다.

코로나19 이전의 생활방식을 그대로 유지할 수 있는 자와 그렇지 못한 자가 갈린다. 택배 서비스를 이용하는 자와 그러지도 못하는 자가 나뉜다. 후자는 전염병의 위험에 불안하지만, 바이러스에 노출될 위험을 피할 길이 없다. 누구는 공기청정기로 스모그를 피할 수 있지만 누구에게는 황사용 마스크도 사치일 수 있다. 이상기온을 에어컨으로 견뎌내는 자도 있지만 누구에게는 선풍기도 벅차다. 코로나 격차이고 기후 위기 격차다. 이처럼 다 같이 평등하게 위험에 노출되어도 위험대처는 제각각이다. 불평등하고 차별적이다. 예방 능력은 빈부격차만큼 차이가 난다. 감염의 위험성으로 인한 불안과 혼란은 누구에게나 평등하게 다가오지만 경제적 불평등이 코로나19 위기에 대처하는 방법의 차이를 극명하게 드러낸다.

불평등하고 차별적인 위험대처 능력의 차이는 국가가 메워주어야 한다. 위험은 누구에게나 차별 없이 다가가지만, 정도와 속도에서 차이가 난다. 사회의 가장 약한 부분을 먼저 찾아가 영향을 크게 미친다. 약한 부분을 보강하고 영향을 줄이는 것이 사회복지국가의 임무다.

안전 욕구는 사람의 필수적 욕구다. 누구나 건강하고 안전한 상태에서 자유롭게 삶을 누리기를 원한다. 사회적 거리 두기가 사회적 취약 계층이나 약자와의 거리를 벌려 놓는 결과를 낳아서는 안 된다.

감염의 두려움에 더해 고립 소외의 불안감을 더해주어서는 안 된다. 그들과의 공감적 거리는 좁혀야 한다.

비슷한 전염병 유행이 되풀이될 것이라는 전문가의 경고다. 코로나19 이후 소외계층의 생존권, 최저생활을 보장하기 위한 부조 프로그램 등 사회복지정책뿐만 아니라 전염병 방역체계와 보건 의료 체계, 의료의 공공성이 단단해지고 촘촘해지도록 재점검해야 한다.

05
생명권 이름으로 사형 폐지를

(경향신문 2017. 10. 10.)

현행법상 최고 형벌인 사형(死刑) 제도 존폐 논란이 20대 국회로 이어지고 있는 가운데 종교·시민단체를 중심으로 사형제 폐지 운동이 가속화되고 있다. 사형 폐지론자들은 "생명권은 결코 침해할 수 없을 뿐만 아니라 국가도 인간의 생명에 대한 박탈권을 가지지 못한다"고 주장하고 있다. 그러나 늘어나는 강력범죄 등에 대응하기 위해 사형제를 유지하는 동시에 나아가 실제로 사형을 집행해야 한다는 여론도 만만치 않은 상태다.

사형제 폐지 종교·인권·시민 단체 연석회의는 10일 '제15회 세계 사형 폐지의 날'을 맞아 서울 여의도 국회 의원회관에서 기념식을 열고 "사형집행 중단 20년을 계기로 국회 입법을 통해 사형제를 완전히 폐지하고 우리 사회의 인권 수준을 향상시켜야 한다"고 주장했다. 이 모임은 민주사회를위한변호사모임과 민주주의법학연구회, 서울대 공익인권법센터 등 법조계 단체를 비롯해 국제앰네스티 한국지부와 참여연대 등 15개 인권·시민·종교단체로 구성돼 있다.

- 법률신문 2017. 10. 12.

헌법 개정 논의가 소리 없이 한창이다. 정부 형태에 관심이 더 많지만, 기본권 신설 및 강화에 초점이 맞춰져야 한다. 무엇보다도 인간의 존엄과 가치의 핵심 내용인 생명권과 안전권을 신설해야 한다는 주장이 세월호 참사의 교훈으로 설득력을 얻고 있다. 모든 국민은 인간으로서의 존엄과 가치를 가지며, 행복을 추구할 권리를 가진

다. 국가는 개인이 가지는 불가침의 기본적 인권을 확인하고 이를 보
장할 의무를 진다. 헌법 10조의 내용이다. 불가침의 기본적 인권의
정점이 바로 생명권이다.

　생명은 인간존재의 근원이다. 인간의 생명은 절대적이다. 사람은
그가 누구임에 상관없이 잉태되는 그 순간부터 자연적인 죽음에 이
를 때까지 생명권의 주체다. 생명권은 국가나 누구로부터 받는 것이
아니라 사람이 태어나면서 당연히 갖는 권리다. 헌법에 생명권이 명
시되어 있지 않다고 하더라도 인간의 존엄을 존중하고 보호해야 할
국가의 의무로부터 당연히 도출된다. 인간의 존엄은 생명·신체의 안
전과 자유가 보장될 때 지킬 수 있는 최고의 가치이기 때문이다. 생
명권이 보장되어야 그 존엄한 삶도 누릴 수 있다.

　그렇다고 하더라도 헌법에 생명권을 선언해야 한다. 국가의 생명
보호 의무를 명시해야 한다. 인간다운 삶, 사회권, 생명 신체의 안전
과 자유 등이 분명히 도출될 수 있기 때문이다. 생명권이 보장된다는
것은 국가가 함부로 국민 개개인의 생명을 빼앗아서는 안 된다는 의
미이다. 인공적으로 생명을 연장하는 것도 인위적으로 생명을 박탈
하는 것도 허용되어서는 안 된다. 그래서 생명권을 신설하면서 사형
은 폐지되어야 한다. 서로 모순이기 때문이다. 인간의 존엄성에도 반
한다.

　사형이란 형벌은 무엇보다 고귀한 인간의 생명을 국가가 법의 이
름으로 빼앗는 제도 살인의 속성을 벗어날 수 없다. 그러나 다른 한
편에서는 흉악 범죄로부터 국민의 생명을 보호하기 위한 불가피한
장치가 사형제라고 주장한다. 범죄에 대한 복수와 응보의 욕구가 맞
물려 고안된 필요악이라는 것이다. 살인범의 생명보다 피해자의 인권
이 우선되어야 한다는 논리다. 그래서 생명권 신설 논의가 진전을 보

지 못하고 있다.

　죽음의 문화에 속하는 안락사, 자살, 낙태 등도 걸림돌이다. 특히 낙태의 합법화 주장과 서로 충돌한다. 태아도 생명권의 주체이기 때문이다. 생명권을 신설하고 낙태는 엄격한 요건과 절차를 두어 예외를 인정하면 된다. 국가의 생명 보호 의무를 강화해야 매일 50명 이상이 자살, 교통사고, 산업재해 등으로 삶을 마감하는 죽음의 문화와 생명 경시 풍조에서 벗어날 수 있다. 생명의 문화가 싹트는 출발점이 바로 사형 폐지다.

　10월 10일은 세계 사형 폐지의 날이다. 향후 헌법 개정 논의에서 생명권을 신설하고 사형 폐지의 결실이 맺어지기를 기대한다. 사형 폐지는 국제사회의 대세다. 실체도 불분명한 국민의 법 감정에 기대어 더 이상 머뭇거릴 일이 아니다. 국가의 형벌권이 피해자의 분노와 복수심을 해소하는 수단에 그쳐서는 안 된다. 상황에 따라 감정적으로 흔들리는 여론과 사형이 흉악 범죄를 막아줄 것이라는 막연한 기대를 등에 업고 버틸 수 있는 때는 지났다. 범죄로 불안해진 시민은 자신도 범죄자가 될 수 있음을 배제한 채, 자신을 잠재적 피해자로 상정하고 살인자를 사회로부터 영원히 제거할 수 있는 사형을 찬성한다.

　그러나 사형집행이 중단된 지난 20년간 살인 범죄가 급증했다는 증거도 없다. 오히려 사형이 집행되던 그 이전 시기보다 살인 범죄의 증가 폭이 감소했다는 보고가 있다. 유엔 인권위원회도 1988년과 2002년 두 차례에 걸친 조사 결과 사형제가 살인 범죄 등 반인륜적 범죄를 억제하는 효과가 없다고 분명하게 지적한 바 있다. 사형의 범죄 억지력은 환상에 불과하다. 돈 안 들이고 불안을 잠재우는 임시방편적 형사정책일 뿐이다.

법의 이름으로 행하는 것이라 하더라도 국가가 국민의 생명을 박탈하는 상황에서 국민에게 생명의 고귀함과 유일무이함을 말할 수 없을 것이다. 수많은 사법살인의 잔인함을 떠올리지 않더라도 국민의 생명을 박탈하는 극형을 유지하는 것은 법치국가임을 자부하는 문명국가에서 있을 수 없는 일이다. 식물인간의 생명이든, 살인자의 생명이든 그 누구의 생명이라도 절대적으로 보호받아야 한다. 그것이 생명권의 요청이다. 살인자의 죽음으로 피해자의 원혼이 달래지고 그 유족의 고통이 사라지는 것은 아니다. '눈에는 눈, 이에는 이'로 정의가 세워지는 것도 아니다.

국가가 진정 피해자와 유족들을 위한다면 그들의 고통을 살피고 보듬고 지원해야 생명 존중의 문화가 살아날 것이다. 국가가 법의 이름으로 행하는 살인을 형벌의 종류에서 영원히 추방한다면 국민에게 생명의 존귀함을 일깨워 줄 것이고, 그것이 살인과 폭력을 멈추게 하는 길이 될 것이다.

'눈에는 눈, 이에는 이'가 과연 정의일까

(경향신문 2023. 12. 15.)

'이제부터 내가 다시 심판한다.' 시리즈물 <비질란테>의 포스터에 등장하는 문구다. 낮과 밤이 다른 두 얼굴의 다크히어로가 구멍 난 법의 허점을 메우고 자신만의 방식으로 범죄자를 심판해 정의를 세운다는 내용이다. 억울한 개인을 등장시켜 법과 법 집행 현실의 괴리를 드러내고 제대로 작동하지 않는 사법 시스템을 고발하는 형식이지만, 정작 공론으로 이어지지 못한 채 사적 복수를 정당화하는 대중문화로 소비되고 있다.

이런 식의 사적 제재가 유행이다. 드라마나 영화뿐만이 아니다. 사회적 공분을 일으킨 사건의 가해자에 대한 신상 털기, 서비스나 맛에 불만족한 소비자의 평점 테러, 댓글 공격 등 우리 사회에 대리 응징이 일상화되었다. 유튜버까지 뛰어들어 법적 보호를 못 받는다고 느끼는 억울한 피해자의 복수심을 자극한다. 일단 가해자로 지목되면 법에 어긋나는 절차와 방식으로라도 피해자가 받은 만큼, 아니 그 이상으로 되갚아 주면서 환호하고 공감하고 카타르시스를 느낀다. 마음속 깊이 숨겨져 있던 '눈에는 눈, 이에는 이'라는 원시적 복수 감정이 꿈틀거리고, 문명사회에서 사적 복수의 관습이 되살아난 것이다.

왜 사적 제재가 넘쳐날까. 왜 개인이 직접 심판자로 등판하는 드라마에 열광할까. 공적 제재에 대한 불만 때문이다. 수사와 재판을 포함한 사법 시스템 전반에 대한 불신이 그 원인이다. 흉악한 범죄가 보도되면 국민은 가해자의 신상이 까발려지고 구속되고 엄한 형벌이 내려지길 바란다. 그러나 실상은 그렇지 않다. 신상 공개는 제한되고, 구속영장도 기각되어 자유롭게 나다니고 재판 결과는 대중의 기대와는 딴판이다. 그러니 다크히어로 같은 정의의 사도가 나타나 복수해 주면 통쾌감을 느끼고 열광할 수밖에 없다. 공권력에 대한 불만과 사법 시스템에 대한 불신을 대신 해소해 주기 때문이다.

흉악한 범죄 보도를 접한 국민은 자신을 피해자화하기 때문에 사법이 범죄 피해자를 보듬어 주지 못하고 피해자의 복수심을 다독여 주지 못하면 분노한다. 그래서 가해자를 응징하고 처단하는 드라마나 영화를 찾게 된다. 다소 불법적인 절차나 방식으로 가해자의 악행에 상응하는 형벌이나 불이익을 부과하는 것이 선이라고 느끼게 된다. 가해자를 응징하는 데 죄형법정주의나 적법절차가 거추장스럽다고 생각하게 되는 것이다.

법치국가에서 비문명적이고 원시적인 피의 복수에 열광하는 상황을 그대로 둬서는 안 된다. 픽션이라고 그대로 두면 사적 제재가 정상적인 것으로 오해할 수 있다. 설사 법에 구멍이 있더라도 개인이 메우게 해선 안 된다. 입법부가 국민의 목소리를 들어 메워야 하고, 법 적용에 구멍이 나 있으면 경찰과 검사나 판사가 그 구멍을 채워 나가야 한다. 그래야 시민이 존중하고 지키는 살아 있는 법이 될 수 있다.

지금은 재판 지연이 사법 불신의 원인으로 지목받고 있다. 신임 대법원장은 취임사에서 신속하고 공정한 재판을 통하여 법치주의를 실질적으로 뿌리내리게 하는 것이 법원의 사명이라고 강조했다. 재판 지연도 문제지만 형량의 적절성에 대한 법원과 국민 사이의 틈이 더 문제다. 양형기준제가 시행되고 실제 처벌 수위가 높아졌지만, 여전히 법 감정과 현실적 양형 사이의 괴리는 크다. 성범죄나 '묻지 마 살인' 등 강력 흉악 범죄가 보도되면 대중의 복수심은 불타오른다. 엄벌해야 한다는 생각으로 나름의 형량을 정해 놓고 판결과 차이가 나면 솜방망이라고 비난의 화살을 쏟아붓는다.

그러니 국민에게 판결 내용을 공개하지 않고 양형의 이유를 소상히 설명하지 않으면 불만이 쌓이고 사법 불신으로 이어진다. 언론이 관심을 두고 보도한 형사사건은 검사와 피고인, 피해자만이 당사자가 아니라 국민 개개인이 당사자처럼 느낀다. 그래서 그들 모두와 소통해야 한다. 신임 대법원장은 재판과 사법 정보의 공개 범위를 넓혀 재판의 투명성을 높이고 국민의 알권리를 보장하여, 서로 간에 원활한 소통이 이루어지고 신뢰가 싹틀 수 있게 하겠다고 선언했다. 여야의 동의를 받은 만큼 사법부 수장에게 거는 기대가 크다.

07
'미리 알권리'도 알권리인가
(경향신문 2020.2.11.)

추미애 법무부 장관은 6일 서초동 서울 고검 내에 마련된 법무부 대변인실 사무실 '의정관(議正館)' 개소식에 참석해 최근 논란이 되고 있는 청와대의 울산시장 하명수사 및 선거 개입 의혹 사건 관련 공소장 비공개 결정에 대해 직접 해명했다.

추 장관은 이날 오전 11시 15분께 열린 의정관 개소식에서 이번 사건 공소장부터 비공개 원칙을 적용한 이유를 묻는 취재진의 질문에 "이번에 한해 하지 말고, 다음에 한다는 것은 안 한다는 것과 똑같다"며 "피의사실공표 금지라는 규정이 사문화돼 있는 것을 제대로 살려내야 한다는 반성적인 고려에서 출발한 것"이라고 답했다.

이어 "조국 전 법무부 장관은 본인이 마치 이해관계자처럼 돼 제대로 (이 규정을 지키지) 못했다"며 "이번에 나쁜 관행을 고쳐야겠다는 생각에 정치적인 오해를 받을 수 있다는 (법무부 내부의) 걱정에도 불구하고 결론을 내린 것"이라고 설명했다.

- 법률신문 2020.2.6.

잘못된 관행을 바로잡겠다고 했지만, 시점이 문제다. 그 의도가 의심받기에 충분했다. 하필 살아있는 권력이 선거에 개입했다는 혐의로 기소된 사건을 두고 기존 관례를 따르지 않았다는 점에서 그렇다. 왜 '울산시장 선거 개입 의혹' 사건부터 법무부가 공소장 제출 거부와 비공개를 결정한 것인지 설득력 있는 이유를 대지 못했다는 점에서 더욱 그렇다.

공소장 원문이 아니라 공소사실의 요지 자료를 제출한 근거로 '형사사건 공개금지 등에 관한 규정'을 들지만, 국회의 자료 제출 요구는 법률 체계상 상위규범인 '국회에서의 증언·감정 등에 관한 법률'에 따른 것이다. 법무부의 비공개 결정이 국회와 법률을 존중하지 않는다는 비판을 피할 수 없는 이유다. 국민의 알권리를 무시했다는 비판도 받았다. 공직선거법 위반 혐의는 국민적 관심이 커 알권리 차원에서도 납득하기 어려운 결정이라는 것이다.

법무부의 공소장 제출 거부와 비공개 결정을 어떻게 봐야 하는지, 관행이 잘못된 것인지 아니면 현행법 규정상 모순이나 충돌은 없는 것인지 차분히 살펴볼 필요가 있다. 왜냐하면 언론에 잘 부각되지 않았던 형사소송법 제47조는 소송에 관한 서류의 '공판의 개정 전' 비공개를 명시하고 있고 공소장은 '법원'이 보관하는 소송서류이기 때문이다. 물론 예외를 인정하고 있어 국민적 관심사인 중대 범죄나 행정부에 대한 견제를 이유로 한 공개는 허용될 수 있을 것이다.

국민의 알권리도 예외 사유의 근거가 될 수 있다. 상당수 언론이 법무부의 공소장 비공개 방침을 비판한 것도 알권리와 언론·보도의 자유 차원이다. 알권리를 위해 공소장 전문을 공개한 신문도 있다. 여러 매체에서는 이를 토대로 공소사실을 확인된 사실처럼 다루고 있다. 대통령과 청와대의 개입이 사실인 양 호도하는 기사 제목과 표현도 눈에 띈다.

재판 과정에서 검사와 피고인의 공방을 통해 확인되고 확정되어야 할 혐의사실이 이미 결론이 난 사실처럼 국민에게 알려진 것이다. '검찰의 공소장에 따르면'이라는 단서를 달았지만, 이런 보도 자체가 유죄의 여론을 형성하기에 충분했다. 언론의 무분별한 피의사실 보도

로 곤욕을 치른 터라 집권 여당 출신의 법무부 장관은 이러한 언론
보도의 행태를 우려해 공소장 비공개를 결정했을 것이다.

우리는 뭐든지 빨리, 미리 하고 싶어 한다. 그 조급함을 언론이
채워준다. 피의사실 언론보도나 공소장 공개가 그렇다. 조금만 기다
리면 공판이 열리고 공소장이 공개될 터인데 그새를 참지 못한다.
'미리, 빨리' 알아야 알권리가 충족되는 것 같지만 반쪽이다. 공소장
은 검사의 일방적 주장이고 피고인이 된 피의자의 주장과 반박은 들
어있지 않다. 언론이 공소사실을 가감 없이 보도하면 첫 공판이 열리
기도 전에 영락없이 범죄자가 되어 버린다.

물론 재판부는 언론과 여론에 영향받지 않고 공정하게 재판할 것
이지만 딱히 그 신뢰가 높지 않다. 이런 상황에서 국민참여재판이 채
택되면 더욱 그렇다. 법무부가 공소장을 국회에 제출했다고 국회 마
음대로 언론이나 국민에게 전문을 공개해도 되는 것은 아니다. 권력
분립의 원칙에 따라 행정부를 견제하고 감시하기 위한 것이라면 검
찰권 행사에 문제가 있는지 살펴보면 된다. 그런 정도만 언론에 공개
되고 보도되면 국민의 알권리는 충족된다.

미국은 기소와 동시에 공소장 공개가 원칙이라지만 독일은 다르
다. 언론·보도의 자유와 알권리 대 무죄추정의 원칙과 공정한 재판
보장 사이에 무얼 우선할 것인지에 대한 가치평가가 나라마다 다르
다. 미국은 전자, 독일은 후자를 우위에 둔다. 독일 형법(제353d조 3
호)엔 공소장의 전문 또는 중요한 부분을 공판이 열리기도 전에 문장
그대로 공개하는 걸 금지하고 1년 이하의 자유형 또는 벌금형에 처
한다.

우리의 형사소송법에 따르더라도 공판 개정 전 소송서류는 공개
금지다. 법무부가 대검과 협의해 공소장 국회 제출과 공개 여부를 결
정할 사안이 아니다. 검사의 공소제기로 공소장 원본은 공소제기를

받은 법원이 보관하는 서류가 된다. 그러면 담당재판부가 공판 개정 전에 국회의 공소장 제출 요구를 따를 것인지, 공개의 예외 사유에 해당하는지, 원문 그대로 공개할 것인지 등을 결정하는 게 맞다. 이런 점에서 지금까지의 법무부 관례는 잘못이다. 절차와 방식에 관해 법 정비가 필요한 부분이다. 여러 관련 법률을 종합적으로 고려해 담당재판부가 국회의 제출 요구에 응하되 공판 개정 전까지는 전문이든 일부든 공소장 내용을 문장 그대로 공개하지 못하도록 국회에 비밀 준수 의무를 부과하는 방안을 제안한다.

진술 거부인가, 진술거부권 행사인가

(경향신문 2019. 11. 19.)

조국(54) 전 법무부 장관이 21일 두 번째 검찰 조사를 받았다. 지난 14일 첫 조사 이후 7일 만이다.

조 전 장관은 첫 번째 조사와 마찬가지로 검사의 신문에 '진술거부권'을 행사하며 일절 답변하지 않은 것으로 알려졌다.

검찰은 조 전 장관을 상대로 △부인 차명 투자 관여 △딸 부산대 의학전문대학원 장학금 수령 △서울대 공익인권법센터 인턴 증명서 허위 발급 △ 웅동학원 이사장 소송·채용 비리 △사모펀드 운용 현황 보고서 허위 작성 △ 서울 방배동 자택 PC 증거인멸 등을 둘러싸고 제기된 의혹들을 캐물었다.

그는 첫 조사가 끝난 직후 변호인단을 통해 "일일이 답변하고 해명하는 것이 구차하고 불필요하다고 판단했다"며 "오랜 기간 수사를 해 왔으니 수사팀이 기소 여부를 결정하면 법정에서 모든 것에 대하여 시시비비를 가려 진실을 밝히고자 한다"고 밝힌 바 있다.

– 법률신문 2019. 11. 25.

　그 말이 그 말일 수 있다. 피의자가 '진술을 거부'하거나 '진술거부권을 행사'했거나 검찰의 신문에 답하지 않은 것은 마찬가지다. 그러나 표현이 주는 뉘앙스는 차이가 있다. 진술을 거부했다는 표현은 '거부'를 부각시켜 수사에 협조하지 않았다거나 수사 태도가 불성실했다는 부정적 의미를 떠올리게 만든다. 진술거부권을 행사했다고 말하면 보장된 권리를 행사한 것이어서 당연한 일을 한 것 같은 느낌을 받는다.

조국 전 법무부 장관이 피의자 신분으로 출석하여 8시간 내내 진술을 거부하고 묵비권을 행사했다는 언론의 보도 태도가 이처럼 양 갈래다. 부정적인 면에 초점을 맞춰 여론을 형성해 보려는 입장과 긍정적으로 받아들이려는 입장이 대조적이다. '권력자의 갑질'이라는 표현을 제목으로 뽑거나 '검찰수사에 성실히 응하기를 바란다'는 야당 정치인의 멘트를 기사화한 언론은 수사 태도에 문제가 있었다는 쪽이다. 이에 반해 헌법에 보장된 권리를 행사하는 데에는 전직 장관이든, 일반 시민이든 차이가 있을 수 없고 검찰에 대항할 수 있는 피의자의 유일한 무기라는 기사는 헌법과 원칙을 지켰다는 입장이다.

일반인은 진술을 거부하면 검찰이 바로 구속영장을 청구하고 영장 발부 사유가 된다는 법조인의 시각을 그대로 전달할 게 아니다. 그런 검찰과 법원에 문제가 있는 것 아니냐는 지적에 방점을 두어 보도해야 한다. 진술을 거부한다고 불이익이 가해지면 헌법상 보장된 권리는 유명무실해진다. 진술 거부 자체로 영장 청구하고 그것만으로 영장이 발부된다면 그것이야말로 진술 거부에 대한 사실상의 불이익이다. 기본권보장의 하향평준화를 요구할 게 아니다. 일반인이 감히 진술 거부할 엄두를 못 낸다고 일반인을 기준으로 권력자의 진술거부권 행사가 문제 있다고 본다면 헌법은 장식장의 장식품에 그치게 된다. 진술거부권은 피의자라면 누구나 누릴 수 있는 헌법상 기본권이다.

검찰 앞에서 진술을 거부한다는 것은 일반인은 꿈도 꾸지 못할 일이라면 그 이유가 어디에 있는지 밝혀야 한다. 검찰이 진술을 거부하는 일반 피의자에게 영장을 청구할 것이라든지, 재판에 가면 불이익을 받을 수 있다든지 겁을 줬다면 검찰을 엄히 꾸짖어야 한다. 법원이 진술거부권을 행사했다는 이유로 구속영장을 발부했다면 기본권 행사에 불이익을 가해선 안 된다고 법원을 비판해야 한다. 기본권 행사에 공인을 들먹이거나 권력자의 특권이자 갑질이라고 비난해서는 안 될 일이다.

　헌법 제12조 2항에는 "모든 국민은 고문을 받지 아니하며, 형사상 자기에게 불리한 진술을 강요당하지 아니한다"고 적혀 있다. 검찰에 대항할 수 있도록 헌법이 피의자에게 쥐여준 무기가 바로 진술거부권이다. 권력자든, 일반 시민이든 피의자는 검찰이라는 거대한 국가권력에 비하면 한없이 약한 존재다. 그 무기마저 없다면 검찰의 권력 앞에 힘없이 주저앉을 수밖에 없다. 법정에 가서 다투어 보겠다며 검사 앞에서 순순히 진술하면 엎지른 물이 된다. 검사의 신문에 진술해서 신문조서로 작성되면 법정에서 그 내용을 부인해도 증거능력이 인정되기 때문이다. 법정에 가서 판사 앞에서 아무리 그게 아니라고, 사실과 다르다고 주장해도 소용없다. 진술의 신빙성을 스스로 깨버리는 결과가 된다.

　검사 출신 국회의원이 변호사 시절 언론에 기고했던 '수사 잘 받는 법'을 보면 첫 번째가 '아무 말도 하지 말라'다. 적극적으로 진술해서 해명하는 것이 소송 전략적으로 나은 경우가 있을 수 있고, 아무 얘기도 하지 않으면서 묵비하는 것이 좋은 전략일 수 있다. 그래서 진술을 거부했다고 부정적으로 볼 것은 아니다.

　피의자가 진술거부권을 행사한다고 하면 검사는 더 이상 신문을 포기해야 한다. 무의미하게 8시간을 잡아 놓고 질문 공세를 펼 것은 아니다. 물론 검사는 이렇게 질문했는데 아무 답변도 하지 않았다는 내용의 피의자 신문조서를 작성해 영장 청구하면서 증거를 인멸할 염려가 있음을 주장할 것이다. 그러나 헌법상 보장된 권리행사가 구속영장을 발부할 사유로 사용된다면 이것이야말로 헌법상 기본권 행사에 불이익 주는 것으로서 법원이 해선 안 될 일이다. 진술을 거부했다고 불성실한 수사 태도로 볼 것도 아니고, 진지한 반성이 없다고 양형에서 불이익한 사유로 고려돼서도 안 된다. 형사소송법에도 진술거부권을 행사해도 아무런 불이익을 받지 않는다는 것을 알려야 한다고 규정하고 있다.

그러니 진술거부권을 행사한 조 전 장관을 비난할 것이 아니라 일반 시민이 피의자로서 감히 진술거부권을 행사하지 못하는 수사 환경과 관행을 문제 삼아야 한다. 진술거부권이 특권층이나 막강한 변호인단을 구성할 수 있는 피의자에게만 인정되는 현실이 비정상이고 반헌법적이라는 지적을 통해 진술거부권이 피의자 모두가 차별 없이 누릴 수 있는 권리가 되도록 해야 한다.

09

탈검찰의 민정비서실과 법무부, 조국

(경향신문 2019.7.30.)

조국 대통령 민정수석비서관의 법무부 장관 기용설을 싸고 법조계의 반응이 엇갈리고 있다. 현 정부가 내세우고 있는 검찰개혁의 마침표를 찍기 위한 불가피한 선택이라는 긍정론도 있지만, 대통령 최측근인 민정수석이 법무부 장관으로 직행하는 데 대한 우려도 크다. 최악의 회전문 인사, 검찰을 통치 수단으로 이용하려는 불순한 의도라는 비판이 나오는 이유다.

한 검사는 "법무부에는 검찰개혁 외에도 각종 법무정책과 출입국, 이주민 문제 등 수많은 난제가 쌓여있다"며 "조 수석이 장관에 취임한다면 검찰개혁 외에 다른 부분에서 어떤 철학을 갖고 있을지, 장관을 경력 쌓기용으로 생각하는 것은 아닌지 의구심이 든다"고 했다.

대형로펌의 한 변호사도 "민정수석으로 대통령을 지근에서 보좌했던 사람이 검찰을 관할하는 법무부의 장관으로 기용되는 것은 검찰의 정치적 중립성을 주장해 온 현 정부와 여권의 자기부정"이라며 "이명박 정부 시절 권재진 당시 민정수석이 법무부 장관으로 내정됐을 때 당시 야당이던 현 여권은 법치국가의 기본 틀을 흔드는 일이라며 군사독재 시절에서도 없던 일이라고 강도 높게 비판했었는데, 지금 이 상황은 어떻게 설명할 것인가"라고 비판했다.

- 법률신문 2019.7.4.

지금 여의도 정가를 잘 표현하는 단어는 '내로남불'이다. 정치인의 뼛속에는 '그때그때 달라요' DNA가 숨어 있다. 자신과 당의 유불리에 따라 과거를 싹 잊어버리고 대응하는 조변석개(朝變夕改)의 '말' 정치가 '내가 하면 로맨스, 남이 하면 불륜'의 줄임말인 '내로남불'을 유행어로 만들었다. 여당에서 야당, 야당에서 여당으로 공수가 교대되면서 되풀이되다 보니 악순환의 정치문화로 뿌리내렸다. 상황에 따라 변신해 과격하고 거친 언사를 쏟아내는 반응은 히스테리 증상처럼 보인다.

그러니 정치의 불신은 당연한 결과다. 공인인 정치인이나 정당의 말이 때에 따라 달라진다면 신뢰받기 어렵다. 민정수석의 법무부 장관 입각설을 둘러싼 여야의 날 선 대립도 '내로남불'로 비난받고 있다. 야당 시절에는 극단의 표현으로 혹평을 쏟다가도 여당이 되면 180도 태도를 바꿔 이러저러한 이유로 합리화하는 모습이 카멜레온의 전형으로 비친다.

내가 행위자일 때와 관찰자일 때가 일관적이지 않은 것은 인간의 이기적인 편향 때문이라고 한다. 내가 할 때와 남이 하는 것을 바라볼 때 서로 다른 잣대를 들이대는 것은 사람의 본성에 가깝다는 것이다. 남에게는 엄격하고 자신에게는 너그러운 이중 잣대는 자신의 자존감을 유지하는 데 필요한 방어 기제라고 한다. 그래서 우리는 남을 가혹하게 비난하다가도 자신이 그 상황에 처했을 때 그 비난의 잣대를 들이대지 않으려고 변명하는 모순적 태도를 그저 받아들여야 할지도 모른다.

그러나 훗날 부메랑처럼 되돌아오고 역공의 빌미를 제공할 수 있으니만큼 정치인이나 정당은 달라야 한다. 신뢰의 정치를 위해서도 그렇다. 그러려면 언행에 앞서 자신을 돌아보고 역지사지(易地思之)의 노력이 필요하다. 남의 언행을 평가할 때 그가 처한 상황이나 처지, 그럴 수밖에 없는 이유 등등을 알아낸다면 달라질 수 있을 것이다.

정치권을 흔들고 있는 민정수석의 법무부 장관 입각설에 대한 여야의 논평 대립을 한번 들여다보자. 지금 집권 여당이 된 민주당은 이명박 정부 시절 당시 민정수석의 법무부 장관 직행을 "공정한 법 집행을 해야 할 법무부 장관에 최측근 민정수석을 기용한 최초의 사례이자 최악의 측근 인사·회전문 인사"라는 논평을 냈었다. 그랬던 민주당이 여당이 되어 똑같은 상황을 옹호하고 있는 모양이 야당과 언론으로부터 '내로남불'이라고 비난받고 있다. 당시 여당이었던 자유한국당은 지금은 헌법 질서에 대한 모욕이자 보복·공포정치의 선전포고라며 반발하고 있다. 정치가 검찰권을 좌지우지하던 시절이 있었다.

이명박·박근혜 정부 10명의 민정수석은 모두 검찰 출신이었다. 검사 전성시대의 절정은 박근혜 정부 시절 국무총리, 대통령비서실장, 민정수석비서관, 법무부 장관이 다 검찰 출신으로 채워졌던 때다. 거기에 청와대 파견검사까지 합치면 청와대가 일선 검찰청 이상의 진용을 갖추고 있는 모양새여서 검찰공화국 소리를 들을 만했다. 청와대의 검사들, 검찰에 장악된 법무부가 청와대와 검찰 간의 끈을 유지하게 만들었다. 그래서 그 당시에는 대통령 최측근 민정수석이 곧바로 법무부 장관이 되면, 인사권자인 대통령과 사정 라인인 법무부 장관과 검찰총장의 연결고리를 통해 검찰의 중립성이 심히 해쳐질 것이라는 우려가 설득력이 있었고 현실화되기도 했다.

지금은 어떠한가. 대통령, 민정수석비서관, 법무부 장관, 검찰총장으로 이어지는 고리는 매우 느슨해졌다. 그만큼 검찰권 장악 우려는 해소된 상태다. 아무리 대통령의 분신으로 인정받는 인물이 법무부 장관으로 가더라도 검찰을 손아귀에 넣는 것은 제도적으로도 불가능해졌다는 평가다. 청와대에는 파견검사도 없고, 검찰청법 개정으로 검사파견도 불가능해졌다. 민정수석비서관도 검사 출신이 아니다. 검찰이 장악했던 법무부도 상당 부분 탈검찰화가 이루어졌다. 대통령비서실장, 민정수석비서관, 법무부 장관으로 이어지는 지휘라인이 비검찰 출신 인사로 채워졌다는 점에서 과거와는 확 달라진 상황이다.

사람만 달라졌다면 야당의 우려가 언제든지 현실화될 수 있을지도 모른다. 대통령이 맘만 먹으면 인사권으로 검찰을 손아귀에 넣을 수 있기 때문이다. 청와대와 검찰의 관계를 이전 정부의 시각에서 바라보면 여당의 태도를 '내로남불'로 깎아내릴 수 있다. '민정수석의 법무부 장관 행'이라는 명목만 보면 똑같다. 그러나 제도와 시스템, 실질이 다르다. 그리고 기획하고 착수했던 법무·검찰 개혁의 완수라는 법무부 장관의 임무도 다르다.

올바른 비판을 하려면 자기가 경험했던 것이나 자신이 속해 있는 집단의 시각과 시간에 머물러서는 안 된다. 반대편에 서 보고 한쪽으로 치우침을 경계해야 대립 정치의 악순환도 끊어낼 수 있다.

10
다시 쓰는 무죄추정의 원칙과 방어권
(경향신문 2019.3.12.)

사법행정권 남용 혐의로 구속기소 된 양승태(71·사법연수원 2기) 전 대법원장에 대한 보석 청구가 기각됐다. 서울중앙지법 형사35부(재판장 박남천 부장판사)는 5일 양 전 대법원장의 보석 청구를 기각했다(2019초보44).

양 전 대법원장은 지난 26일 서울중앙지법 311호 중법정에서 열린 보석 심문에 출석해 보석의 필요성을 주장했다. 양 전 대법원장이 외부에 모습을 드러낸 것은 지난달 24일 구속된 지 33일 만이었다.

양 전 대법원장은 보석 심문기일에서 공소사실에 대해 "무에서 유를 창조한 것이 아니고, 무에서 무일 뿐"이라며 검찰 수사를 비판했다. 이에 대해 검찰은 "증거인멸과 도주 우려가 충분하다"며 보석을 불허해야 한다고 주장했다.

양 전 대법원장 측은 "헌법상 보장된 피고인의 방어권을 행사하기 위해서는 검찰 주장에 반박하기 위해 방대한 양의 기록을 검토하는 한편 필요한 증거를 수집하는 등 상당한 준비가 필요한 상황"이라며 지난달 19일 재판부에 보석을 청구한 바 있다.

- 법률신문 2019.3.7.

피고인 이명박 전 대통령의 보석 결정을 두고 뒷말이 무성하다. 보석 허가율이 40%를 밑돌고 점점 더 낮아지는 추세인데 전직이 고려되어 구치소 담장이 낮아진 것 아닐까, 하는 의혹 때문이다. 보통 피고인들은 보석을 신청조차 하지 못하는데, 권력이나 돈 있는 피고인은 심심찮게 보석으로 풀려난다. 주로 병보석이다. 자유를 만끽하던 권력자나 재벌 총수들이 좁디좁은 교도소 독방에 갇혀 생긴 병인데 여느 피고인은 상상도 못 하는 사유로 풀려나는 것이다. 피고인이 누구냐에 따라 보석 여부가 갈린다고 '유권 무죄' '유전무죄'라는 말도 유행이다.

　피고인 이명박은 보석으로 풀려났지만, 피고인 양승태 전 대법원장의 보석 신청은 기각된 것을 보면 권력자라서 특혜를 준 것은 아닌 것 같다. 그럼에도 의혹의 눈초리와 비판적 시각이 적지 않다. 무죄추정의 원칙과 방어권 보장이 형사법의 대원칙이지만 1심에서 징역 15년의 중형을 선고받은 피고인의 보석은 시민적 상식과 정의감에 어긋난다는 지적이 있다. 재벌 총수들이 감방 생활을 피하는 수법인 병보석은 아니어서 다행이지만 법 앞의 평등은 권력 앞에서 맥을 못 춘다는 비판도 있다. 원칙적으로는 보석 사유가 있으면 석방해서 방어권을 보장해야 한다는 원칙에 따른 결정이지만 그동안 보석을 재벌 총수와 정치인처럼 막강한 변호인단의 조력을 받는 자들에게 선별적이고 예외적으로 허용해 온 사법부에 대한 불신이 표출된 것이다.

　누구든 법 앞에서 똑같이 대접받기를 원한다. 누구든 형사소송법상 구속 사유가 있으면 구속되어야 하고, 구속 이후라도 보석 사유가 생기면 석방의 혜택을 받아야 한다. 피의자·피고인이 대통령이었든, 재벌 총수로서 국가 경제를 위해 애썼든 그런 사정들이 고려되어서는 안 된다. 법과 원칙이 흔들려 나라가 휘청거렸던 아픈 역사를 되돌아보면 피의자·피고인이 전직 대통령이나 전직 대법원장이라고 달리 대우해서는 안 된다. 그들도 법 앞에 평등해야 할 피의자 또는 피고인이기 때문이다.

　그들에게만 인권이 있고 방어권이 보장되어야 하는 것이 아니다. 그런데 권력자들이 피의자로 소환되고 수사 대상이 되면서 피의자의 인권과 방어권이 화두가 되었다. 피고인 이명박의 보석 결정에서 판사가 무죄추정의 원칙과 방어권을 근거로 제시한 것처럼, 피의자 양승태가 검찰청 포토 라인을 무시하자 이를 옹호하기 위해 포토 라인 세우기는 무죄추정의 원칙을 허무는 야만적 행위라는 비판이 사법부 내에 있었다. 그에게 압수·수색영장이 발부되자 비로소 영장 남발의 문제를 제기하고 사법농단 수사에서 밤샘 조사의 반인권성도 부각시켰다.

　전직 대통령, 전직 대법원장과 고위 법관, 정치인 등의 수사와 재판에서 비로소 기존 관행이 이슈가 되고 인권 감수성이 생긴 것이다. 이전에는 아무리 주장해도 듣지도 보지도 않다가 자기 식구들이어서 갑자기 눈과 귀가 트인 것 같다. 그러나 과거 실무 관행에 대한 자기 비판이나 성찰은 찾아볼 수 없었으니 식구 감싸기와 조직방어의 이기심으로 비칠 뿐이다. 전직 대법원장의 포토 라인 관행 무시 행위나 보석 허가의 근거로 판사가 제시한 방어권 보장 등을 비난하려는 것은 아니다. 제대로 결정하거나 행동하고도 때와 장소가 적절치 않아 욕을 먹거나 진정성을 의심받을 수 있음을 지적하려는 것이다. 법과 원칙이 사람 봐가면서 달라져서는 안 된다는 사실을 강조하고자 함이다.

　눈을 가린 정의의 여신은 심판대에 서 있는 자가 누구인지 상관하지 않고 법과 원칙을 지켜야 정의가 세워짐을 상징한다. 전직 대통령의 보석을 허가한 판사도 안대로 눈을 가렸을 것이다. 전직 대통령의 힘이 보석 결정에 영향을 미친 것이 아니라 법과 원칙에 따른 결정이었을 것이다. 그렇다면 피고인 이명박의 보석 결정이 특혜라며 비판할 것은 아니다. 앞으로 이 결정이 보석 결정의 기준이 될 수 있도록 지켜보는 것이 필요하다. 구속된 거물급 정치인 피고인이 불구속재판을 청구하면 일응의 잣대가 될 것이다. 구속 사유인 증거인멸의 우려가 있더라도 방어권 보장을 위해서 석방하되 거주지 및 통신제한과 같은 엄격한 조건을 부과하면 된다는 취지이므로 보석이 확대될 것으로 전망된다.

이렇듯 보석 허가 결정의 기준이 다시 세워진 것으로 볼 수 있다. 돌연사 위험성까지 주장했는데 병보석 사유로 인정받지 못했으니 이제 웬만하면 병보석은 어려워졌다고 봐야 한다. 구치소 내 의료진이 충분하다는 이유다.

나아가 무죄추정의 원칙과 방어권의 중요성이 확인되었다. 재판상 방어권은 권력자나 재벌 총수뿐만 아니라 누구에게나 차별 없이 보장되어야 할 기본권이다. 사법부가 실천하는 법 앞의 평등이 헌법에 생명을 불어넣고 불신의 사법부를 살려내는 길이 될 것이다.

11
소수의견도 존중받는 사회
(경향신문 2017.6.20.)

김이수(64·사법연수원 9기) 헌법재판소장 후보자에 대한 국회 인준이 진통을 겪고 있다. 자유한국당과 국민의당, 바른정당 등 야당이 김 후보자의 성향이나 "임기가 1년 3개월에 불과한 헌재 소장을 임명하는 것은 헌재의 정치적 중립성을 훼손할 우려가 있다"는 이유 등을 문제 삼아 제동을 걸고 나섰기 때문이다.

국회 헌재 소장 인사청문특별위원회(위원장 유기준)는 9일 오전 11시로 예정됐던 김 후보자 임명동의안 심사 경과보고서 채택을 위한 전체 회의를 취소했다.

제1야당인 한국당은 인사청문회 등을 통해 김 후보자가 2014년 통합진보당 해산 결정 당시 헌법재판관 9명 중 유일하게 반대의견을 낸 것을 문제 삼으며 '김 후보자 인준은 절대 불가'라는 입장이다. 통진당 해산 결정에서 유일하게 소수의견을 낸 김 후보자가 헌재 소장이 됐을 때 중립적인 재판 진행 등을 기대하기 어렵다는 이유에서다.

－ 법률신문 2017.6.12.

소수의견이 사라질 위기다. 김이수 헌법재판소 소장 후보자에 대한 임명동의안 처리가 실종 상태다. 문재인 대통령의 외교부 장관 임명 강행으로 야당이 강경 반대의 날을 세운 터라 더욱더 안갯속이다. 통합진보당 해산 결정 반대, 국가보안법 제7조 1항 중 반국가단체 '동조' 부분 위헌, 일체의 정치활동을 금지한 교원노조법 제3조 위헌이라는 소수의견을 낸 후보자가 헌법재판소 수장이 되는 것이 부적절하다는 야당의 문제 제기는 그야말로 소수의견이다.

그런 시각과 견해는 수적으로는 소수일지 모르지만, 상당히 설득력이 있고 언젠가는 다수의 지지를 받을 수 있는 생각이다. 후보자의 이념 편향성을 지적하지만, 그렇게 따지면 지난 정부에서 재판관들은 보수 일색으로 편향되어 있었다.

헌법재판소는 다양한 이념과 가치관을 가진 재판관들이 서로 균형을 이루는 합의체여야 한다. 그것이 헌법재판소의 존재 이유이자 도입 취지다. 소수의견을 많이 내 '미스터 소수의견'이라는 별명을 얻었지만 정작 건수로 치면 얼마 되지도 않는다. 그의 소수의견은 '사회적 약자' '기본권' '민주주의와 법치국가'라는 키워드로 정리될 수 있는데, 이것이야말로 헌법재판소의 토양이자 헌법재판소장이 갖추어야 할 덕목이다.

법학 공부를 시작하자마자 펼쳐지는 것이 학설의 바다다. 통설, 다수설, 소수설, 지배설, 유력설 속에 빠져 허우적대기 바쁘다. 법학은 정답이 없는 학문이다. 어떤 법적 이슈든 견해가 다양하게 갈린다. 법학 입문부터 통설이 무엇이고 다수설은 어떤 입장이며 판례는 어떠한지 이해해야 한다. 소수의견은 중요치 않다. 장식품쯤으로 여긴다. 좋은 학점을 받고 시험에 합격하려면 다수설과 다수의견, 판례의 입장에 따르는 것이 안전하기 때문이다. 출제자가 소수의견에 서 있는 자라면 모를까 소수의견에 따라 결론을 내고 답안을 써낼 수험생은 거의 없다. 다수의견을 중시하고 다수설과 판례에 따라 사고하는 것이 법학 교육의 과정이자 법률가의 평균적 모습이다.

그런데 대법원 전원합의체 판결도 다수의견으로 견해가 일치되는 경우가 있지만 종종 소수의견, 별개 의견 등으로 견해가 갈리는 판결

도 많다. 예를 들어 부부간의 강간죄에 관한 판결에서 다수의견은 강
간죄가 성립한다고 보았지만, 반대의견은 '강간'의 의미를 폭행·협박
에 의한 '간음'으로 보고 '네 이웃의 아내를 탐내지 말라'처럼 간음을
부인 이외의 여자와 관계하는 것으로 해석하여 부부간에는 강간죄가
성립하지 않는다고 논증한다. 주장할 수 있는 견해이고 일견 설득력
이 있지만 간음의 사전적 의미만 바라봤다는 비판이 있을 수 있다.
이처럼 법을 해석하여 적용하는 데는 법에 쓰인 언어의 다소간의 추
상성과 다의성, 가치 충전이 필요한 개념 사용 때문에 다양한 견해가
가능한 것이다. 이러한 해석방법론을 배우는 것이 법학 교육의 핵심
이다. 따라서 다수의견이든, 소수의견이든 중요하다. 어느 것이 옳고
어느 것은 그르다고 볼 수 없는 것이다.

　　다수의견만이 건전한 사회통념일 수 없다. 소수의견이라고 국민
의 뜻에 반하는 것도 아니다. 지지자도 있고 소수의견이 더 정의에
부합하는 경우도 있기 때문이다. 대법원 판결이나 헌법재판소 결정까
지 다수결로 한다면 우리 사회의 소수는 보호받을 수 없다. 다수에
밀린 소수는 언제까지나 변두리에 머무를 수밖에 없다.
　　소수의견이 사회적 영향력을 발휘하여 시대의 흐름을 바꾸고 사
회변화를 일으킬 수 있는 가능성이 열려 있어야 민주주의 국가라 할
수 있다. 헌법재판소 결정에서 소수의견이 다수의견이 되는 데 평균
7.3년이 걸렸다는 조사 결과처럼 다수의견이 절대적이고 불변인 것은
아니다. 시대 상황과 가치관의 변화에 따라 합헌에서 위헌으로 바뀐
'혼인빙자간음죄'와 '간통죄'가 이를 말해 준다.

　　소수의견을 이념적 편향이라고 낙인찍는 것이야말로 위헌적 사고
이자 반민주적이다. 민주주의는 다양성을 존중한다. 공동체의 다양한
목소리에 귀 기울이고 약자와 소수자 보호에 힘써야 민주국가라 할

수 있다. 그것이 헌법적 요청이기도 하다. 소수의견이든, 다수의견이든 치밀한 논증이 없으면 설득력이 떨어질 뿐이지 틀린 것은 아니다. 그래서 판결에서의 의견이 논증이 부실하거나 체계적이지 않거나 비논리적인지를 살펴봐야지, 소수의견을 취했다는 것 자체만으로 비난과 비판의 대상이 되어서는 안 된다.

헌법재판소 소장도 9명의 재판관 중 1명이다. 그가 소수의견의 대가이든, 다수의견을 취한 재판관이든 상관없는 이유다. 김이수 후보자가 당시 여론과 정치적 압력에도 소신을 지켰다는 것은 위대한 반대자이자 정치적 독립성을 지키겠다는 신념의 소유자임을 증명하는 것이기도 하다. 추천권자나 임명권자의 눈치를 살피지 않고 권력에 굴하지 않는 헌법재판소의 수장이 필요한 대한민국이다.

12
대통령의 언어
(경향신문 2016. 7. 28.)

　박근혜 대통령은 사드 배치 반대를 '불필요'한 논쟁으로 단정 지었다. 국민을 향해 대결하듯 어디 대안이 있으면 말해보라고 재갈을 물리려는 듯한 표현도 썼다. 반대 세력을 '불순' 세력이라고 했다. 불필요한 논쟁을 하다 보면 대한민국이 사라질 것이라는 무시무시한 말도 서슴지 않았다. 역사 교과서와 관련해서는 혼이 '비정상'이라는 표현도 썼다. 아니 '불(不)', 아닐 '비(非)'투성이다. 국민을 편 가르는 언어사용이다. 총선 전에는 자기편을 진실한 사람 대 진실하지 않은 사람으로 갈라놓기도 했다. 박 대통령의 단순 간결한 언어가 촌철살인의 힘을 발휘한 때도 있었다.

　그런데 요즘 대통령의 언어는 거칠고 위압적이다. 독단과 독선이 가득한 지배자의 언어가 자주 등장한다. 자신을 대통령의 권좌에 오르게 한 51.6%만 배려한 언어라는 느낌도 든다. 대통령이 그러니 어느 도지사는 도의원에게 쓰레기, 어느 고위공무원은 국민을 향해 개돼지라는 말을 주저 없이 해댄다.

　그런 부정적인 말과 거친 언어들이 정제되지 않은 채 고스란히 국민에게 전달되면 국민은 불안하고 불행해진다. 가려서 듣고 싶어도 언론이 받아 적어 활자와 소리로 전해주니 듣지 않을 수 없다. 눈과 귀를 가리고 싶지만, 대통령의 언어 때문에 내 삶을 포기할 수는 없는 노릇이다.

흔히 사람의 생각은 언어로 드러난다고 한다. 정치인의 말은 정치인 그 자체라고 한다. 정치인은 언어로 자신의 견해나 입장을 표현한다. 언어사용으로 권력관계를 드러내기도 하지만 언어는 사회변화를 이끄는 힘도 가지고 있다. 정치인은 유권자나 국민의 생각이나 태도에 영향을 미치고 자신의 진정성을 믿게 하는 설득 과정에 언어를 도구로 사용한다. 언어의 정보적·설득적 기능을 잘 활용해야 정치인으로서 성공할 수 있다.

정치적 소통은 바로 언어 또는 언어 행위로 이루어지는 것이다. 정치인의 언어와 언어 행위는 정치의 도구이기도 하지만 정치를 가능하게 하는 요건이기도 하다. 그러니 정치인은 단어 선택이나 언어 행위에 신중을 기해야 하는 것이다. 부정적 언어사용은 말실수만큼이나 전달하려는 메시지의 신뢰도를 저하시킨다. 듣는 사람은 발언자의 표현 뒤에 숨어 있는 복합적인 동기나 진의가 무엇인지에 골몰해 전달력이 떨어진다.

그러니 국가지도자는 차별의 언어가 아니라 국민 전체를 아우르는 통합과 치유의 언어를 선택해야 한다. 적의의 언어나 전투적 언어 대신 희망의 언어를 자주 사용해야 한다. 분열과 갈등, 분노를 키우는 언어가 아니라 국민의 마음을 보듬는 위안과 격려의 언어가 들려야 한다. 한 나라 국민 모두의 지도자로서 닫힌 언어가 아니라 열린 언어를 구사해야 한다.

사드 배치와 관련한 논쟁이 불필요하다고 정의 내린 대통령의 인식과 언어에 주목할 필요가 있다. 사드 배치가 필요하다는 입장에서는 불필요한 논쟁일 수 있지만, 사드 배치가 불필요하다는 입장에서는 당연히 거쳐야 할 논쟁이기 때문이다. 개인의 자율성을 존중하지 않는 문화에서는 논쟁은 불필요한 것으로 여겨진다. 우리는 이미 독재정권에서 그런 경험을 한 바 있다. 대통령의 생각이 옳고 대통령의 말이 곧 진리니 따르라는 태도는 독선과 독단이다. 다수결로 대통령이 된 자신만이 절대가치라고 주장하는 오만이다.

자유민주주의 국가에서는 대통령의 결정에 반기를 들면 대통령은 설득을 통해서, 논쟁을 통해서 국민을 자기편으로 만드는 과정이 필요하고 그래야 민주주의가 발전한다. 반대 세력을 불순세력으로 낙인찍고 논쟁을 불필요한 것으로 정의 내리면 민주주의는 요원해진다. 아무리 국가안보와 관련된 사안이라도 충분한 논쟁을 거쳐야 한다. 이의를 제기하면 종북세력으로 내치고 안보에는 여야가 따로 없다며 대통령을 따르라는 주문은 독재 시대에나 가능한 통치 방식이다. 그런 통치 방식이라면 누구나 지도자가 될 수 있을 것이다. 한 나라에는 생각이 다르고 이념이 다양한 시민이 살고 있기때문에 다양성을 존중하고 듣기 싫은 소리도 경청해서 국가정책을 조정하는 일이 바로 통치자의 몫이다.

민주사회에서 필연적으로 등장하는 갈등과 대립을 타협과 통합으로 바꾸는 것이 정치다. 대한민국이 사라지기를 바라며 정부 정책을 비판하고 다른 목소리를 내는 국민은 없다. 그러니 비판 세력을 불순세력으로 내몰고 종북좌파로 여기는 일은 없어야 한다. 건전한 비판과 생산적인 논쟁이 벌어지도록 마당을 여는 대통령이 돼야 한다. 짐이 곧 국가이니 나를 따르라는 식의 국정운영으로는 민주주의와 인권은 후퇴할 수밖에 없다. 그런 인식에 갇혀 있는 대통령의 단어 선택과 언어 행위는 국민을 불안하고 불행하게 만든다.

말이 짐이 될 때

(경향신문 2020. 12. 15.)

여당인 더불어민주당이 공수처법을 비롯한 '권력기관 개혁 3법'과 '공정 경제 3법' 등 다수의 법안을 각 상임위에서 속전속결로 통과시킨 가운데 국회 본회의를 앞두고 야당의 반발이 거세지고 있다. 상법 개정안 등이 일부 수정되긴 했지만, 거대 여당의 입법 독주를 비판하는 목소리가 커지고 있다.

국회 법제사법위원회(위원장 윤호중)는 8일 열린 안건조정위원회와 전체 회의에서 잇따라 여당 주도로 공수처법 및 상법, 국정원법, 경찰청법 개정안 등을 의결했다. 상법 개정안을 포함해 공정거래법 개정안과 금융그룹감독법안 등 공정 경제 3법도 모두 본회의 안건으로 상정됐다. 여당은 세월호특조위 활동기간을 연장하는 사회적참사진상규명법, 5·18 진상규명특별법과 역사왜곡처벌법, 특수고용자를 포함하는 고용보험법, 이른바 '일하는 국회법' 등의 처리도 시도하고 있다.

한편 국민의힘은 이날 오전 법사위 안건위에서 공수처법 개정안이 통과되자 전체 회의에 불참하며 여당의 입법 독주에 거세게 항의했다.

– 법률신문 2020. 12. 9.

5·18민주화운동, 6월항쟁, 촛불혁명을 거친 민주주의 시대에 '독재', '반민주'라는 단어가 거침없이 쓰이고 있다. 마치 독재 시대로 회귀해 사는 것은 아닌가 착각할 정도다. 정권 비판에 단골로 튀어나오기 때문이다. 야당 국회의원이나 보수 논객은 그렇다 치고 반정부 투사 이미지로 단숨에 대선후보 반열에 오른 검찰총장의 언사에도 등

장하고 있다.

'친문 독재', "민주주의는 죽었다", '독재 정당'이라고 적힌 손팻말이 국회의사당 한쪽을 가득 메웠다. 야당의 백드롭(배경 현수막)도 예외는 아니다. 집권 여당이 공수처법 개정안에 이어 공정 경제 3법을 밀어붙이자, 국민의힘은 '거대 여당의 입법 독재, 국정농단이 일상화'되고 있다며 강하게 반발했다. "독재로 흥한 자 독재로 망한다"라고도 비판했다. 이에 발끈한 민주당 법사위원장이 국민의힘을 '평생 독재의 꿀을 빨던 세력'으로 몰아세우면서 때아닌 독재 논쟁이 격화되었다.

독재와 반민주. 지금의 대한민국 정치 상황에 대한 적확한 진단일까. 의회 독재이고 입법 독재인가. 4·15총선에서 국민의 압도적 선택을 받은 다수당으로써 의회민주주의 원칙에 충실한 것 아닌가. 독재정치란 우리가 이미 여러 차례 경험했듯이 민주적 절차를 부정하고 통치자의 독단으로 하는 정치다. 독일의 나치즘, 이탈리아의 파시즘, 그리고 박정희의 유신정권과 전두환의 군사독재가 대표적인 예로 떠오른다.

우리의 과거를 되돌아보자. 헌법이 힘없이 무너져 헌정질서와 삼권분립은 파괴되고, 시민의 정치적 자유는 눈곱만큼도 허락되지 않았던 시절이 있었다. 생존권마저도 위협받는 때였다. 권력은 국민이 아니라 대통령 1인으로부터 나오는 시대였다. 제왕적 대통령의 절대 권력이 다스리던 억압과 공포의 시대를 우리는 독재라 부른다. 넓게 본다면 언론·표현의 자유와 집회의 자유를 제약하고 헌법에 보장된 노동자의 기본권조차도 짓밟았던 이명박·박근혜 정권도 독재와 별반 다르지 않았다. 공권력이 시민의 정치적 자유를 억압하는 데 오남용한 시대도 독재이자 반민주다. 그러니 당명을 세탁했건만, 그 정치세력과 맥이 닿아있는 국민의힘이 현 정부를 독재로 몰아붙이는 단순

무지한 인식에 놀랄 뿐이다.

촛불혁명으로 탄생한 문재인 정부와 압도적 표심으로 다수당이 된 민주당을 독재와 반민주로 낙인찍으려는 국민의힘은 역사의식이 부족하거나 아니면 자신들의 몸에 밴 경험을 드러낸 것이다. 물론 국민이 진정한 나라의 주인으로 대접받지 못하고 있는 부분이 존재하지만 그렇다고 독재 시대라고 생각하는 사람은 거의 없다.

선거에서 다수결 원칙에 따라 의회가 구성되고 그 입법 지형에서 절대 다수당이 지배하는 것은 입법 독재가 아니다. 다수결의 원리에 따라 국회가 작동하는 것이 의회 독재도 아니다. 물론 총선에 나타난 유권자의 표심은 고정불변이 아니라 시시각각 변할 수 있지만, 개혁 입법에 관한 한 여전히 국민 대다수의 지지를 받고 있다.

그러니 유권자가 명한 입법적 독주이지 결코 독재라 칭할 수 없는 것이다. 권력기관 개혁과 경제민주화의 진전이라는 유권자의 표심에 부응하여 의석에 걸맞은 권한과 책임을 다하고 있기 때문이다. 오히려 중대재해기업처벌법과 같이 유권자와 약속한 입법 처리에 주저하고 후퇴한 법안을 내는 것이 집권당의 횡포다. 언론과 시민의 말문은 막지 않았고 비판과 비난 등 할 말을 다 하면서 산다. 그런 세상을 독재라 칭하니 말문이 막힌다.

민주주의와 인권의 가치를 중시해 온 진보 개혁 세력에 독재라는 지적은 뼈아프지만, 야당의 진단은 빗나간 화살이다. 내쳤어야 할 극우 보수세력까지 손잡는 독재 몰이는 외연 넓히기에 실패할 전략이다. 야당의 잘못된 진단도 진단이지만 이게 자신들에게 부메랑이 된다. 공수처법이 통과되자 "유신정우회가 있던 시절 국회에서도 엄두를 못 냈던 법치주의 말살 행태" "4년 전 대통령 탄핵 때보다 더 불행한 날"이라는 논평을 쏟아냈는데, 유신독재와 박근혜의 국정농단을 다시 떠올리게 만들어 역효과만 날 뿐이다.

비교를 통해 현 정권을 비난하면 할수록 오히려 뼈아픈 과거의 기억을 환기하는 부작용만 커진다. 상대에게 퍼붓는 독재, 국정농단 등등 언사가 자신들의 구태만 회상케 한다. 원죄를 자백하는 헛발질이자 자살골이다.

국민의힘이 지금 상황에서 '이게 나라냐'라고 외친다면 어떨까. 공감은커녕 비호감의 벽은 허물어지지 않고 되살아난다. 청산하지 못한 과거가 그들의 짐으로 남아있기 때문이다. 야당의 지지율이 지지부진한 이유가 거기에 있다. 말로 천 냥 빚을 갚을 수도 있고, 힘을 불어넣어 줄 때도 있지만 때로는 짐이 될 때도 있다.

14
공수처 수사의 전형(典型)을 세워라
(법률신문 2021.5.17.)

고위공직자범죄수사처 수사2부(부장검사 김성문)는 18일 조희연 서울시 교육감의 해직 교사 부당 특별채용 의혹과 관련해 서울시교육청을 압수수색을 했다. 지난 1월 공수처가 출범한 이래 진행된 첫 압수수색으로, 본격적인 1호 수사 착수에 나선 것으로 풀이된다.

18일 법조계에 따르면 공수처는 이날 오전 9시 30분부터 서울시교육청 9층 교육감실 등에 약 20명이 수사 인력을 보내 문건 확보 등 압수수색에 나선 것으로 알려졌다.

앞서 지난 10일 공수처는 "조희연 교육감 사건에 사건번호 2021년 공제 1호를 적용했다"며 공식 수사에 착수했다.

서울지방경찰청 반부패·공공범죄수사대도 직권남용 권리행사방해 혐의를 받는 조 교육감 사건을 지난 4일 공수처의 요청에 따라 이첩했다.

조 교육감은 2018년 7~8월 해직 교사 5명을 특정한 뒤 관련 부서에 특별채용을 검토하라고 지시한 혐의를 받고 있다.

– 법률신문 2021.5.20.

예열은 끝났다. 이제 달리기 시작이다. 고위공직자범죄수사처가 선정한 제1호 사건을 두고 말이 많다. "고위공직자 부패 척결이라는 설립 취지에 맞지 않는다", "기소권도 없는 사건이라 검찰과의 갈등이 우려된다", "예상했던 검사비리 사건을 택해서 법원의 판단을 받는 책임성을 보였어야 했다" 등등 부정적 평가가 적지 않다. 이러려고 20여 년간 공수처 설립을 주장했나 하는 자괴감이 들기도 한다. 입법과정에서 우여곡절을 겪어야 했던 여당 의원들의 탄식이 여기저기서 터져 나온다. 부패 범죄나 권력형 비리 같은 거악에 속하지도 않고, 기소권까지 행사할 수 있는 사건이 아니라서 실망스럽다.

왜 하필 조희연 교육감의 해직 교사 특별 채용 의혹사건일까. 장고 끝에 악수라더니 조금은 자신감 없는 결정처럼 비친다. 정치적 논란을 피하기 위한 비겁함도 보인다. 어쨌든 공수처의 위상에 걸맞은 사건이 아님은 부정할 수 없다.

결정을 내린 이상 어쩔 수 없다. 부정적 시각에 신경 쓸 필요도 없다. 공수처의 존재 이유를 보여주는 수사로 실망과 한숨을 희망으로 바꾸면 된다. 공제 1호로 택한 이유를 공수처다운 수사로 보여줘야 한다. 첫발을 내딛는 만큼 공수처 수사의 전형을 만들어 가야 한다. 결과가 아니라, 결론에 이르는 수사절차와 방법 말이다. 검찰의 특수수사처럼 유죄를 전제로 수사해서는 안 된다. 죄가 안 되거나 혐의 없어 불기소 의견으로 송치해도 된다. 그것이 정당한 수사의 결론이라고 판단했다면 말이다.

교과서에는 있지만, 검찰청 안에서는 잊히는 검사의 객관의무를 다하면서 공익의 대변자가 되어야 한다. 피의자의 주장도 들어주고, 피의자에게 유리한 증거가 나오면 애써 무시하지 않는 수사여야 한다. 그것이 공수처가 검찰청과 다를 바 없는 또 다른 검찰청이라는 비판을 받지 않는 길이다.

앞만 보고 달려야 한다. 그렇다고 기소와 유죄만 보고 달리라는 얘기가 아니다. 정치, 언론과 여론으로부터의 영향을 받지 말라는 뜻이다. 좌고우면하지 말고 진실과 정의를 찾아 달려야 한다는 말이다.

그러나 터널시야여서는 안 된다. 유죄와 기소라는 터널 끝만 바라보면 수사 오류의 위험에 빠질 수 있다. 시야 협착의 유죄 편향에 갇히면 전방위 압수수색, 어떻게든 기소하고야 마는 먼지털기식 수사, 알권리라는 언론과 여론의 압박에 밀려 피의사실을 유출하고 중계식으로 보도자료를 내는 수사, 자백을 받아내 조서를 꾸미는 수사, 구속으로 겁주는 수사, 포토 라인에 세우고 망신 주는 수사, 표적 수사, 타건 압박 수사 등 검찰 특수수사의 잘못된 관행을 따르게 될 것이다. 절대 그래서는 안 된다는 국민의 경고와 간절한 요청이 공수처의 설립 기반이다.

공수처가 하면 이제 공수처 수사의 관행이 된다. 첫 사건에서 공수처 수사의 초석을 다지고, 전형을 만들어야 한다. 공수처의 역사를 써나가야 한다. 그저 검찰의 수사 관행을 답습하는 우를 범해서는 안 된다. 왜 검찰의 권한을 떼어내 자신들이 받았는지를 늘 깊이 새겨야 한다. 외부로부터의 부당한 압력도 견뎌내고, 상명하복이라는 내부로부터의 간섭도 사라져야 한다.

피의자의 인권을 존중하는 수사, 형사사법의 효율성이 아니라 적법절차를 지키는 수사, 독립성과 중립성을 견지하는 수사, 그리고 무엇보다도 헌법이 교과서가 되는 수사, 그것이 국민이 바라는 공수처다운 수사의 전형이다.

무한정 누릴 자유란 없다

(법률신문 2020.9.10.)

코로나 팬데믹 속에서 집합금지명령을 거스르는 집회·시위는 우리나라만의 현상은 아니었다. 감염병 전국적 재확산의 숙주가 된 광복절 집회와 그 집회를 허가한 판사에 대한 격한 비난이 쏟아지던 때 독일 베를린에서도 같은 상황이 벌어졌다. 베를린 경찰은 코로나19 확산을 우려해 코로나 정책 반대 집회를 금지했지만, 법원이 이를 허용하면서 집회가 열릴 수 있었다. 독일의 반 마스크 시위대는 '마스크 반대, 거리 두기 반대', '개인 자유는 불가침', '자유여 영원하여라' 등의 주장을 적은 팻말을 들고, 마스크를 착용하지 않거나 구멍 뚫린 마스크로 당국의 방역 정책을 비웃고 조롱했다.

독일에 이어 프랑스, 이탈리아, 캐나다 등 반정부 집회가 전 세계적으로 확산하고 있다. 일부 교회 신도가 참석한 광복절 집회는 극우파를 포함한 보수세력이 주축이었다는 점에서 독일 베를린 집회와 닮은꼴이다. 코로나 독재, 의료 파시즘을 외치며 코로나 음모론을 제기한 것도 비슷하다. 참가자들이 자유와 인권을 들먹인 것도 크게 다르지 않다.

광화문 집회에 참석한 개신교 신도들은 한결같이 종교의 자유와 집회의 자유를 외친다. 예배는 종교의 자유의 핵심이어서 집합금지명령의 대상이 되지 않는다고 강변한다. 대면 예배 금지는 종교탄압이라고 반발한다. 독일 등 외국에서는 마스크를 벗을 자유를 달라고 외친다. 마스크라는 재갈을 물리지 말라고 요구한다.

그들이 자유를 외치며 집합금지명령을 어기는 사이 감염병은 전국적으로 퍼져 방역 조치는 더욱 강화되고 그 고통은 고스란히 그들이 사랑하는 이웃의 몫이 된다. 강화된 거리 두기로 학교도, 음식점도, 공연장도 어디 하나 자유롭지 못했다. 누구는 자유를 누리며 집회에 참여하고 목숨과도 같다는 예배를 보지만 대다수는 그 자유에 희생되었다. 무한정 누린 자유가 이웃의 자유를 제약하는 결과가 된 것이다. 감내해야 할 사회적 비용 또한 어마어마하다.

자유와 인권 대 안전과 예방, 코로나19가 시작된 이후 끊임없이 제기된 이슈이자 대립각이다. 자유를 제한하면 내 맘대로 하고 싶은 욕망이 솟아나 저항심이 생기는 것은 인간의 본성이다. 그러니 몇 달간의 자유 제한의 연속으로 쌓인 정신적 피폐함과 피로감이 분노로 표출될 만하다. 개개인, 시장은 작아지는 데 반해 정부와 국가는 커지는 데 대한 불안감도 있다. 그러나 지금은 누구도 부인할 수 없는 공중보건의 비상사태다. 경험해 보지 못한 위기다. 독감 유행도 여러 차례 있었지만, 세계가 하나로 묶인 지금과는 다른 상황이었다. 나라마다 취한 이례적 조치가 정당화되는 긴급상황이다. 공공의 이익을 위한 예방 목적으로 자유와 인권이 잠시 물러서는 것을 감수할 수밖에 없다.

물론 법률에 근거를 두고 필요 최소한도에 그쳐야 한다는 자유 제한의 원칙이 무너져서는 안 된다. 방역 당국의 감시와 통제의 대상이 되면 될수록 그것이 반복되거나 일상이 될까 봐 두려워지고, 코로

나바이러스 감염보다 자유와 인권의 제약을 더 겁내는 시민도 있을 것이다.

평상시라면 집회의 자유며 종교의 자유는 한없이 보장되어야 한다. 그러나 공동체가 유지되고 지속 가능해야 자신의 자유와 인권이 보호되고 보장될 수 있는 위기 상황에서는 지금 정도의 제한은 감내할 수밖에 없다. 상식적으로 해도 되고 해서는 안 되는 행동의 경계는 남에게 폐가 되고 해를 끼치는가에 그 선을 그으면 된다. 자유는 무한하지 않다. 다른 사람에게 해가 되는 바로 그 자리가 자유가 멈춰 서야 할 곳이다.

16
형벌 감수성과 단기 자유형
(법률신문 2020. 2. 13.)

지난 9일 출범한 삼성 준법감시위원회가 이재용 삼성전자 부회장의 '국정농단'사건 파기환송심 재판에서 '면죄부'로 활용되어서는 안 된다는 주장이 나왔다.

민주사회를 위한 변호사모임(회장 김호철)과 바른미래당 소속 채이배 의원은 참여연대, 경제개혁연대 등 시민단체와 함께 22일 서울 서초동에 있는 서울지방변호사회관 5층 정의실에서 '삼성 공화국으로의 회귀 : 재판부와 검찰 인사는 어떻게 이재용을 구할 것인가'를 주제로 긴급간담회를 열었다.

이날 민변 민생경제위원회 소속인 김종보(43·변호사시험 1회) 변호사가 '이재용 파기환송심 재판부의 문제점'을, 최한수 경북대 경제통상학부 교수가 '이재용 재판부의 기업 범죄에 대한 무지와 편견'을 주제로 발표했다.

김 변호사는 "권력형 범죄자는 사법적 치료의 대상이 아니라 응징의 대상일 뿐"이라며 "이재용 삼성전자 부회장 사건은 그 자체로 국정농단이며 권력형 범죄인데, 재판부가 이 자명한 사실을 외면하고 있다"고 비판했다.

이어 "그동안 사법부가 재벌총수에 대해 소위 '3·5 법칙(징역 3년, 집행유예 5년)'이라는 솜방망이 처벌을 반복해 왔기 때문에 이들은 별다른 무서움 없이 뇌물죄나 횡령·배임죄를 저지를 수 있었다"며 "재판부는 사법부의 과오를 기업 내 준법감시제도로 덮으려 해서는 안 된다"고 강조했다.

- 법률신문 2020. 1. 23.

지난해 10월 이재용 부회장 파기환송심 재판부가 삼성그룹 내에

서의 재범 방지를 위한 실효적인 준법 감시 강화의 필요성을 언급하
자 삼성이 분주히 움직였다. 납기에 맞춰 하자 없는 제품을 납품하려
고 총력을 기울이는 기업다웠다. 대법관 출신을 위원장으로 모셔 위
상을 높인 준법감시위원회를 설치하고 다양한 준법 감시 프로그램을
발표하면서 그룹 계열사의 기업쇄신과 준법 경영 강화를 다짐했다.
이렇게 재판부의 주문을 충실히 이행하면 실형 선고의 이유가 사라
지게 될 것이라고 기대한 것 같다.

　　재범 방지 대책을 잘 세우면 재범의 위험성이 낮아졌다고 평가되
어 특별예방효과를 얻게 되고, 다른 재벌 기업에는 준법 감시 체제를
갖추라는 경고가 되니 일반예방효과도 달성할 수 있고 법정에서 반
성과 속죄를 확인할 수 있다면 예방 목적의 실형 집행은 불필요해졌
다고 판단할 것이다. "각종 도전에 직면한 엄중한 시기에 재벌 총수
는 재벌 체제의 폐해를 시정하고 혁신 경제로 나아가는 데 기여해야
할 것"이라는 재판장의 훈계는 이를 암시하고 있다.

　　범행 후에 비자발적으로 재판부의 요구에 맞춰 준법감시제도를
정비하고 앞으로 잘하겠다는 다짐과 계획만으로 집행유예 사유가 될
수 있을까. 그런 약속은 뉘우침의 산물도 아니다. 재판부의 요구에
따르지 않으면 실형을 피할 수 없을 것이라고 읽히는 달콤한 협박이
들던 중 반가운 소리였을 것이다.

　　우리의 양형기준도 있는데 미국 양형기준까지 끌어들인 재판부의
이러한 기획은 양형이 아무리 법관 개인의 양심과 세계관에 맡겨져
있다고 하더라도 이례적이고 이상하다. 준법감시제도의 시행이 유리
한 양형 사유가 되려면 범행 이전에 준법감시제도를 갖추고 있었고
감시체계가 잘 작동하고 있었음에도 불구하고 범행이 벌어졌어야 한
다.

　　아무리 삼성이 나라 경제를 책임지고 있어 삼성공화국이라고 불

리더라도 집행유예는 국민 정서에도 맞지 않는다. 재벌개혁과 정경유착 근절 그리고 사법 정의의 실현을 위해 기업 범죄를 단죄하라는 국민적 요구와 기대에 반하는 일이다.

집행유예로는 형벌의 경고 기능은 잘 작동하지 않는다. 법이 살아있음을 보여줘야 법 신뢰가 형성되어 범죄예방의 효과를 얻을 수 있다. 이럴 때 떠오르는 묘수가 형의 일부는 집행유예, 일부는 단기 자유형을 선고하는 거다. 전부 실형은 가혹하고 집행유예의 특혜로 풀어주는 것이 부적절할 때 쓸 수 있다. 단일 자유형에 대한 일부 집행유예가 허용되지 않는다는 대법원 판례가 있고 입법적으로 해결해야 한다는 견해도 있지만 형법 해석상 절대적으로 불가능한 것도 아니다. 하급심에서는 하나의 단일형에 대해 일부 집행유예를 허용한 적도 있다.

교도소의 좁은 공간에서 사회적 소통과 교류를 제한하고 개별적 행동의 자유를 제한하는 형벌은 단기라도 재벌총수에게는 큰 고통이자 불쾌감으로 다가올 것이다. 수형자가 주관적으로 느끼는 형벌의 고통 정도, 즉 형벌 감수성은 정치인이나 기업 총수의 경우 매우 높을 것이므로 단기의 자유형으로도 범죄예방의 효과를 얻을 수 있다. 그렇다고 이를 이유로 자동적으로 형량을 낮추면 계층이나 직업에 따른 양형의 불평등이 생기지만 그들에게만 집행유예의 특혜를 주는 것보다 덜 불평등하다. 단기 자유형의 집행은 짧지만(short) 고통스럽고(sharp) 충격적(shock)이어서 형벌 감수성이 높은 범죄자의 범죄예방에 적합한 형사제재 수단이 될 수 있다.

17

법 앞에 만인은 평등한가

(법률신문 2011.8.18.)

　만인이 '밥' 앞에 평등하지 않으면 어찌 될까. 만인에 대한 만인의 투쟁이 시작되고 급기야 전쟁으로 번질지도 모른다. 그래서 평온하고 화목한(平和) 상태는 입(口)에 벼(禾)가 골고루(平) 들어가야 이룰 수 있는 상태다. 모든 이가 공평하게 먹을 수 있어야 다툼 없고 갈등 없이 평화를 누릴 수 있다. 물론 빵이 아니라 이념과 종교 때문에 분쟁이 생기고 평화가 깨지기도 하지만 먹을 것 앞에서 다툼이 없기란 참 어려운 일이다.

　만인이 '법' 앞에 평등하지 않으면 어떻게 될까. 그 사람이 누구냐에 따라 법이 차별적으로 적용되면 어찌 될까. 가진 자, 큰 사람, 힘 있는 사람, 소위 사회지도층에게는 법이 비켜 가고 사회적 약자에게만 법이 추상같으면 무슨 일이 벌어질까. '밥' 앞에 불평등처럼 전쟁은 나지 않겠지만 범죄와의 전쟁에 쓰일 무기인 법이 무용지물이될 수 있다. 법이라는 무기는 화력을 잃을 것이며 법을 무기로 다루는 국가기관도 불신의 대상이 될 것이다. 적발되거나 처벌되는 것이 운과 재수의 문제로 인식된다면 법 경시 풍조가 생겨난다. 힘없고 재수 없는 사람만 걸리는 법망(法網)이라면 없는 이만 못하다.

대마불사(大馬不死), 바둑을 두지는 못하지만 무슨 의미인지 안다. 미국에서도 최근 투 빅 투 페일(too big to fail)이 논란이 되고 있다. 큰 말은 절대 죽지 않는다는 것이다. 기업이나 은행, 금융회사의 몸집이 커지면 절대 망하지 않는단다. 거대 기업이나 은행이 쓰러지지 않도록 국가가 특별한 지원이나 차별적인 법 적용의 혜택을 부여하기 때문이다. 국민의 세금으로 공적자금도 투입되고 구제금융의 혜택도 받는다.

그래서 기업들이 몸집 키우기에 열심이고 국가지원을 유도하기 위해 더 큰 리스크도 불사한다고 한다. 그와 달리 작고 힘없는 중소기업이나 자영업자는 그저 무관심 속에서 흔적 없이 무너진다. 대·중소기업이 똑같이 경영을 잘못해서 부도가 난다면 다 같이 죽거나 다 같이 살아야 하는데 거대 기업에는 차별적으로 회생의 기회가 주어지고 국가가 구제 방안을 마련해 살려낸다. 그러나 대마불사의 논리가 사라지지 않는 한 자본주의의 미래는 불안하고 시장경제도 위험해진다. 도덕적 해이가 커지면서 자본주의 시장경제도 멈추게 될 것이다.

법이 공정하게 작동하지 않으면 법치주의도 무너진다. 재벌총수, 정치인이나 고위공직자의 부정과 불법에는 눈감고 말단 공무원이나 평범한 시민들의 법 위반에만 눈을 부릅뜬다면 법과 정의는 사라지고 공정사회는 요원해진다. 이 정부 들어서 법치와 법질서가 강조되고 공정사회를 내세우더니 이제 공생 발전이 새로운 화두다.

그러나 그것이 말뿐이 아니었는지 되돌아봐야 한다. 법과 원칙은 어디서나 누구에게나 똑같아야 한다. 법이 다가설 수 없는 성역이 있거나 원칙의 예외가 빈번하면 법과 원칙은 무뎌지게 된다. 법은 엄하게 다가설 때보다 엄하지는 않더라도 누구에게나 공평하고 공정하게 다가설 때 추상같은 권위를 갖게 된다. 물(水)이 흘러(去) 평평해지듯이 법(法)이 살아 숨 쉬게 되는 것이다.

18
광장에 답이 있다
(법률신문 2017. 1. 19.)

헌법재판소의 박근혜 대통령 탄핵 심판 첫 준비절차기일이 22일로 예정됐다. 국회 탄핵소추위원단과 박 대통령 측은 이날 사안의 쟁점과 증거를 정리하고 앞으로의 일정 등을 협의하게 된다.

헌재는 20일 헌법재판관 회의를 열고 당사자들이 심판정에 출석해 탄핵소추 사유에 대한 각각의 주장과 증거의 쟁점을 정리하는 절차인 준비절차기일을 22일 오후 2시 소심판정에서 열기로 결정했다.

준비절차기일은 전체 재판관 9명이 아닌 '수명(受命) 재판관'으로 지정된 이정미(54·16기), 이진성(60·10기), 강일원(57·14기) 재판관 등 3명이 진행한다. 준비절차기일은 이후 한두 차례 더 열릴 수도 있다.

배보윤(52·사법연수원 20기) 헌재 공보관은 이날 브리핑에서 "준비절차기일이 단 1회만으로 끝나진 않을 것"이라며 "증거 목록도 제출해야 하고 입증 계획도 발표해야 하기 때문에 한두 차례 더 열릴 수 있다"고 말했다.

– 법률신문 2016.12.22.

지난 10월 말부터 이어져 온 광장의 촛불은 국회를 움직여 대통령 탄핵소추 의결을 끌어냈고 이제 헌법재판소의 결정을 기다리고 있다. 광장에 타오른 천만 촛불은 박근혜 대통령에 대한 헌재의 탄핵 결정뿐만 아니라 적폐 청산을 위한 국회의 개혁 입법을 요구하고 있다. 정치개혁, 경제개혁, 검찰개혁, 언론개혁을 외치고 있다.

그런데 국회와 정당은 대통령과 비선 실세의 헌정 유린과 국정농단 사태에서도 광장의 목소리를 귀담아듣지 못하고 갈팡질팡하더니, 탄핵안 가결 이후에는 방관자처럼 손 놓고 있다. 아니 대선 정국이 빠르게 다가오자, 정치적 이해득실을 따져 개헌에 몰두하거나 대선 후보를 따라 이합집산의 주판알을 튕기고 있다. 지금, 이 시점에 국회의원들이 해야 할 일은 당겨진 대선 시계에 발걸음을 맞출 일이 아니다. 국회 본연의 역할과 임무를 다하는 일이다. 적폐를 청산하고 비정상을 정상으로 돌려놓으라는 촛불의 목소리에 응답하는 것이 광장 민주주의에 떠밀리지 않는 길이다.

두 달 넘게 이어져 온 촛불로 분출된 시민의 요구는 다양하고 분명하다. 국회는 수백 명의 고귀한 생명을 앗아간 세월호 참사와 가습기 참사의 진상규명과 재발 방지를 위한 입법에 당장 착수해야 한다. 그래서 끊이질 않는 참사의 종지부를 찍고 안전 사회를 만들기 위한 값진 교훈을 얻을 수 있어야 한다.

이번 사태의 책임으로부터 자유롭지 못한 검찰을 바로 세우기 위해서는 검사장직선제와 같은 검찰개혁 논의를 본격화해야 한다. 박근혜−최순실 게이트에서 보듯이 대통령과 그 측근, 고위공직자들의 부정부패를 척결하기 위해서는 검찰이나 특별감찰관으로는 부족하다. 고위공직자비리수사처 설치에 관한 법률을 제정해야 한다.

당장 이번 대통령 선거부터 18세 청년에게 투표권을 보장해야 한다. 공직선거법을 개정해야 한다. 민주주의를 옥죄는 유권자 권리규제를 확 풀어야 한다. 선거의 주인공은 후보자가 아니라 유권자다. 선거 기간에는 후보자들 사이뿐만 아니라 후보자와 유권자, 유권자와 유권자 사이의 자유로운 토론과 비판이 허용되고 소통의 길이 트여야 민주주의가 성숙한다.

집회 및 시위에 관한 법률도 개정해야 한다. 집회는 보일 수 있고, 들릴 수 있는 장소에서 행해져야 한다. 집회 시위로 영향을 미치거나 제압해야 할 사람이나 기관의 코앞에서 할 수 있어야 한다. 청와대, 국회, 국무총리공관 등에서의 집회 행진을 절대 금지하는 집시법 제11조와 주요 도로의 행진을 대부분 금지하는 제12조는 폐지 또는 전면 개정되어야 한다.

국회가 권력분립의 원칙에 따라 제 역할을 다했다면 박근혜 – 최순실 게이트는 진작 드러났거나 그들의 국정농단이 이렇게까지 심각해지지 않았을지도 모른다. 이제 적폐 청산과 개혁 입법에 나서야 한다. 의회 지형이 바뀌어 법안에 따라서는 입법적 다수를 얻는 것이 가능해 보인다. 하루빨리 국민이 '이게 나라냐'라는 자괴감과 좌절에서 벗어나 '이게 나라다, 이게 민주공화국이다'라는 감탄과 희망을 맛보도록 해야 한다.

19

적자생존, 또 다른 뜻

(법률신문 2014. 1. 9.)

연말연시에는 사자성어가 홍수처럼 넘친다. 정치인이나 유명 인사들이 너나없이 신년 인사로 올해의 사자성어를 쏟아낸다. 짧은 네 글자의 조합으로 의미를 잘 전달할 수 있고 유식해 보이기도 하니 선호하는 것 같다. 그러나 한자도 어렵거니와 중국의 고사성어다 보니 화자와 청자 사이의 소통으로 좋은 방식은 아닌 것 같다.

교수들에게 설문조사를 실시해, 한 해를 잘 표현한 사자성어와 새해의 희망을 담은 사자성어를 발표하기도 한다. 교수신문은 2013년 희망의 사자성어로 '묵은 것을 제거하고 새로운 것을 펼쳐낸다'는 뜻의 '제구포신(除舊布新)'을 선정했었다. 그러나 박근혜 정부 1년이 미래지향적이 아니라 과거로 회귀하는 모습을 보여 왔다고 평가하면서 2013년을 '도행역시(倒行逆施)'로 특징 졌다. 순리를 거스르는 일들이 많았다는 질책이다.

2014년 새해 희망의 사자성어로는 '전미개오(轉迷開悟)'를 선정했다. '미망에서 돌아 나와 깨달음을 얻자'라는 뜻이라고 한다. 속임과 거짓에서 벗어나 진실을 밝히고 새로운 한 해를 열어가자는 취지일 것이다. 필자도 참여한 교수 설문조사는 나름대로 우리 현실을 잘 대변하는 고사성어를 골랐다고 생각한다. 모두 다 어려운 한자 성어지만 그 의미는 와닿는 한자어들이다.

고사성어는 아니지만 유행하는 사자성어 '적자생존(適者生存)'을 소개한다. 적자생존은 원래 환경에 가장 잘 적응하는 생물이나 집단이 살아남는다는 의미다. 경쟁이 치열한 우리의 현실에서는 경쟁에서 이긴 자만이 살아남고 1등만이 기억된다는 뜻이기도 하다. 이와는 다른 뜻도 있다. 한자는 다르지만, 적자(赤子)를 본 듯해야 다른 사람들과 어울려 잘 살 수 있다는 뜻으로 전용해서 쓰기도 한다. 자신의 이익만 꾀하다 보면 친구도 잃고 함께 살아갈 수 없다는 뜻일 것이다. 다른 사람을 살피고 배려해야 동반 상생할 수 있다는 의미가 담겨 있다.

또 다른 뜻도 있다. 적는 자만이 살아남는다는 의미로 쓰이기도 한다. 보고 들은 것을 바로 적어 놓아야 나중에 재생할 수 있다는 유머러스한 유사 사자성어다. 원래 기억력이 좋지 않은 사람들에게 던지는 말이지만 이 단어는 지금의 청와대에 딱 들어맞는 말인 것 같다. 신문이나 방송에 비친 수석비서관회의 모습을 보면 그렇다. 대통령 말씀에 고개 숙이고 받아 적기에 열중하는 수석비서관들의 모습이 적자생존을 실천하는 것 같다. 국무회의장의 풍경도 다르지 않다. 회의가 아니라 일방적 지시와 말씀뿐이다. 비서관들의 의견 개진과 대통령과의 의견교환은 없는 것처럼 보인다. '내 말이 곧 진리요 정의이니 믿고 따르라'는 자세라면 누가 감히 토를 달거나 비판적 의견을 제시할 수 있겠는가. 비정상과 불법으로 단정하고 타협하지 않겠다니 국민은 그저 숨죽이고 따르라는 말인가.

교수들이 뽑은 2014년 희망의 사자성어에는 백성과 함께 즐긴다는 여민동락(與民同樂)도 있다. 연말에 부정적 사자성어 성적표를 받지 않으려면 국민과 소통하고 국민과 함께하는 한 해가 되어야 한다.

20

범죄예방은 사회안전망 구축으로부터

(법률신문 2012. 10. 11.)

　세계적으로 보면, 지구촌을 불안하게 만드는 전쟁과 테러, 마약과 무기 밀매와 같은 국제범죄는 대부분 빈국의 기아와 빈곤에 기인한다. 그래서 잘사는 나라가 못사는 나라의 가난을 그들 탓으로 돌려 국제사회에서 배제하고 자기들만 평화롭게 살 수 없다. 그 범죄의 위협은 부국에게 오히려 더 불안 요소로 다가간다. 세계시민의 평화로운 삶은 국제적 빈부격차를 줄여나가기 위한 부국의 빈국에 대한 원조로 보장될 수 있다는 것이다.

　국내적으로 보면, 최근 우리를 불안하게 만드는 아동성범죄나 '묻지 마 범죄'의 범죄자는 대개 사회에서 소외되거나 낙오한 자, 정신이상자와 같은 소외계층과 사회적 약자들이다. 초등학교에서 흉기를 휘두른 고교중퇴생, 지하도를 지나던 여대생을 이유 없이 찔러 숨지게 한 30대, 묻지 마 칼부림으로 여의도를 불안에 떨게 한 직장 해고자, 전국 각지에서 벌어진 아동 성추행범들 모두 소외계층에서 자라거나 가정과 사회의 무관심 속에 방치되고 배제된 자들이다. 경찰청 자료에 의하면 정신이상 범죄자 수가 지난 10년 새 세 배나 증가했고, 이들에 의한 강력범죄도 급증했다. 재범률도 일반 범죄자보다 높다고 한다.

　사회의 안전과 질서를 위협하는 범죄위험이 커지면 커질수록 형벌을 제재 수단으로 하는 형법에 거는 기대가 커진다. 형벌로 다스리거나 무거운 형벌을 예고함으로써 범죄와 사회의 다양한 위험이 예방될 것이라고 믿는다. 강력한 형법의 튼튼한 보호막 속에서 안전해질 수 있기를 기대한다. 그래서 연일 검찰과 경찰은 법정 최고형 구형, 강력범죄 총력 대응, 우범자 철저 관리 등을 외치며 시민의 불안을 잠재우려 애쓴다.

　그러나 범죄위험으로부터의 안전보장이 오로지 처벌에 의해서 달성될 수 있는 것인가. 형법만으로 가능한가. 그렇지 않다. 정신이상자, 결손가정의 방치된 아동과 청소년, 사회에서 배제된 노숙자나 실업자를 그대로 놔두고서 흉악한 범죄가 발생할 때마다 범죄자를 엄벌하는 것은 당장의 불안감을 해소시키는 대증요법일 뿐이다.

　법과 법에 따른 처벌이 질서 기능을 충족시킬 수 있다고 하더라도 법을 통한 안전 확보는 법 이외의 공동체의 질서 체계, 예컨대 교육, 가정, 노동, 보건의료와 복지 등을 통한 안전 확보에 의해서 보완되어야 한다. 위험은 법 외적인 공동체의 안전 시스템으로 보장될 수 있는 것이다. 사회적 배제와 차별의 해소와 함께 취약 계층에 대한 보호와 지원 강화 등을 통해 사회안전망을 확충해야 그들이 잠재적 범죄자의 길로 들어서지 않게 할 수 있다. 이는 비용과 시간이 필요한 것이어서 당장 가시적인 효과를 거두기 어려울 수 있다.

　가난한 나라에 식량을 원조하는 것은 당장의 기아를 해결할 수 있어도 장기적으로는 빈 독에 물 붓기일 뿐이다. 빈국을 빈곤에서 벗어나게 하는 국제적 원조는 빈국 탈출용 사다리를 놓아주는 것이어야 한다. 범죄예방도 마찬가지다. 잠재적 범죄자의 길로 들어서지 않도록 사회안전망의 사다리를 구축하는 것이 장기적으로 더 효과적이다.

21
법이 만능이고 처벌이 능사인가
(경향신문 2017.9.12.)

인천 초등생 살인사건과 부산 여중생 집단 폭행 사건 등 최근 소년 강력범죄가 잇따라 발생하면서 처벌 강화를 요구하는 여론이 거세지고 있지만, 전문가들은 다양화된 교화·개선 프로그램으로 청소년 비행 및 재범 예방에 더 많은 관심을 기울이는 것이 중요하다고 입을 모았다. 형사미성년 연령을 낮추고 일부 형량을 강화하는 방안을 검토해 볼 필요가 있지만 처벌 강화만이 능사가 아니라는 것이다.

법무부(장관 박상기)는 8일 서울 양재동 엘타워에서 '소년 강력범죄 대책과 입법 개선 방안 마련을 위한 공청회'를 개최했다.

정부는 지난달 사회관계 장관 회의를 통해 국무총리실 산하 관련 부처 단위로 소년 강력범죄에 대한 대책을 마련하고 있다. 법무부는 이에 따라 △청소년 비행 예방센터 역할 확대를 통한 초기 개입 △집중 보호관찰제도 실시 △소년원 처우개선 △소년범죄 예방시스템 구축 등의 대책을 검토하고 있다.

- 법률신문 2017.11.13.

언론의 힘은 막강하다. 언론에 등장하면 곧바로 어떤 식으로든 해결되거나 결정이 난다. 여론이 형성되고 사회적 이슈가 되면 순식간에 입법부도 움직이고 행정부도 굴복한다. 때로는 사법부도 흔들리는 것처럼 보인다. 언론은 실로 제4의 권부다.

10대 청소년들의 무자비한 폭력 장면이 신문과 방송을 타더니 소년법 폐지 입법청원이 청와대 홈페이지를 뒤덮었다고 한다. 몇십만이라고 한다. 여기저기서 청소년 폭력 사건이 봇물 터지듯 밝혀지고 분노한 여론은 소년법과 형법 개정을 촉구한다. 비록 나이 어린 청소년이라고 하더라도 잔혹한 범죄를 저질렀다면 자유형의 상한을 올려서 엄하게 처벌하거나 무기징역 또는 사형이 가능하도록 소년법을 개정하라는 사회적 공감대가 형성되고 있다. 형사 처벌할 수 있도록 형사미성년자의 나이를 낮추라는 목소리도 커졌다. 급기야 여야 정치권이 나서서 불안한 시민을 안심시키고 공분을 잠재우기 위해서 법을 개정하려는 움직임이 구체화하고 있다. 법무부 장관도 소년법 개정을 검토하고 있다고 밝혔다.

　범죄가 터질 때마다 어김없이 등장하는 강성화 형사정책이다. 단죄하고 사회로부터 격리하라는 언론과 여론의 요구에 굴복하여 엄벌주의로 가는 것이다. 사람들은 자신은 절대 가해자가 되지 않을 것이고, 혹시 피해자가 될지도 모른다는 불안감에 응보 감정은 되살아나고 무관용의 형사정책을 원하는 것이다. 그래서 범죄의 처벌과 예방에 관한 형사정책이 방향을 잃고 일관성 없이 언론과 여론에 끌려다닌다. 가감 없는 선정적 보도가 여론을 형성하고 표를 의식한 정치권은 처벌법으로 안전을 약속하는 패턴이 지속되고 있다.
　이제 형벌이 만병통치약이자 사회갈등의 최우선 수단으로 여기게 되어 사회적 이슈가 생길 때마다 형법을 개정하고 형사특별법을 제정하고 양형기준을 상향하는 것이다. 정치권도 이해가 맞아떨어지는 일이다. 국가 예산에 부담을 주지 않고 정치가 국민의 안전을 위해 무엇인가 하고 있다는 인상을 주기 때문에 돈 들지 않는 입법에 매달리는 것이다. 일관된 형사정책에 따른 입법이 아니라 유권자를 의식한, 여론에 부응하는 임시방편적 입법이다. 그러다 보니 처벌 법률과 범죄구성요건 사이에 부조화와 불일치가 발견되기도 한다.

　그렇다면 과연 수많은 형사 처벌법 입법으로 범죄는 줄어들었는가. 청소년 범죄가 줄어들 수 있을 것인가. 법이 만능이고 강력한 처벌만이 능사인가. 그렇다면 벌써 범죄는 예방되고 줄었어야 한다. 자유형의 상한이 15년에서 30년으로 상향 조정되고 양형기준은 날로 강화되었지만, 강력범죄는 줄어들 기미가 없다. 전자발찌도 채웠지만 성범죄자의 재범은 여전하다. 청소년에게는 형사처벌에 의한 범죄 억제 효과가 별로 없기 때문에 형사책임 연령을 낮추면 처벌받는 아이들만 늘어나게 된다. 범죄자로 낙인찍히는 청소년만 증가한다. 강력한 형벌로 교도소에 가두어 두고 교정과 교화에 힘쓰지 않으면 재범률은 감소하지 않는다.

　지금도 소년교도소는 포화상태다. 청소년 범죄의 재범률은 성인보다도 높다. 형량을 높여 처벌하고 사회로부터 격리시켜 가두어 두는 것이 능사가 아니라는 의미다. 당장은 범죄가 잠잠해지고 사회적 공분도 누그러지겠지만 곧 강력범죄는 발생하기 마련이다. 영원히 가두어 둘 수 없는 한 사회성을 상실한 청소년이 성인이 되어 출소하면 사회에 적응하지 못하고 범죄의 유혹에 빠져 재범을 저지르게 된다.

　지금도 무수히 많은 청소년이 지옥 같은 가정과 학교를 등지고 거리에서 방황하고 있다. 범죄의 온상이 되어 버린 가출팸을 찾는 아이들이 수만 명으로 추산된다. 가정폭력에 물들어 스스로 폭력 청소년이 되어 버린 아이들도 수없이 많다. 그들과 어울리다 폭력이 일상이 되고 또래와 어울리다가 집단적으로 생계형 절도나 폭력 범죄를 저지르고 성매매도 강요당하고 있다. 그들을 그대로 방치하고 범죄가 발생할 때마다 교도소로 보내는 형사정책이야말로 후진국형이다.

　청소년 범죄자의 처벌과 격리는 임시방편에 불과하다. 원인을 찾아내 근본적이고 장기적인 처방과 대책이 필요하다. 형벌을 가하고 사회로부터 격리하는 형사정책은 최후 수단이어야 한다. 청소년 범죄에서는 더욱 그렇다.

교육과 보호가 우선이어야 한다. 그들이 범죄나 악행으로 내몰리지 않도록 경제정책, 교육정책, 사회정책, 복지정책이 필요하다. 전통적으로 교육 기능을 수행하는 가정, 학교, 교회가 바로 서야 한다. 경쟁으로 내몰리고 어디에서도 다른 사람과 함께 살아가는 법을 배우지 못한 청소년은 범죄의 유혹에 빠질 수밖에 없다. 흔들리고 무너진 가정, 공동체 의식이 사라진 학교와 교회의 자리에 경쟁심과 이기심이 자리하는 한 청소년 범죄는 줄어들지 않을 것이다.

22
법치국가와 그 적(敵)들

(한국일보 2003.6.25.)

노무현 대통령이 25일 오전 국회의사당에서 일반 국민과 국내외 귀빈 등 4만 5천여 명이 참석한 가운데 취임식을 갖고, 제16대 대통령에 공식 취임했다.
이로써 사상 처음으로 법조인 출신 대통령 시대가 시작됐다.
노 대통령은 '평화와 번영과 도약의 시대로'란 제목의 취임사에서 "개혁은 성장의 동력이고 통합은 도약의 디딤돌"이라면서 "새 정부는 개혁과 통합을 바탕으로 국민과 함께하는 민주주의, 더불어 사는 균형 발전 사회, 평화와 번영의 동북아 시대를 열어 나갈 것"이라고 선언했다.
노 대통령은 이를 위해 "원칙과 신뢰, 공정과 투명, 대화와 타협, 분권과 자율을 새 정부 국정운영의 좌표로 삼고자 한다"며 4대 국정 원리를 제시했다.
법조계는 사상 첫 변호사 출신 대통령의 취임을 적극 환영하고, 노 대통령이 이끌 국민 참여정부에서 인권 보호와 사법권의 독립 등 법치주의가 더욱 발전하기를 한 목소리로 바랐다.

– 법률신문 2003.2.27.

민주주의에서 법은 사회 구성원 다수의 의사 표현이자 약속이다. 이는 공동생활의 질서와 평화를 이루기 위한 필수 불가결한 요소다. 따라서 자유민주주의를 표방하는 헌법 질서에서는 법과 정의, 법에 정해진 절차가 존중돼야 한다. 이것이 바로 법치국가이념이다.

노무현 대통령이 늘 힘주어 강조하는 '법과 원칙이 지켜지는 사회, 공정하고 투명한 룰이 지배하는 사회, 반칙이 없는 사회, 원칙과 상식이 통하는 사회, 편법과 뒷거래가 발붙이지 못하는 사회'가 바로 법치국가가 지향하는 공동체이다. 국가와 공동체의 공동생활을 위한 법과 원칙이 엄격하게 지켜질 때 공동체 내의 내적 평화가 유지되고 시민의 자유도 보장되는 것이다.

물론 다수결의 민주주의 원리 아래에서도 소수의 권리는 당연히 존중되어야 한다. 그러나 소수가 법치국가이념에 반하는 수단으로 다수의 의사를 밀어내는 것은 허용되지 않는다. 권력을 가진 자나 소수가 법과 원칙을 무시하고 힘과 무력으로 자신의 이익과 주장을 관철한다면 공동체의 질서와 평화로운 공존은 위협받게 된다. 우리나라도 법치국가임은 틀림없다. 반민주 독재국가에서나 가능했던 정치가 법을 좌우하고 법을 무시하거나 인간의 존엄성과 적법절차를 무시하는 권력의 자의적 행사는 사라진 지 오래다. 더 이상 법이 통치와 억압의 도구로 사용되지도 않는다.

하지만 권력의 자의적 지배가 완전히 불식되었다고 확신하기는 어렵다. 때로는 정치와 행정이 법보다 우위에 있거나 어떤 경우에는 돈이 법 이상의 힘을 발휘하기도 한다. 탈법과 편법뿐만 아니라 때지어 폭력적 수단을 동원하여 떼를 쓰면 통하는 '떼법'이 통용되기도 한다.

대통령의 언행이 법과 원칙을 넘어서는 경우도 종종 있다. 특검의 수사 기간 연장요청을 거부한 것도 그렇다. 대통령은 특검법을 공포하고 이에 따라 특별검사를 임명한 이상, 정치적 중립성을 보장하여 공정한 수사가 가능하게 한 특검제의 제도적 취지에 따라 대통령이 특검의 수사 내용이나 결정에 관여해서는 안 된다. 특검이 판단하여 수사 기간의 연장이 필요하다면 이를 존중하는 것이 특검법의 원리에 맞는 것이다. 대북 송금 의혹사건에 대한 수사가 완결되었는지, 뇌물수수 의혹이 특검 대상과 상호연관성이 있는지는 특검만이 올바르게 판단할 수 있는 것이다.

그래서 특검 연장 거부가 자의적 판단이며 여당과 지지층의 눈치를 살핀 정치적 고려가 아닌가 하는 의심을 받게 되는 것이다. 송두환 특별검사도 '정치적으로 독립되어야 할 특검 수사가 정치적 고려에 의해 중단된 것은 아쉽다'는 공식 입장을 발표했다고 한다.

정치뿐만 아니라 경제도 때로는 법치국가의 적으로 여겨진다. 검찰이 재벌의 분식회계 등 불법 관행을 수사하려다가 국민경제에 미칠 파장을 고려하여 수사를 머뭇거리거나 중단하는 사례가 그런 경우다.

불법파업으로 규정하여 법과 원칙에 따라 엄정 대처하겠다는 대통령과 정부의 공언도 노사협상이 타결되면 재계나 노동계의 눈치를 보다가 슬그머니 꼬리를 내리게 된다. 국세청이 조세 정의를 세우기 위해 향락성 접대비를 인정하지 않기로 했다가도 재벌의 관행과 기업활동 위축이라는 주장에 밀려 없던 일로 되어 버린다. 더 나아가 정치자금으로 위장된 뇌물, 학연이나 지연과 같은 각종의 인연도 법치주의를 실종케 하는 적들이다.

법과 원칙이라는 송곳은 어디서나 누구에게나 똑같이 쓰여야 한다. 만일 한번 휘어지거나 무뎌지게 되면 다시 쓸 수 없게 된다. 곧게 펴서 쓰려고 해도 휘어진 흔적은 남아있는 것이다. 그런 경험과 기억들이 쌓이게 되면 법과 원칙은 더 이상 말을 듣지 않게 된다. 그러면 법과 원칙은 있으나 마나 한 귀찮은 존재로 치부되거나 힘없는 자에게만 서릿발 같다는 잘못된 인식을 갖게 한다.

법은 엄하게 다가설 때보다 엄하지는 않더라도 누구에게나 똑같이 다가설 때 추상같은 권위를 갖게 된다. 법에도 법이 다가설 수 없는 성역이 있다면 그것은 이미 법이 아니다.

PART 05

Ha—story

[통인] 성실함이 만드는 신뢰감 - 하태훈 참여연대 신임 공동대표

글. 박근용 참여연대 공동사무처장

사진. 박영록

오후 4시. 철쭉이 화사하게 핀 고려대학교 교정을 지나 약속 시간에 맞추어 신법학관 3층에 도착했다. 연구실 문을 노크하자, 도착하기를 기다렸는지 곧바로 문이 열린다. 연구실 한 쪽 벽을 가득 채운 책장에는 조금의 흐트러짐도 없이 책이 정돈되어 있었고, 테이블도 불필요한 물건 하나 없이 깨끗했다. 평소 깔끔하고 반듯하기로 유명한 분이지만, 그를 닮은 연구실을 보니 주변의 평가가 그냥 나온 것이 아닌 모양이다. 오늘 인터뷰의 주인공은 올해부터 새롭게 참여연대 공동대표가 된 하태훈 교수다. 20대 국회의원 선거가 끝난 지 엿새 뒤에 진행된 인터뷰는 선거 이야기로 시작됐다.

취임한 직후에 총선이 치러졌는데, 소감이 어떠세요?

참여연대가 정당은 아니지만 창립 때부터 정당을 대신하는 활동을 하기도 해서 총·대선에 신경을 안 쓸 수 없잖아요. 결과가 안 좋으면 우리 책임 같기도 하고. 근데 결과가 잘 나와서 다행이죠. 아전인수 격으로 해석하자면 참여연대가 일정정도 역할을 하지 않았나 생각해요. 2016총선시민네트워크와 함께 낙선 대상자를 선정하고 낙선투어를 한 것이 조금이라도 관심을 불러일으킨 게 아닐까 생각해요.

선거 결과가 이렇게 나올 거라고 예상 못했는데, 돌아보니 여러 논의가 길어지면서 총선준비가 늦어진 게 아쉬운 것 같아요.

언론 지형이 2000년대 초반하고는 완전히 달라져서 준비하는 사람도 흥이 안 나지 않았을까 생각해요. 언론의 주목도 받고 성과도 있을 것으로 예상되어야 의욕이 생기는데 그런 게 안 보이니까. 분위기가 비관적이어서 우리 활동을 통해 바뀔 수 있다는 생각이 안 들었을 거 같아요. 하지만 주어진 역할을 했기 때문에 좋은 결과가 나온 거라고 믿어야죠.

사법 감시나 사법개혁도 비슷하지 않나 싶어요.

사법개혁은 정말 20년 전이랑 크게 달라지지 않은 거 같아요. 진부하다는 소리를 들을 만큼 계속해서 같은 주장을 반복했죠. 하지만 전혀 안 변한 것도 아니기 때문에 의욕을 가지고 해야죠. 이명박 정부 이후 안 좋은 일들이 많았지만, 우리가 활동을 안했으면 더 막 나갈 수도 있지 않았을까…. 최근에 검사들을 만났는데 우리가 냈던 검찰보고서에 대해 언짢은 투로 얘기하더라고요. 그런걸 보면 그들의 활동을 조금이라도 제약하는 효과가 있지 않나 생각해요.

1997년부터 참여연대 사법감시센터 실행위원으로 활동하셨어요. 세간에 참여연대가 별로 알려지지 않은 시절이었는데, 어떻게 참여하게 되셨어요?

　참여연대를 알고는 있었는데 독일 유학을 5년 갔다 온 뒤여서 학
자들을 잘 모르는 상황이었어요. 그러던 차에 한인섭 선생님(당시 참
여연대 사법감시센터 소장, 현재 서울대 법대 교수)이 전화를 하셔서 참
여하게 됐죠. 당시 신문에 기고한 칼럼에서 성향이 드러난 게 아닐까

싶어요(웃음). 그리고 홍익대학교에서 교수협의회 활동을 했던 것들을
고려했던 거 같아요.

**그 후에 사법감시센터 소장(2009~2012)을 거쳐 참여연대 상
임집행위원과 운영위원장을 거쳐 20년째 참여연대에서 활동하고
계세요. 활동기구 실행위원을 거쳐 참여연대 대표까지 이어서 하
게 된 경우는 임종대 전 공동대표에 이어 두 번째인데, 대표직
제안을 받고 어떠셨어요?**

상임집행위원과 운영위원장으로 활동하면서 다양한 분야를 조금
씩 알게 되었고, 좀 더 공부한 다음에 대표를 해도 되지 않을까 싶었
어요. 물론 시켜줘야 하는 거지만요(웃음). 정년퇴임 즈음하면 시간도
많으니까 상근도 할 수 있지 않을까 생각했는데 너무 빨리 제안을
받아서 주저되긴 했죠. 참여연대는 경제, 노동, 복지, 평화 등 많은
분야에서 활동을 하잖아요. 근데 사법감시만 하다보니까 다른 부분에
관한 식견이 없어서 상임집행위원회 회의 때도 발언을 많이는 못했
거든요. 그래서 대표로서는 적합하지 않은 게 아닌가 생각했지만, 앞
으로 계속 공부해야겠죠.

**그에게 대표직을 제안하자고 했을 때 임원후보추천위원 모두
가 주저하지 않고 찬성했다. 한결같이 성실한 모습을 보인 그에
대한 신뢰가 높았던 것이다.**

**선생님을 보면 굉장히 성실하고, 약속을 잘 지키시는 거 같
아요.**

저도 그렇게 성실하지는 않아요. 그렇지만 그런 인상을 주도록

노력을 많이 하죠. 독일에서 유학할 때 그 사람들 생활을 보면 대부분의 사람이 약속을 잘 지키고 소명감을 가지고 일을 하더라고요. 거기서 영향을 많이 받은 것 같아요.

부모님이나 다른 환경의 영향은 없었나요?

그런 영향도 있죠. 저희 어머니가 오로지 공부밖에 몰랐거든요. 초등학교만 나오셨는데 본인의 한이 있어서 그런지 학교 공부를 강조하신 덕분에 성실해 진 것도 있는 거 같아요. 아버지는 초등학교 선생님을 하다가 일찍부터 교장을 하셨는데, 선생님들이 선물 같은 걸 사오면 야단쳐서 돌려보냈거든요. 그래서 원칙을 지키는 걸 중요하게 여기게 된 거 아닌가 생각해요.

하 대표에게는 또 다른 매력이 있다. 회의를 할 때 재밌는 표현을 종종 사용해서 참여한 사람들을 놀라게 하기도 한다. 근래에는 재치 있는 건배사를 제안해 강한 인상을 남겼다. 평소 차분한 성격의 하 대표에게서 볼 수 없었던 모습이기 때문이다.

평소에는 진지하시지만 재밌는 건배사를 하기도 하고, 상집이나 운영위 회의를 할 때 재밌는 표현을 종종 쓰시잖아요.

총회에서 인사말 할 때 누구는 좌우를 쳐다보는데(박근혜 대통령이 신년 기자회견에서 프롬프터를 좌우로 쳐다보며 읽은 것을 비유) 저는 써온 걸 보고 하겠다고 말해서 많은 분들이 웃으셨는데, 준비를 조금 해야 재밌는 말이 나오거든요. 강의를 준비하면서 어떤 말로 학생들을 재밌게 하고 졸지 않게 할 건지 생각하는 게 습관이 되어 있기도 하고, 상투적인 말을 하는 걸 좋아하지 않거든요. 그래서 준비를 하는 거죠.

인생에서 일탈한 기억도 없다는 하 대표는 고려대에서 법학을 공부하기 시작한 이후부터 법학을 가르치는 지금까지 법학의 한 길을 걸어왔다. 김대중 정부가 출범하던 1998년에 대검 검찰제도개혁위원회 위원이 된 것을 시작으로, 1999년에는 대통령 직속 사법개혁추진위원회, 노무현 정부 기간에는 사법개혁위원회와 사법제도개혁추진위원회에 참여했다. 그 시절은 사법개혁 분야에 큰 진전이 이루어진 시기였다.

김대중 정부 들어서 검찰개혁 논의가 시작됐는데, 위원으로 많이 참여하셨죠?

김대중 정부 때 사법개혁추진위원회 전문위원으로 들어가서 쭉 활동했죠. 적극적으로 의제를 던지지는 못했지만 의제가 정해지면 연구해서 의견을 내는 역할을 했어요. 노무현 정부 때는 사개위 전문위원이었는데, 후속작업을 위해 사개추위를 꾸렸어요. 사개위에서 개혁방안들을 마련했는데 법무부가 입법안을 만들어 국회에 내지 않으면 실현이 안 되니까요. 저는 사개추위 기획추진단에서 6개월 동안 상근하면서 형사소송법 개정을 담당했었어요. 심혈을 기울여서 노력했는데 현실적으로는 검찰의 벽에 부딪쳐서 처음 마련했던 방안이랑 달라져서 많이 안타까웠죠.

고대 출신 법률가들도 많으니까 사법개혁 운동할 때 부딪치는 일이 많았을 거 같아요.

그때만 해도 사법개혁에 법원과 검찰이 따라갈 수밖에 없는 분위

기여서 갈등은 없었는데 보수 정부 이후, 그리고 제가 사법감시센터 소장된 이후에는 불편한 관계가 있었죠. 정치검찰 발표할 때도 그렇고 여기저기서 싫은 소리 많이 들었어요. 많은 고대 교우들이 왜 대통령을 안 도와주고 비판을 하냐고 하기도 했어요. 저는 항상 같은 고대라도 '나쁜 고대'와 '좋은 고대'가 있어서 '좋은 고대' 사람이라면 그런 일을 안 한다고 반응했던 기억이 있어요.

그래도 활동하면서 조금 위축될 때가 있었을 거 같아요.

조금 위축되긴 했죠. 사회 처음 나오면 관계 형성이 안 되어 있기 때문에 발언이나 행동을 할 때 주위를 살필 필요가 없는데, 위원회도 참여하면서 이런저런 인연을 갖게 되니까 눈치를 볼 수밖에 없죠. 그래서 나이 들면 보수적이 되나보다 생각했어요. 또 정치검찰 보고서에 사실 관계를 하나 잘못 파악한 적이 있는데, 그때 항의 전화를 많이 받기도 했고요.

그런 활동들 때문인지 사법 분야도 변했는데, 가장 대표적인 개혁은 어떤 것들인가요?

오래전부터 우리가 주장해왔던 사법의 민주화 관점에서 국민참여재판이 도입된 것이 가장 크다고 볼 수 있죠. 또 공판중심주의, 조서재판에서 탈피하는 증거법 부분이 개정된 것도 중요하고요. '조서 재판'으로 가는 원인 중의 하나가 검찰이 피의자 심문조서를 증거로 인정하는 거였는데, 제약을 많이 가하는 것으로 형사소송법이 바뀌었어요. 검찰의 반발로 원했던 만큼 개정하지는 못했지만요.

　참여연대는 검찰개혁을 위해 몇 년 전부터 '지방검사장 직선제'를 주장하고 있다. 대통령을 중심으로 법무부장관 – 검찰총장 – 지방검찰청장(검사장)으로 이어지는 위계구조를 깨뜨리고, 지역별로 주민들이 검사장을 뽑는 방식이다.

　참여연대는 요즘 '지방검사장 직선제' 도입을 주장하고 있는

데, 어떻게 생각하세요?

검사출신들이 얼마나 많이 국회에 진출했는지 모르지만, 법 개정의 주도권을 법무부와 국회 법사위가 가지고 있으니까 저항이 클 거 같긴 해요. 하지만 충분히 국민들을 설득할 수 있는 개혁방안 아닐까 싶어요. 국회의원 선거에서 나타난 민의가 박근혜 정부의 실정에 대한 심판이라고 본다면, 검찰의 문제도 포함되어 있다고 생각해요. 검찰이 중립적으로 권한을 행사할 수 있는지에 대해 공감한다면 국민들을 설득하는 게 가능하지 않을까 싶지만 시간은 좀 걸리겠죠. 국민참여재판도 90년대 초반부터 제안을 해서 2008년에 도입되었고, 로스쿨 도입운동도 15년 정도 운동을 했거든요.

비관적인 상황에서도 희망을 보는 낙관주의, 시민운동에 적합한 성품이다. 대학 시절 하 대표는 잠깐 야학교사로 활동한 적이 있다. 1970년대 도시산업선교회가 서울 영등포나 구로, 인천 등의 공장 노동자 중에 초중등 교육기회를 받지 못한 이들을 위해 야학교실을 열었을 때, 하 대표도 구로지역 노동자들을 위한 야학교사로 참여했다. 그때 시작한 사회참여 활동이 학자의 길을 걷고 있는 지금까지 이어지고 있다.

20년을 참여연대와 함께 하셨는데, 참여연대가 어떤 부분을 개선해야 한다고 생각하세요?

참여연대가 상근자-전문가-회원 구조로 돼 있는데 세 그룹이 잘 소통되고 있는지 생각해 봐야 할 거 같아요. 시민단체 영향력이 떨어졌다고 하잖아요. 참여연대는 도덕성 문제는 없는 거 같고, 정치적 편향성은 보수가 만든 논리여서 큰 문제는 아닌데 내부 민주주의가 어떤가가 중요한 문제죠. 회원의 의사를 민주적으로 형성해서 대변하는가. 그리고 조직을 민주적으로 운영하는가. 그리고 회원이 아닌 분들에게 참여연대를 알리는 노력이 더 필요할 것 같아요. 참여연대 공동대표가 됐다고 언론에 기사가 나오니까 중·고등학교 동기들이 연락을 해왔는데, 많이 배운 사람들인데도 참여연대를 잘 모르더라고요. 또 회비만 내는 것이 아니라 적극 참여하는 회원이 늘어났으면 좋겠어요. 회원 모임이나 운영위도 나오는 분들만 나오니까요. 회원들이 참여할 수 있는 방안을 더 많이 마련해야 될 거 같아요.

인터뷰를 마무리하면서 마음에 담아두는 경구는 무엇인지 물었다. 하태훈 대표는 "특별한 건 없지만 약속을 잘 지켜야 한다는 게 있죠. 더 중요한 사람과의 약속 때문에 앞서 약속한 사람에게 양해를 구하는데, 사실 그 자체가 기분 나쁜 일이거든요. 약속을 지키는 것이 신뢰사회를 만드는 기본이잖아요"라고 답했다. 요즘은 대표직을 열심히 수행하겠다는 약속을 지키기 위해서 홈페이지에 올라온 자료도 찾아 읽고, 몇 년 전에 참여연대가 냈던 『고장난 나라 수선합니다』 같은 책도 보고 있다고. 사진을 보면서 상근자들의 이름을 외우고 있다는 그의 말을 들으니, 그의 성실함이 신뢰감을 만드는 원천이라는 생각이 들었다.

성실함과 신뢰감. 1994년 용산에서 조그마한 단체로 출발했던 참여연대가 우리나라의 대표적 시민운동단체로 성장할 수 있었던 이유였다. 개혁과 퇴행을 반복하는 사법감시 활동을 20년째 하면서도 희망의 끈을 놓지 않는 하태훈 대표 같은 분들이 참여연대가 신뢰를 얻는 바탕이 아닐까 생각한다.

법률신문 범죄방지재단 학술상

(법률신문 2017. 11. 15.)

[주목 이 사람] 한국범죄방지재단 학술상 수상 하태훈 교수

"사람의 자유와 권리를 침해하는 형벌은 언제나 최후의 수단이어야 합니다. 앞으로도 인권을 중심에 둔 연구와 활동을 이어가 바람직한 형사제도 마련에 기여하겠습니다."

14일 한국범죄방지재단(이사장 김경한)이 수여하는 제10회 학술상을 받은 하태훈(59) 고려대 로스쿨 교수는 "형사법 학자의 길을 선택한 것이 태어나서 가장 잘한 일"이라며 이같이 소감을 밝혔다. 하 교수는 지난 26년간 형사법·형사정책 관련 연구의 외길을 걸으며 범죄방지와 인권 보호에 크게 기여한 공로를 인정받았다.

그는 "형법학 연구 결과가 실무에 적용되고 입법에 반영될 때 학자로서 자부심을 느낀다"며 "학계와 실무계는 새의 두 날개와 같다. 양 날개가 상호 존중하고 서로 견제하며 긴밀히 연계할 때 우리 법제도와 법 문화의 수준이 향상되리라 믿는다"고 강조했다.

충남 서천 출신인 하 교수는 고려대 법대를 졸업하고 독일 쾰른대에서 법학박사 학위를 받은 형법 분야 석학으로 꼽힌다. 형법·형사소송법·형사정책·범죄피해자학 등 형사법 관련 전(全) 분야에 걸쳐 값진 교육·연구 업적을 쌓았지만, 그는 자신의 성과를 모두 스승의 덕으로 돌렸다. "김일수 전 한국형사정책연구원장의 지도로 학문의 길에 들어섰습니다. 심재우 고려대 명예교수의 가르침을 받고 독일에서 세계적 석학 히르쉬(Hirsch) 교수를 박사과정 지도교수로 모셨습니다. 훌륭한 학자였던 은사들은 한결같이 인간의 존엄과 가치를 가장 강조하셨습니다. 저 역시 형사법 연구 적용 대상이 '피의자·피고인 또는 피해자'이기 이전에 한 명의 존엄한 '인간'이라는 핵심을 놓치지 않으려 애쓰고 있습니다."

하 교수는 범죄의 성립과 처벌을 다루는 형법은 언제든 자유와 권리를 침해할 수 있는 '양날의 검'이라고 경고했다. "엄벌은 중요합니다. 하지만 형법은 태생적으로 사람의 자유와 권리를 침해하는 무기입니다. 정부와 국회는 효율성을 지향해 형벌의 범죄억지력에 중점을 두는 경향이 있습니다. 강력범죄에 대한 국민의 불안이 커지고 형사 정책이 강성 일변도 경향을 보이는 요즘 형사 정책과 형사 입법의 문제점을 지적하고 대안을 제시하는 학계의 역할이 강조됩니다."

이 때문에 하 교수는 사법제도를 감시하고 대안을 제시하는 활동에도 무게를 두고 있다. "사회문제 개선에도 발 벗고 나선 사회 참여형 학자로 기억되고 싶습니다. 안전한 사회를 위해 만들어진 형사제도가 오·남용돼 오히려 기본권을 훼손하는 일을 막기 위해서는 법무부 탈검찰화와 공수처 도입을 포함한 검찰개혁이 시급합니다. 특히 최근 적폐 청산 수사가 가속화되면서 검찰이 피의사실 공표를 남발하며 적법절차와 정치적 중립을 지켜지지 않는다는 국민의 의심이 커지고 있지만, 법조계 내부에서조차 비판의 목소리가 작아 안타깝습니다. 검찰개혁에는 피의사실 공표 등을 통한 기본권 훼손을 막고 피의자 인권 보호를 강화하는 방안도 포함돼야 합니다."

하 교수는 대법원 양형위원회 위원, 법무부 사법개혁추진위원회 기획연구팀장·수사공보제도 개선위원, 로스쿨 교수협의회 상임대표, 참여연대 공동대표 등을 맡으며 법조계 전반의 제도 개선에도 힘써 왔다. 2013년 10월부터 4년 넘게 본보 칼럼인 '서초포럼' 필진으로도 활약하고 있다.

하태훈이라는 묵직하고 정의로운 영향력

이름이 곧 묵직한 영향력인 이들이 있다. 법과 관련된 사회적 이슈를 다룬 뉴스에서는 하태훈 교수가 그렇다. 고려대 법대 졸업 후 독일 퀼른대에서 법학박사 학위를 받은, 형법 분야 석학인 그는 형법, 형사소송법, 형사정책, 범죄피해자학 등 형사법 전 분야에 걸쳐 값진 교육과 연구업적을 쌓았다.

그런가 하면 연구실 바깥에서는 사회참여형 학자로서 이론을 행동으로 옮기는 실천가로 주목받아왔다.

교정정책자문단도 그중 하나. 권력엔 감시의 잣대를, 소외된 인권엔 따뜻한 관심을 통해 우리 사회가 조금이라도 나아지는 일에 주저 않는 정의로운 영향력, 하태훈 교수를 만났다.

세 명의 은사에게 배운 인생 최고의 선택

흔히 성정이 곧고 정직한 사람을 두고 '법 없이도 살 사람'이라는 표현을 쓴다. 그런 의미에서 보면 한결같은 성실함으로 신뢰를 쌓아온 하태훈 교수야말로 '법 없이도 살 사람'의 전형이지만, 살아온 내력을 들춰보면 예나 지금이나 법과 친밀하다.

"초중등 시절을 공주에서 보냈는데, 바로 앞이 재판소였어요. 재판소를 놀이터

삼아드나들다 보니, 어릴 때부터 법이 낯설지 않았죠."

물론 그가 법학자의 길을 선택하게 된 데는 고려대 법대 진학 후에 만난 은사들의 영향이 컸다. 즉, 한국형사정책연구원장을 지낸 김일수 명예교수가 학문의 길로 이끌었다면, 지금은 은퇴한 심재우 명예교수로부터 형법에서 인권이 갖는 중요성과 사회참여형 학자로서의 방향성을 새겼다. 또 법학박사 학위를 받은 독일 쾰른대에서는 세계적 석학 히르쉬(Hirsch) 교수를 지도교수로 두면서 학자로서의 치열함과 함께 연구와 사회활동에서 촘촘하게 배어 나오는 인간의 존엄성과 인권의 가치 등을 배웠다.

> "저마다 훌륭한 학자였던 은사들 덕분에 제 인생 최고의 선택이라 자부하는 형사법 학자의 길을 걷게 되었습니다. 은사들이 그랬듯 저 또한 '피의자 - 피고인 또는 피해자'이기 전에 한 명의 존엄한 '인간'이라는 핵심을 놓치지 않으려 애썼지요."

연구실 바깥에서는 행동하는 실천가

은사들의 영향력은 그가 이론에 몰두하는 학자에 그치지 않고 연구실 바깥에서도 능동적으로 목소리를 내는, 이른바 사회참여형 학자로 활동하는 데도 작용했다. 학자로서의 본분인 교육과 연구도 사회와 격리되어 있는 건 아니지만, 좀 더 적극적으로 우리 사회를 안전하고 정의롭게 개선해나가는 데 힘을 실어야겠다는 결심이 은사들의 삶을 보며 자연스레 스며든 것이다.

> "독일 유학을 마치고 1991년부터 홍익대에서 교직 생활을 했는데요. 그때 쓴 칼럼을 보고 당시 참여연대 사법감시센터 소속이던 현 한국형사정책연구원 한인섭 원장이 함께 활동해보지 않겠느냐는 제안을 한 게 사회 참여의 시작이었습니다."

참여연대 사법감시센터 실행위원으로 사회적 이슈에 한발짝 다가 간 하 교수는 90년대 말 의정부 법조비리를 포함한 전관예우 관련 법조비리를 비판하고 대안을 제시하는 데 적극적으로 나섰다. 이를 계기로 김대중 정부 시절 사법개혁추진위원회를 비롯해 이후 각종 사법개혁을 목적으로 하는 위원회에 이름을 올리며 사법제도를 감시 하고 대안을 마련하는 활동에 무게를 실었다. 국민참여재판 도입, 중수부 폐지, 정치검찰 발표 등의 굵직한 변화는 일관된 소신을 갖고 꾸준히 활동한 끝에 얻은 값진 성과였다.

> "사실 사회과학 분야, 그중에서도 법학은 보수적인 학문으로, 연구 실적을 내더 라도 개혁까진 매우 더디게 진행된다는 점에서 아쉬움이 있습니다. 그래도 형 법, 형사소송법, 형사정책 등과 관련한 각종 칼럼과 여러 위원회의 이름으로 낸 목소리가 알게 모르게 실무에 적용되었고, 국회입법 시 뒷받침하는 이론적 토대로서 두루 기여했다는 자부심을 갖고 있어요. 여전히 개혁할 대상이 많지 만 검찰이 시민사회의 눈치를 보는 등의 변화를 보며 포기하지 않고 나아갈 힘 을 얻습니다."

이처럼 점진적이되 분명한 사회적 변화를 이끌어내는 사이 사회 참여형 학자로서 하 교수의 존재감도 한층 묵직해졌다. 대법원 양형 위원회 위원, 대통령 자문기구 사법개혁추진위원회 기획연구팀장, 법무부 수사공보제도 개선위원, 로스쿨 교수협의회 상임대표 등을 거쳐 현재 참여연대 공동대표를 맡고 있는 것만 봐도 짐작 가능하다.

교정정책자문단을 통해 수용자의 인권을 살피다

하태훈 교수는 무소불위의 권력으로 일컬어지는 검찰을 견제하는 한편 사회적 관심에서 비켜나 있는 이들의 인권을 살피는 데도 목소 리를 보태고 있다. 2013년 6월 출범과 더불어 자문위원으로 활동해오 다 지난해부터 위원장을 맡고 있는 교정정책자문단이 그 예다.

"인권 분야에서도 가장 취약한 수용자의 인권 보호에 기여하고자 교정정책자문
단에 참여하게 되었어요. 범죄자이기에 자유를 제한받는 건 마땅하지만 그렇다
고 해서 인간으로서의 기본권까지 침해받아서는 안 된다고 생각하기 때문인데
요. 수형자들의 재사회화를 위한 교정프로그램이 제대로 작동하는지 짚어보고
개선점을 제시하고픈 바람도 있었고요."

하 교수가 교정에 각별한 관심을 갖게 된 건 독일에서 유학하던
1980년대 중후반, '형벌이란 무엇인가'를 두고 뜨거운 논쟁을 벌이는
모습을 보면서였다. 당시 서구유럽은 죄를 지으면 벌을 받는다는 것
을 보여줌으로써 일반인들에게 겁을 주는 이른바 '일반예방'이 주류를
이루다가, 개선교육을 통해 범죄자들을 다시 사회로 내보내야 한다는
'특별예방'으로 형벌의 최우선 목적이 전환되고 있었다. 그런 분위기
를 간접적으로 경험한 후 독일의 수용시설을 참관하는 등 교정에 대
한 관심을 키운 그는 2000년대 초반 법무부 자체평가위원회에 참여
하면서 교정프로그램을 좀 더 가까이에서 들여다보게 되었다. 이렇듯
나라 안팎에서 쌓은 교정에 대한 경험은 교정정책자문단을 통해 자
문과 대안 제시의 형태로 살뜰히 활용되고 있다.

교정정책자문단 위원장에 위촉되면서 하 교수는 수용자의 인권문
제, 그중에서도 수용자의 의료건강권과 운동권 확보를 통해 이들의
인권을 확장하는 데 주안점을 두고 있다. 아울러 현 교정프로그램이
제대로 이루어지고 있는지, 이를 통해 어떤 효과를 얻고 있는지 비판
적으로 들여다보고 대안과 개선책을 마련하는 데서 자문단의 역할을
찾고 있다.

"출범 5년째를 맞는 만큼 교정정책자문단 활동을 체계화하는 것도 위원장으로
서 하나의 과제로 여기고 있습니다. 반기에 1회 이상 회의를 진행하는 형식에
머물지 않고, 의미 있는 자문을 위해 사전에 주제를 전달하고, 매번 회의록을
작성함으로써 그간 자문단이 무엇을 논의했고, 이를 통해 어떤 점이 개선되었

는지를 살펴볼 수 있도록 회의 자료집을 만들 계획입니다."

정의롭고 함께 잘사는 사회를 위해

최근 하태훈 교수가 이끄는 교정정책자문단의 최대 이슈는 '교정시설의 과밀화'다. 현재의 교정시설은 수용 인원의 10% 이상이 과밀되어 있는 상황. 이는 기본적으로 수용자들의 인권문제이자 교정프로그램 진행에도 차질을 초래한다. 더운 여름에는 불쾌지수를 부추겨 사고발생의 위험마저 키운다. 이를 우려해 헌법재판소가 구치소 1인당 수용면적을 지금의 2배로 넓히라고 주문했지만 하 교수는 시설의 대폭 확충만이 해법은 아니라고 말한다. 예산도 예산이거니와 교정시설은 기피시설로 인식되어 인근 주민들의 거센 반발에 부딪힐 게 빤하기 때문이다.

> "결국은 불구속 수사와 재판의 원칙으로 돌아가 수용시설로 들어오는 인원을 줄이는 방식이어야 합니다. 재판이 진행되더라도 선고유예를 활용해 형사법의 부담을 줄이는 등 교정시설에 가두는 일을 최소화하는 노력이 필요한데요. 자문단 회의를 통해 해결책을 고심하는 한편 대중의 관심을 유도하고자 칼럼 등을 통해 여론 형성을 도모하고 있습니다."

법학 분야와 마찬가지로 교정정책 또한 여론이 침투하는 속도가 더디다. 그렇다고 변화마저 미미한 건 아니다. 불과 몇 년 전만 해도 고개를 갸웃하게 했던 '수용자의 인권'이란 말이 어느새 자연스러워졌고, 수용자 중심의 교정정책이 그 가족으로 확대되어가고 있으며, 교정프로그램을 통한 수용자의 재사회화 또한 차차 공감대를 넓혀나가고 있다. 하 교수는 이렇게 되기까지 교정정책자문단 같은 전문가 집단의 목소리 못지않게 수용자들과 가장 가까운 거리에서 가장 잦은 빈도로 만나는 교정공무원들의 역할이 매우 컸다고 강조한다.

"유학 시절 자신의 직업에 대한 독일인들의 투철한 소명의식을 보고 값진 배움을 얻었는데요. 사람을 다루는 직업인만큼 교정공무원들도 소명의식을 갖길 바랍니다."

이는 비단 교정공무원뿐만 아니라 스스로 거듭 다짐하는 바이기도 할 터. 그가 법학자로서 연구와 강의를 통해 우리 사회가 요구하는 올바른 법조인을 양성하고, 사회참여형 학자로서 좀 더 정의롭고 함께 잘사는 사회를 만드는 데 적극적으로 나서는 이유일 것이다.

04

법률신문 법조라운지

(법률신문 2021.9.6.)

[법조라운지 커버스토리]
개혁 추구 '사회참여형' 형법학자 하태훈 형사·법무정책연구원장

형사·법무정책을 뒷받침하는 싱크탱크 역할 충실히

"형사·법무정책 연구의 새 장을 열겠습니다. 연구원의 '제2의 도약'을 이뤄 형사·법무정책을 뒷받침하는 통합적 싱크탱크로 자리매김 하겠습니다."

지난달 2일 취임한 하태훈(63) 한국형사·법무정책연구원장의 말이다. 그간 '사회참여형 형법학자'로서 교단에서 학생들을 가르치며 세상에 개혁을 외쳐오던 그가 형사분야를 넘어 법무정책까지 연구 영역을 확장한 연구원의 수장으로 새로운 도전에 나선다.

한국형사·법무정책연구원은 범죄 및 형사 정책연구를 수행하기 위해 1989년 설립된 국책 연구기관으로, 올해 한국형사정책연구원에서 명칭을 바꾸며 그동안의 형사영역에 더해 법무정책 연구까지 외연을 확장했다.

하 원장은 "변화의 출발점에 선 지금 안정적 정착을 최우선 과제로 삼아야 한다"며 "연구원이 처음 생겼을 때 마음과 제도로 돌아가 제2의 도약을 준비하겠다. 신진 학자들의 신선한 아이디어와 중견 학자들의 경험이 조화를 이룰 수 있도록 활발한 소통 창구를 마련하겠다"고 말했다.

하태훈(63) 신임 한국형사·법무정책연구원장은 고려대 법대를 졸업하고 독일 쾰른대에서 법학박사 학위를 받았다. 1991년 홍익대 법학과 교수를 시작으로 강단에 선 그는 1999년 모교인 고려대로 자리를 옮겼다. 지금까지 31년간 형법학자로서 긴 여정을 걸어오면서 그는 '사회참여형 형법학자'로 자리매김했다. 대학 시절 중도에 그만둔 야학교사 활동에 대한 부채 의식 탓인지 24년간 참여연대 활동 등을 하며 사법·법무·검찰·경찰 개혁 등 사회변화에 목소리를 내왔다.

지난달 2일 제16대 형사·법무정책연구원장으로 취임한 하 원장은 형사정책을 넘어서 법무정책 전반에 이르기까지 연구원 명칭 변경에 걸맞은 연구 영역 확장을 통해 종합정책연구기관으로서의 위상을 세우고 새로운 역할을 담당하겠다고 강조했다. 넓어진 사업 스펙트럼의 안정적 정착에 초점을 맞춰 연구원이 처음 출범하던 시기를 되돌아보며 신진 학자들과 연륜 있는 중견 학자들이 함께 호흡하며 시너지를 낼 수 있는 활발한 교류의 장을 만들겠다는 것이다.

교장으로 퇴임한 아버지 영향 6남매 모두 교육자

그는 "연구원이 처음 출범했던 과거에는 국내에선 독일 형법학 잡지를 연구원 도서관에서나 찾아볼 수 있었다"며 "당시 연구원 도서관에서 그 잡지를 읽고 복사하던 일, 실무·학계와 신진 연구자 간 교류의 장이었던 연구원 콜로키엄과 형사판례연구회에 매달 참석했던 기억 등이 바탕이 되었는지 모르겠다"고 말했다. 이어 "32년 역사의 연구원이 새로운 한 세대를 기획하고 준비해야 할 제2의 출범 앞에 서 있는 지금, 연구원의 위상과 역할을 새로이 자리매김해 보고 싶다는 생각이 나를 지금 여기에 있게 한 것 같다"고 했다.

"한국형사·법무정책연구원으로 기관 명칭이 바뀌고 사업 스펙트럼이 넓어졌습니다. 변화의 시기에는 이걸 정착시키는 게 중요합니다. 당장 수많은 연구가 쏟아지는 건 불가능합니다. 새로운 연구 이슈를 발굴하고 연구 기반을 닦기 위해 협조 체계를 구축해 놓는 것이 제가 할 일이죠. 새로운 인력의 충원은 물론 신진 학자들의 창의적 아이디어와 중견 학자들의 연륜과 경험이 조화를 이뤄야 할 것입니다. 89년 형사정책연구원 출범 초창기 신진 연구원들과 연구실장직의 교수들이 함께 힘을 합쳤던 기억을 더듬을 수 있을 것입니다."

어머니 권유로 독일 유학
獨語 배우며 부인도 만나

그는 앞으로 연구원을 이끌 경영 기조로 '더블(Double) ESG'를 강조했다.

"지금까지 형사법 연구자이자 학자였던 제가 이제부터는 국책 연구기관의 행정가이자 경영자로, 그간 사회참여형 학자로서 쌓아온 경험과 역량 그리고 인적 네트워크를 통해 연구원 경영에 열과 성을 다하려 합니다. 특히, 기업경영의 ESG(Environment·Social·Governance, 환경·사회·지배구조)에 더해 국책 연구기관 고유의 ESG를 연구원 경영의 나침반으로 삼겠습니다. 이는 제가 고안한 것으로, 이 둘을 합쳐 '더

블 ESG'라 부르는 데 친환경적 업무수행 방식의 추구와 실천 (Environmental), 사회적 책임을 다하며 가치를 실현하는 연구 수행 (Social), 투명하고 민주적 의사결정 구조를 통한 이해관계 조정 및 갈등 해소(Governance), 그리고 더 나아가 연구 윤리·경영 윤리 등 윤리적 측면(Ethic)과 수요자를 만족시키는 책무성과 봉사 정신(Served), 그리고 성 인지 감수성과 성평등 의식(Gender)을 의미합니다."

부부가 함께 법 전공
대화가 잘되는 장점도 있어

하 원장은 학자이자 행동하는 실천가로 사법절차 전반의 변화를 이끈 법조계 개혁 전문가다. 최근까지도 형사판례를 연구하며 로스쿨은 물론 법원·검찰·경찰·법무 등 제도 개선에 힘써왔다. 1997년 참여연대 실행위원 참여를 계기로 세 차례 공동대표까지 역임한 그는 사법 감시 활동 등 사회 참여도를 높이며 고위공직자범죄수사처 설치, 검·경 수사권 조정 등 사법개혁을 위한 개혁적 목소리를 통해 법조계를 포함한 사회 발전에 공헌했다. 그는 법률신문 필진으로도 참여해 법원·검찰·경찰 등 사법절차 전반은 물론 입법·사법·행정을 아우르며 일침을 가했다.

"홍익대 재직 시절 교수협의회 활동이나 칼럼 등을 통해 저의 성향과 관심사를 알게 된 한인섭 전 원장의 권유로 참여연대에 참여하게 됐습니다. 당시 참여연대 사법감시센터 활동을 하고 있던 그처럼 실행위원으로 시작해서 사법감시센터 소장을 지냈고, 운영위원장을 거쳐 공동대표까지 되는 아주 드문 역사를 남기게 됐습니다. 임기 2년의 공동대표직을 2번 더 연임해 약 5년 6개월간 재직했는데, 연구원장으로 오게 되면서 마무리하게 됐습니다. 주로 법원·검찰·변호사 등 권력 감시 역할을 했으며 사법개혁을 위한 활동, 공수처 설치 주장, 수사권 조정 주장 등은 오랜 투쟁 끝에 성과를 얻기도 했지요. 법조인 양성 제도 개혁의 일환으로 로스쿨 제도 도입에도 힘을 보탰습니다."

명칭 변경에 걸맞은 종합정책연구기관 위상 확립

이처럼 그는 탄탄한 형사법 이론연구를 바탕으로 부당한 권력과 권위에 일침을 가하고 잘못된 제도를 과감히 개선하는 역할을 자처해 왔다. 이력도 화려하다. 김대중 정부가 출범한 1998년 대검찰청 제도개혁위원회 참여를 시작으로, 1999년 대통령 직속 사법개혁추진위원회 등 꾸준히 관련 활동에 참여하며 사법개혁 전문가로 자리매김했다. 또 경찰혁신위원회 위원 등 경찰 개혁은 물론 검찰제도개혁위원회 위원, 법무부 수사공보제도개선위원회 위원 등으로 참여하며 검찰·법무 개혁에도 이바지했다.

신진·중견 학자들의 활발한 교류·소통의 장으로

실질적인 제도 변화를 이끌어내기도 했다. 그는 법무부 교정개혁위원회 위원장을 역임하는 등 교정 관련 활동을 오랫동안 해오며 교정시설 과밀화 해소 방안으로 가석방 요건 완화를 건의하고 실제로 가석방 대상 확대 성과를 냈다. 또 대법원 양형제도연구위 위원 및 양형위 출범 당시 위원으로 참여하는 등 양형기준의 틀을 만드는 데 일조하기도 했다. 통상적으로 기관 내부 직원이 안을 만들고 이를 바탕으로 권고 수준의 의견을 제시하는 다른 위원들과 그는 국가인권위원회 혁신위원장으로 활동하면서 위원들과 함께 인권위 개혁 권고안을 직접 작성하기도 했다.

하 원장은 형사·법무정책연구원장으로 취임하며 참여연대 등 시민단체와 학계, 사법 분야를 비롯해 교육부 등 10여 개가 넘는 개혁 위원회 활동을 그만뒀다고 한다.

새로운 연구이슈 발굴 연구 협조체제 기반도 구축

"아직 마무리하지 못한 사안들을 두고 오는데 아쉬운 마음이 있었습니다. 또 6개월 정도 임기가 남았던 참여연대 공동대표직을 내려놓을 때는 미안한 마음도 들었지요. 사실 참여연대는 정부 기관이나 정치권 등의 자리로 가는 것에 대해 굉장히 엄격한 편입니다. 그렇지만 저의 경우 연구기관으로 가는 것인 데다 세 번째 연임하는 것이다 보니 크게 염려하거나 만류하지는 않은 것 같습니다. 배운 걸 가르치고 연구하는 데 그치지 않고 사회에 환원하자는 취지로 각종 위원회 활동 등을 해왔는데 이제는 연구기관에서 연구로 그 역할을 다 해보려 합니다."

올해는 공수처 출범, 수사권 조정안 시행 등 형사법 체계에 대변화가 있었다. 그는 "새로운 관행을 만들어 가는 과정을 인내심으로 지켜보는 것이 필요하다"고 강조했다.

형사 · 법무정책 연구의 방향성에 대해서는 "새롭게 도입된 제도의 후속 작업에 연구로써 힘을 보탤 것"이라며 "아울러 앞으로 변화와 개선에 있어 찬반 논쟁만을 벌이다 졸속으로 제도를 도입하거나 법 개정을 하는 기존의 관행에서 벗어나 제대로 된 규제 영향평가나 입법 영향평가 등을 전문가들을 통해 진행해 안정적 변화를 이끌어야 한다"고 강조했다.

법학 교수로 후학 양성과 함께 참여연대 활동 참여

"검·경 수사권 조정, 공수처 설치 등 형사법 체계는 큰 변화를 맞이했습니다. 이제는 개혁보다도 도입된 제도의 안착이 중요한 만큼 과거 실무 관행의 시각에서 비판적으로만 바라보는 게 아닌 새로운 관행을 만들어 가는 과정이므로 인내심으로 지켜보는 것이 필요한 때입니다. 불과 1년도 지나지 않은 시점에서 법조인, 언론 등이 너무 성급한 비판을 하는 것은 바람직하지 않습니다. 우리 연구원은 앞으로 관계기관과 협력해 새 제도 시행상의 문제점을 분석하고 실무상으로 해결할 수 있는 것과 향후 입법이 필요한 부분을 찾아내는 연구를 진행할 것입니다."

유의미한 변화에도 아쉬움은 여전하다. 그는 "공수처 설치 및 수사권 조정 등을 주장해 오랜 활동 끝에 성과를 냈지만, 검사장 직선제 등 아직도 참여연대가 주장하는 검찰개혁 이슈들이 남았다"며 "이 밖에도 지난 20년간 주장해 왔지만, 막상 설치 당시 충분한 논의가 부족해 실행 이후 잡음이 끊이지 않는 공수처 등의 문제에 대해서도 학자로서, 전문가로서 개선할 부분이 많은 것 같다"고 했다. 그러면서 "연구원이 법무부를 비롯해 정부 부처는 물론 국회 등 입법기관들에게 도움을 줄 수 있을 것"이라며 "같이 큰 그림을 그려 제도 및 정책, 법 제·개정의 올바른 방향을 설정할 수 있다"고 말했다.

사법개혁·공수처 설치·수사권 조정 등에 힘 보태

하 원장은 충남 공주에서 6남매 중 다섯째로 태어났다. 아버지는 교장으로 퇴임했고 그를 포함한 남매 모두 교편을 잡았다. 남동생은 가천대 공대에서 교수로 후학 양성에 매진하고 있다. 어린 시절 대전지법 공주지원 바로 앞에 살며 당시 지원장 아들과도 소꿉친구였던 하 원장은 당시에도 어렴풋이 법조계를 꿈꿔왔다고 한다.

"돌이켜보면 법조인 또는 법과 관련한 직업을 소망했던 것 같습니다. 당시에는 무엇이 되겠다는 생각보다는 공부 잘해서 좋은 상급학교에 진학하는 것이 희망이자 부모님의 기대였고 공부 좀 하면 법대 가고 사법시험 준비해서 법조인이 되는 것이 당연한 진로인 것처럼 여겨졌던 시절이었기도 하죠. 대학 재학 당시 사법시험은 연 합격자가 80~100명 정도밖에 안 되는 상당히 어려운 시험이었고 마침 어머니께서 대학원 진학과 독일 유학을 권유하는 까닭에 진로를 바꾸게 됐습니다. 6남매 모두가 교육자가 된 것은 교원이셨던 아버지의 영향도 있었으나 초등학교만을 졸업한 어머니의 자식에 대한 대단한 교육열과 결단 덕분인 것 같습니다."

우연인지 필연인지, 어머니의 권유로 시작된 독일 유학 과정은 그의 평생 배필을 이어주는 계기도 됐다. 독일 문화원에서 독일어를 배우다 만난 아내와 함께 독일 유학을 떠났고 각자 형사법과 민사법 박사학위를 취득해 같은 비행기로 귀국했다. 하 원장의 부인은 현재 서울대 로스쿨에서 민사소송법과 중재법을 가르치며 한국민사소송법학회 수석부회장으로 활동하고 있는 정선주 교수다.

"이제는 개혁보다 도입된 제도의 안착이 더 중요"

"아내와 함께한 5년여의 독일 유학 시절은 이후에도 우리의 삶에 '검소한 생활', '약속은 반드시 지켜야 한다'는 생각과 자세, 식탁에서의 가족 간 대화 등 많은 영향을 미치고 있습니다. 부부가 함께 법학을 전공하다 보니 대화가 잘 통한다는 장점도 있지만, 대화 내용이 주로 법, 사회 및 정치 이슈 등에 국한된다는 단점도 있습니다(웃음). 독일 유학 후 귀국해서 뒤늦게 얻은 아들은 부모의 영향을 받아 법학자가 될까 기대했었지만, 제가 안식년을 맞아 미국으로 방문 교수를 갔을 때 함께 갔다가 그 뒤로 혼자 남아 중·고·대학과 대학원 석사학위를 마치고 귀국해 현재는 의경 제대 후 진로 개척을 위해 애쓰고 있습니다. 커뮤니케이션과 심리학을 전공한 아들은 요새 진로 등에 관해 조언을 많이 구하는데, 가끔 저희 부부가 우리 집에 유일한 비(非) 박사라고 놀릴 때도 있습니다."

인터뷰가 끝나기 무섭게 연구원 경영 비전 발표를 위해 간부회의 장으로 떠나던 그는 "3년여의 원장 임기를 처음 계획한 대로 잘 마치는 것이 일차적인 계획"이라며 "임기 이후에는 그간 취미활동으로 해오던 색소폰 연주에 좀 더 매진하고 텃밭과 정원 가꾸기 등 법학 외에 해보지 못한 일들을 해보는 것이 소박한 꿈"이라고 말했다.

05
고려법학
(2023. 3. 제108호)

하태훈 교수 정년기념 대담

|참석자 명단|

하태훈 고려대 법학전문대학원 교수

김상중 고려대 법학연구원 부원장

류경은 고려대 법학전문대학원 교수

윤동호 국민대 법과대학 교수

이근우 가천대 법과대학 부교수

이석배 단국대 법과대학 교수

이상수 중국 산동사범대 교수

심현우 고려대 법학연구원 간사

일시: 2023년 1월 19일(목)

장소: 컨퍼런스하우스달개비

하태훈 교수님 약력

하태훈(河泰勳) 교수는 1958년 2월 충남 보령에서 출생하였다. 1977년 고려대학교 법과대학 법학과에 입학, 1985년 8월 동 대학원에서 법학석사 학위를 취득하였다. 같은 해 독일로 유학을 떠나 1987년 독일 아데나워 장학재단의 장학생으로 선발되었으며, 1990년 7월 독일 쾰른(Köln)대학교 대학원에서 법학박사 학위(Dr. jur. 논문 제목: Die strafrechtliche Behandlung des untauglichen Versuchs 불능미수의 형법적 처리방안)를 취득하였다.

1991년 3월 홍익대학교 법학과 조교수로 임용되어 교원으로 첫발을 내디뎠으며, 1999년 9월 고려대학교 법과대학 교수로 부임한 이래 32년간 강의와 연구에 온 힘을 쏟아 탁월한 교육성과와 연구업적을 쌓았고 수많은 법학사, 법학석사 및 법학박사, 법조인을 양성 배출하였다. 석탑강의상 5회, 우수강의상 1회를 수상하였고, 한국범죄방지재단 제10회 학술상(2017년)을 받은 바 있다. 법학전문대학원 출범시 부원장을 맡아 법학전문대학원의 기틀을 세우는 데 이바지하였으며, 법학연구원 원장, 고려대학교 교원윤리위원회 위원장 등 교내 각종 위원회에 참가하여 학사행정에 이바지하였다.

정부 부처의 각종 위원회(사법시험 출제위원, 경찰청 경찰혁신위원회 위원, 대법원 양형위원회 위원, 교육부 법학교육위원회 위원, 국무총리실 시민사회발전위원회 위원·부위원장, 국가인권위원회 혁신위원회 위원장, 교육부 제6기 대학구조개혁위원회 위원, 법무부 교정개혁위원회 위원장 등)에서 활동하였다. 사법개혁과 관련한 역대 정부의 개혁위원회(김대중 대통령 직속 사법개혁추진위원회, 노무현 대통령 임기 중 대법원 사법개혁위원회, 노무현 대통령 직속 사법제도개혁추진위원회)에 위원으로 참여하여 사법개혁에 이바지했다는 평가를 받고 있다.

1997년부터 우리나라 대표적인 시민단체인 참여연대 사법감시센터 실행위원으로 참여하여 법치국가의 파수꾼으로서 검찰과 법원, 변호사 등 법조 직역에 대한 감시활동을 하였다. 2016년 참여연대 공동대표로 취임하여 참여연대 활동을 총괄하면서, 정부와 시민사회의 소통과 협력에 힘썼다.

학회 활동으로 한국비교형사법학회 회장, 한국형사법학회 회장, 안암법학회 회장 등을 역임하여 학회 발전에 이바지하였다. 연구업적으로는 형법총론, 형법사례연습, 형법강의, 검찰공화국 대한민국(공저) 등의 저서, 국내 전문학술지 논문 31편을 포함하여 160여 편의 연구논문과 연구용역 보고서(13편) 등이 있다.

2021년 8월부터 국책 연구기관인 한국형사 · 법무정책연구원 원장으로 재직하고 있다.

김상중: 이제 지금부터 공식적으로 시작하도록 하겠습니다. 먼저, 하 선
생님 그리고 다른 교수님들께 참석해 주셔서 굉장히 감사드린다
는 말씀 전합니다. 오늘의 자리는 하 선생님 정년을 기념해서
간담회를 갖는 자리입니다. 간담회는 선생님의 연구, 강의, 그다
음에 봉사, 그리고 인간적인 소회 등을 같이 듣고 또 배우는 그
런 자리가 될 것 같습니다. 자, 그럼 시작하도록 하겠습니다.

I. 정년 소회

윤동호 : 선생님께서 정년을 맞이하게 되셨는데 축하를 드려야 될지 아
쉽다고 말씀을 드려야 될지 모르겠습니다. 정년을 맞이하시게
된 소감이 어떠신지요.

하태훈 : 우선 학교와 인연을 맺은 햇수는 입학한 77년부터 치면 46년입
니다. 그다음에 순수 교단 경력으로는 32년, 군 경력까지 포함
한 교직 경력이 34년입니다. 이것이 왜 중요하냐 하면 훈장을

받으려면 33년 이상이어야 하는데, 군 경력이 포함되면 34년이 넘어 훈장을 받게 되었습니다. 하여튼 34년 만에 학교를 떠나게 되니 서운하기도 하고, 많은 분이 정년을 맞이하거나 어느 직을 떠날 때 '대과 없이'라는 말씀을 많이 하는데 그것이 참 와닿습니다. 제가 이룬 성과는 자신이 평가할 수는 없고, 반대로 제가 잘못한 것은 평가하고 스스로 성찰해 볼 수 있을 것 같은데 '대과 없이', '그래도 큰 문제 없이' 주어진 소명을 다하지 않았나 싶어서 한편으로는 기쁘고 한편으로는 섭섭하기도 하고 그렇습니다.

Ⅱ. 학부 및 대학원 시절

이상수 : 저는 교수님 연구실에서 석사부터 시작해 박사학위까지 받았는데, 그게 엊그제 일 같지만 벌써 시간이 꽤 지났습니다. 우리 교수님께서 퇴임하게 되셔서 더 시간이 빠르게 느껴집니다. 교수님께서, 그러니까 연구자로서, 그리고 실천하는 형법학자로서 후학들한테는 되게 기강을 보여주셨다고 생각합니다. 감사드리고요. 우선 몇 가지 궁금한 것들을 제가 여쭤보겠는데 일단 전공에 관한 것입니다. 법학을 전공하셨는데 그 전공에 대한 교수님의 생각을 간단히 듣고 싶습니다.

하태훈 : 조금 전에, 32년…. 46년…. 이런 식으로 시간에 관해서 얘기했는데 사실 1년 365일이라는 시간은 굉장히 길죠. 그런데 우리가 큰 것, 큰 사건들, 큰 경험들만 기억하기 때문에 시간이 빠르게 느껴지는 것이 아닌가 합니다. 예컨대 77년에 입학하고, 99년에 고대에 오게 된 것과 같은 것만 기억하다 보니까 시간 수축 효과가 생기는 것 같아서 세월이 정말 빠르고 무상함을 느끼는 것 같습니다.

제가 법대에서 법학을 전공하게 된 배경은 따로 특별한 뭐가 있다고 볼 수 없구요. 요즘 학생들이야 무얼 하겠다는 생각이 있지만, 우리 때에는 그냥 공부하면 고등학교 올라가고 또 대학교 가고 이러는 것이었습니다. 그래서 대학까지의 진학은 성적순으로 그냥 갔던 것 같고요. 또 그렇게 해야 부모님께 도리를 다하는 것으로 여겨졌기에 공부 좀 그냥 하니까 법대에 가게 되었습니다. 당시에 대학 중에서는 법대가 가장 좋은 시절이었거든요. 또, 예전에는 주로 고등학교 선생님들이 학생을 무조건 좋은 대학에 보내는 게 입시 전략이었지, 그 학생들의 희망이나 꿈하고는 관계가 없었습니다. 사실은 제가 재수를 했습니다. 담임선생님이 입시업적을 올리려고 다른 대학 비인기학과를 권유하기도 하였지만 어쨌든 앞서 말씀드린 연유로 법대에 입학한 것입니다. 법대에 진학하게 된 배경을 잘 포장을 해보면, 제가 공주에서 초등학교와 중학교에 다녔었습니다. 예전에는 재판소라고 했는데, 지금은 지원이겠죠. 당시의 공주재판소 앞에 집이 있었습니다. 그 동네에서 가장 넓은 마당이 재판소니까 법원에 가서 놀기도 하고 때로는 창 너머로 재판도 구경하고, 또 교도소에서 호송되는 피고인, 그때 우리의 느낌으로는 죄인·죄수들을 구경하기도 했는데, 그런 것들이 내면에 쌓여서 법학을 전공하게 됐는지도 모르겠습니다. 그렇지만 그건 포장이고 돌이켜보면 결국 성적순이었지 않았나 싶네요. 지금 와서 생각해 보면 법학을 선택하고 사법시험을 중간에 포기하면서 교직에 들어선 것은 참 잘 선택한 일이었다고 생각합니다. 굉장히 만족하고 있습니다.

이상수 : 알겠습니다. 감사합니다. 제가 알기로는 교수님도 학부 시절에 형사법학회 동아리 활동을 하셨다고 제가 알고는 있는데요, 맞으신가요?

하태훈 : 그건 아니고, 지도 교수를 제가 한 것입니다.

이상수 : 아, 그런가요?

하태훈 : 예.

이상수 : 그럼 일단 혹시 동아리 활동을 하셨었는지, 그리고 어쨌든 형사 법학회 같은 경우는 어느 정도 법 현실에 관해서 관심도 두고 나름 그런 고민을 하는 학생들이 많았을 것 같은데 그 부분을 좀 말씀해 주시면 좋겠고요. 그리고 야학 활동을 하시다가 그만 두신 것에 대해서 어느 정도 부채 의식 같은 것도 있으셨다고 교수님 글을 통해 읽은 적이 있습니다. 이러한 동아리 활동과 야학 활동 관련해서 좀 얘기해 주신다면 감사하겠습니다.

하태훈 : 지방에서 대학 진학으로 서울로 올라오게 되면, 사실 생활비 걱 정이 되는 거죠. 하숙비도 있어야 하고 용돈도 써야 하니까. 그 래서 그때 당시는 일반적으로 중고등학생을 가르치는 과외 아 르바이트를 많이 했기 때문에 동아리 활동을 할 생각을 잘 못 했던 것 같아요. 관심이 크게 없었던 것 같고…. 그런데 입학하 고 얼마 지나지 않아 서울에 진학해 있는 중학교 동창들을 만 났는데 이 중의 한두 명 정도가 서클 활동을 하는, 지금으로 생각하면 학생운동을 하는 친구들이었어요. 이 친구들하고 대화 하다 보니까 '야학을 한번 해보자', '우리도 의미 있는 무언가를 하자'라는 말이 나왔습니다. 그때 당시에 야학이 대학생으로서 는 가장 일반적인 봉사활동이어서 야학을 운영하면 좋겠다고 생각했습니다. 그래서 저희가 시작했던 게 구로공단 앞에서 구 로공단의 여직공들을 교육하는 것이었습니다. 공간은 70년대에 노동자들을 교육했던 도시산업선교회라고 하는 곳이 있어서 그 곳을 빌렸습니다. 그렇게 야학을 쭉 몇 달 하다가 내부에서

또 논의가 있었죠. 한쪽 그룹은 이 학생들이 기본적으로 초등학교밖에 안 나왔으니 중학교 과정들을 거쳐서 검정고시를 보게 하는 식으로 교육 쪽에 중점을 둬야 한다고 하였었고, 다른 그룹은 노동법이라든지 노동권을 중심으로 해서, 소위 의식화를 시켜야 한다고 주장하는 친구들이었는데, 결국 합의를 보지 못하고 쪼개지게 돼서 그런 것에 대한 부채 의식으로 시민사회단체 활동을 하게 된 것이었습니다.

또 동아리 활동을 하지 않았던 이유 중의 하나는 그 당시에는 학교에 형사들, 특히 정보과 형사 같은 분들이 학생들을 감시 사찰하려고 상주하고 있었던 때였었는데, 지금까지 같이 친하게 지낸 친구 중 동아리 활동을 하던 그 친구와 만나 대화하고 나면 형사들이 교문 앞에서 꼭 가방 검사도 하고 어떤 대화를 했는지 캐묻고, 안암로터리에 있는 안암동 파출소에 끌려가는 일 등을 겪었기 때문인데요. 실제로 성북서 정보과장이 불러서 학생회관에서 얘기했었는데, '너희 아버지가 공무원인데 왜 공부 안하고 그래?' 이러면서 겁을 주기도 했었습니다. 뒷조사를 다 한 거죠. 물론 동아리마다 다 다르지만, 사실은 그때 당시 동아리가 반정부활동 같은 학생운동을 좀 했었고, 그런 쪽에 관심이 많았던 학생들이 모이는 곳이었기 때문에 겁을 먹기도 했었습니다.

그런 연유로 동아리 활동들을 제대로 못 했었죠. 그런 부채 의식이 계속 있었습니다. 또, 유학을 가게 되면서 우리나라의 격변기인 85년부터 90년까지 독일에 있었기 때문에, 민주화 과정들에 제가 참여하지 못한 지성인으로서의 어떤 부채 의식, 이런 것들이 겹쳤기 때문에 시민단체 활동을 열심히 했던 것이 아닐까 싶습니다. 하여튼 학교 다닐 때는 동아리나 그와 유사한 활동은 하지 못했죠.

이상수 : 감사합니다. 지금 말씀하신 그 부분들, 그런 부채 의식들을 지금 학계에서 활동하시는 모든 교수님도 똑같이 느끼시는 부분이 아니실까, 그런 생각이 들고요. 또 그래서 학계에서도 좀 더 사회 현실이나 시민운동 쪽에 관심을 두고서 더 적극적으로 활동하시는 분들이 계시는 것이 아닌가 하는 생각이 듭니다. 말씀 감사드립니다.

류경은 : 저는 이제 선생님의 대학원 시절에 관한 질문을 드리겠는데요. 대학원에 진학하고, 거기서 법학자의 길에 들어서게 된 이유, 특히 그중에서도 형법을 전공으로 하신 이유에 대해서 여쭤보겠습니다.

하태훈 : 법대에 들어오면 아까 말씀드린 것처럼 누구나 다 사법시험을 준비하는데 입학 당시에는 사법시험 합격자 수가 80명이었거든요. 그러니까 우리 법대 정원이 당시에 행정학과를 포함해서 130명인데 정원에도 못 미치는 인원을 뽑았던 것이죠. 이건 뭐 사실이니까 말씀드리자면, 그때 당시에 우리 고대의 사법시험 합격률이 매우 낮은 상황이었거든요. 서울대하고 비슷해진 것이 비로소 2000년대에 들어오고부터 그러하지 않았을까 싶은데 그전까지만 해도 합격하기 매우 어려운 시험이었습니다. 뭐, 몇 년이고 시험공부를 계속하다 보면 될 수도 있겠고, 또 합격자 수를 300명으로 증원한다는 얘기도 있었지만, 합격 가능성이 희박해서 고민하던 때에 어머니께서, 이건 뭐 객관적인 건 아니지만, "점을 봤더니 너는 관운이 없다더라" 이런 말씀을 하시는 거예요. "시험을 통해 공무원을, 공직에 진출하는 것은 별로 가능성이 없으니 공부를 하는 게 어떻겠냐?" 그 말씀은 저희 아버님도 교직에 계셨고 형님과 누님 세 분이 다 학교 선생님을 하고 있기도 해서 교직이 어머님으로서는 익숙한 직업이

어서 그랬는지 대학원을 진학해서 공부를 계속했으면 좋겠다고 말씀하시는 바람에 그렇게 된 것입니다.

그런데 전공선택을 위해 성적표를 살펴보니까 형법 학점이 제일 좋았더라고요. 저희 때는 형법 교수님으로 남흥우 선생님이 계셨고 74년에 심재우 선생님이 오셔서 심재우 선생님께도 배우고 했었습니다. 아마 심재우 선생님의 영향이었을 것 같은데, 하여튼 형법이 성적이 좋아서 형법을 전공으로 하겠노라, 이렇게 생각하게 됐던 것 같아요. 그래서 사실은 어떻게 보면 특별하게 어느 분야에 내가 관심이 있었다거나 해서 전공을 선택한 게 아니고 조금은 우연에 맡겨져 있었던 게 아닐까 싶기도 하고 그렇습니다.

Ⅲ. 독일 유학시절

이상수 : 그러면 이제 화제를 독일 유학으로 바꿔서 한번 제가 여쭤보겠습니다. 80년대 독일 유학을 하셨는데, 물론 대부분 법학의 경우 그 당시에 독일 유학을 많이 가시는 경향이었지만, 혹시라도 교수님께서 독일 유학을 가게 된 어떤 이유가 있으셨는지, 또 거기서의 유학 생활 이런 것들에 대해서 한번 간략하게 설명해 주신다면 감사하겠습니다.

하태훈 : 그러니까 국내에서 공부하는 방법도 있고 유학을 가는 방법도 있는 것인데, 사실 저희 어머니께서 초등학교만 나오셨던 것이 굉장히 서운하고 회한이 들어서 자식 교육에 대한 열의가 높았고, 그래서 어려운 살림이었지만 유학을 보내야겠다고 생각하신 것 같습니다. 어디서 들으셨는지 '법학은 독일이라더라', '독일에 유학 가는 게 좋겠다'라고 하시는데 저보다 더 잘 아시는 것 같더라고요. 또, 독일로 선택한 이유 중의 하나는 우리와 법

체계가 대륙법 체계로 같다는 점도 있고…. 그리고 미국은 비용이 많이 들잖아요. 독일은 상대적으로 생활비만 있으면 되는데…. 독일은 학비가 없는 그런 교육 제도인 점도 크게 작용한 것 같습니다.

독일에서 지도 교수를 선택하는 과정에 대해서는, 처음에는 Kiel대학을 가려고 했었어요. 집사람이 같이 가게 되었는데 집사람 지도 교수도 그쪽에 있는 분을 염두에 두고 있었고 제 지도 교수도 Kiel 대학에 있는 교수면 좋겠다 싶어서 입학허가서를 다 받았었거든요. 그런데 1985년 여름 방학에 김일수 선생님께서 독일에 갔다 오시더니 제 지도 교수이신 Hirsch 교수를 만나 보고 왔다고 하시면서 아주 굉장히 친절하고 좋은 분인 것 같으니 거기로 가는 게 좋겠다고 말씀을 주셨습니다. 그래서 급히 Köln 대학으로 가게 되었고 저는 좀 편했지만, 집사람은 지도 교수를 정하는 데 조금 어려움이 있게 되었습니다. 결과적으로는 집사람도 좋은 지도 교수를 만나게 되어 둘 다 무난하게 독일 유학 생활을 할 수 있었습니다.

저희가 자랑하는 것 중의 하나가 '같은 비행기를 타고 독일 유학을 갔다가 같은 비행기를 타고 학위를 마쳐 돌아왔다', 이런 자랑을 하기도 합니다. 하여튼 그래서 저에게 은사 세 분이 계시다고 생각하는데, 우선 대학원에서도 강의를 듣고 지도받긴 했지만, 학부 때 형법을 배웠던 심재우 선생님으로부터 올곧은 학자다움, 인간의 존엄성 등, 석사 과정 지도 교수이신 김일수 선생님으로부터는 형법 도그마틱, 사회참여활동 등, 그리고 박사과정 지도 교수이신 Hirsch 교수로부터는 엄격한 학문적 자세와 학생에 대한 관심과 배려 등을 배웠습니다. 세 분의 은사를 잘 만난 덕분에 오늘날까지 학자로서 잘 활동하고 정년을 맞이하지 않았나, 그런 생각이 듭니다.

Ⅳ. 연구자의 길

이석배 : 교수님께서는 독일에서 박사 논문을 미수에 관해 쓰셨습니다. 당시에 박사 논문 주제를 미수에 관해서 쓰고 계셨지만, '이거 는 나중에 꼭 내가 다시 한번 제대로 깊이 공부해 보고 싶다' 이런 주제들이 혹시 따로 있으셨는지 궁금합니다.

하태훈 : 글쎄요. 저는 주로 소위 형법 이론학, 해석학 중심으로 공부했 습니다. 그것은 다 심 선생님이나 김일수 선생님, Hirsch 교수 님의 영향이었던 것 같아요. 특별하게 주제를 미수로 정한 이 유 중의 하나는 Hirsch 교수가 비교 형법학을, 비교법학을 하 기를 원하셨었기 때문입니다. 우리는 사실 비교법학을 제대로 하지 않고, 비교법학에 대해 조금 저평가하는 그런 경향이 있 긴 한데 독일에서는 굉장히 중시하고 있는 법학 방법론이거든 요. 제가 그래서 쭉 우리 법과 독일 법을 비교해보니까 많은 차이가 있는 부분이 미수 쪽이 아니었나 싶어서 주제를 선택하 게 됐고, 그 이후에도 한국에 와서 형법 해석학 측면에서 이 연구를 많이 해왔습니다. 아마 그게 다 지도교수님들의, 스승들 의 영향이 아니었나 싶어요.

이석배 : 저도 이제 연구 시작한 지가 한 17년, 이렇게 된 것 같고요. 선 생님은 벌써 기간이 저의 2배 정도 되시게 되는 셈인데요. 저 도 그런 게 있습니다만, 선생님께서는 혹시 지금까지 쓰셨던 논 문이나 연구 실적 중에서 스스로 가장 만족하시는 것이 무엇인 지 여쭤보고 싶습니다.

하태훈 : 논문을 다 탈고하고 출판이 되면 다 후회하잖아요. 좀 더 잘 써볼 걸 하는 후회들을 쭉 하는데, 그래서 어느 것이 만족할

만한 것이라는 이런 것은 없는 것 같습니다. 제가 그냥 되돌아보면 유학하고 돌아와서 한 10여 년 정도는 실무와의 소통, 그래서 판례평석을 많이 했던 것 같아요. 형사판례연구회에 적극 참여하고 매년 1회씩 10번 연속으로 발표해서 『형사판례연구』에 실리기도 하곤 했습니다. 그래서 감사패도 받았죠. 실무와의 교류를 중시했던 것은 판례가 제가 배웠던 이론들하고 많이 차이가 나는 부분들이 상당히 많다고 느껴졌었고 이 판례를 좀 바꿔야겠다는 생각이 들어서였습니다. 당시 발표했던 판례들이 최근에 변경되기도 해서 시간에 오래 걸리긴 했지만 뿌듯함을 느끼기도 했습니다.

후에 대법원에 계류 중인 사건에 대해 연구발표를 하는 형사실무연구회에 참가하게 되었지만, 90년대 초에 형사판례연구회가 마침 결성이 되어 그 활동을 열심히 하면서 실무와 소통을 했던 것 같고, 그다음에 한 10여 년은 실무에 이론들을 좀 적용해서 보다 나은 형법·형사소송법을 만드는 일, 그러니까 주로 사법개혁에 관한 연구와 활동을 많이 했습니다. 예컨대 검찰 개혁이라든지 형사소송법 개정이라든지 이런 것들에 힘을 쏟았던 것 같고, 각종 사법개혁위원회, 개혁추진위원회 등에서 활동하였습니다. 그리고 2005년 후반부터 2006년도 중반까지 사법제도개혁추진위원회에 기획연구팀장으로 상근하면서 형사소송법 개정에 관여했는데, 2008년에 시행된 형사소송법이 그것입니다. 공판중심주의, 피해자·피고인의 인권 보장, 방어권 보장, 이런 것들에 중점을 두고, 증거법도 개정이 되었는데 제가 기획연구팀장을 맡으면서 했던 것들입니다. 그런 식으로 우리가 공부했던 이론들을 실제 법 개정과 실무에 적용해 보는 역할들을 했던 것 같습니다.

하지만 2010년 전후로 해서는 우리 형법이 이렇게 가서는 안

되는데, 소위 형법이 막 팽창이 되는 사태를 맞았거든요. 형법
이 최후 수단(ultima ratio)이 아니라 최우선 수단(prima ratio),
유일한 수단(sola ratio)인 것처럼 모든 것을 형법과 형벌로 해
결하려는 만사형(刑)통의 시대를 맞이한 거죠. 주로 성범죄 때
문에 그렇죠. 조두순, 김길태 사건 등을 통해서 성범죄에 대한
강력한 처벌, 보안 처분이라는 이름을 달고 있지만 자유와 권
리를 제한한다는 면에서 형벌과 다르지 않은 처분들, 신상 공
개라든지 화학적 거세라든지, 전자발찌 부착 등 여러 제도가
도입되고, 자유형 상한도 대폭 두 배로 상향이 된다든지 하는
식으로 형법이 과잉되고 팽창되는 시기가 있어서 당시에 그런
것들의 문제점들을 좀 지적하려 했습니다. 2005년에 폐지된 보
호감호가 이름만 보호수용으로 바뀌어 부활하려는 움직임도 있
었죠.

그러니까 김일수 선생님, 심재우 선생님이나 Hirsch 교수님을
통해서 배웠던 전통적인 법치국가 형법과 형사소송법이라고 하
는 것들을 좀 고수해야 하는 것 아닐까, 형법의 지주라고 볼
수 있는 원칙들, 예를 들면 비례성의 원칙, 최후 수단성, 법익
보호의 원칙, 책임 원칙 등등, 이런 것들을 지켜내야 하는 것
아닐까 하는 생각에서, 형법·형사소송법을 좀 비판적으로 들여
다보고 그런 것들이 다시 재개정돼야 하지 않을까 하는 문제
의식 속에서 연구를 많이 했습니다. 물론 논문은 많지 않지만,
그때 당시는 주로 칼럼이라든지 언론 인터뷰 같은 것을 통해
서 그런 목소리를 좀 많이 냈던 시기라고 볼 수 있습니다. 하
여튼 제 연구 활동 30여 년을 정리해 보자면, 특별히 그렇게
나누어 볼 수 있지 않나 하는 그런 생각이 듭니다.

이석배: 사실 제가 개인적으로 선생님 글 중에 가장 최고로 뽑는 게 몇

편 있습니다. 그게 처음에 말씀하신, 선생님께서 처음 우리나라로 들어오셔서 판례와 관련해 쓰신 평석 중에 좀 많이 있고요. 사실 저 말고도 다른 제자들이 뽑은 것 역시 그랬던 것 같습니다. 실제로 선생님께서 그때 쓰셨던 글들이 시간이 조금 지나면서 판례에 반영된 것들도 많아서 아주 큰 의미가 있었다고 제자로서 평가합니다. 그러면 이제 다른 질문, 약간 방향이 다른 질문인데요. 저는 개인적으로 그렇게 생각하지 않습니다만, 최근에 한국 형법의 독자성, 이런 얘기를 하면서 독일 형법의 틀, 이런 데서 벗어나야 하는 게 아니냐 하는 주장들도 많이 나오고 있고, 사실 그런 취지에서 연구를 계속하시는 분들이, 특히 원로 교수님 중에서도 몇 분 계시거든요. 독일 형법에서 벗어나 독자적인 주장을 하고 계신 분들에 대해서는 어떻게 생각하시는지 궁금합니다.

하태훈 : 글쎄, 독자적인 한국 형법이 있는지에 대해서는 부정적인데요. 그럴 수 없을 것 같습니다. 1953년에 제정 시행된 형법을 보면 체계 자체뿐 아니라 내용도 독일 법하고 굉장히 유사해서 우리가 해석할 때 우리만의 독자적인, 뭐 이런 걸 찾아낼 수 있을지는 조금 의문입니다. 다만, 그렇게 비판하시는 분들에 대해서 새겨야 할 지점은 있어요. 어떤 게 있느냐 하면 무작정 독일 것들을 그냥 갖다 베끼는 것에 대한 부끄러움과 반성입니다.

그러니까 아까 제가 비교 형법학, 비교법학을 얘기했는데 그냥 규정을 단순 비교하는 게 아니고 그 규정이 어떻게 탄생했고, 어떤 상황에서 만들어졌고, 실제 지금 어떻게 적용되는지, 이런 것들을 전체적으로 좀 종합해서 살펴봐야 하는데 그냥 단순히 외국의 제도나 법 규정을 소개하는 것에 그치고 하다 보니까 독일에 종속돼 있다고 비판을 받는 것입니다. 하여튼 독일에는 규정이 존재하기 때문에 그와 관련한 사례들이 교과서나 논문에 소개되어 있는데, 우리 형법에 규정이 없는데도 독일에 있는 그 사례들을 우리 교과서에 그대로 쓰고 있는 거죠. 무조건 독일 것을 갖다 쓰다 보니까 우리 규정에 없는 것까지도 등장하기도 하는 거죠.

이석배 : 낙태 미수 같은 것이 그렇죠.

하태훈 : 예, 낙태 미수가 그래요. 그러니까 낙태 불능미수에 관한 독일 교과서나 판례사례들이 우리 교과서에 그대로 들어와 있습니다. 독일 형법에는 낙태 미수 처벌 규정이 있기 때문에 의미가 있지만, 우리는 애초에 낙태 미수를 처벌하지 않기 때문에 의미가 없는 사례인데도 그런 사례를 예시로 들곤 하죠. 이런 것들에 대해 극단적으로 독일 형법에 종속되어 있다고 볼 수 있겠습니다만, 제가 보기에는 그래도 '독일에 편향돼 있다', 이렇게 보기는 어렵지 않을까 생각합니다. 다양한 해석 방법이라든지 해석 내용 중에 독일 것들을 받아들이는 것도 있을 수 있고, 또 규정이 거의 유사해서 그렇게 해석할 수밖에 없는 것들이 있기도 합니다. 그래서 제가 어느 자리에서는 그분들에 대해 자기들이 하지 못하는 것에 대한 자격지심 아닐까 하는 말을 한 적도 있어요. 그런 분들은 일본 것들을 주로 많이 베끼기도 했던 분들이고…. 그래서 저는 하여튼 굉장히 거부감이 있습니다. 한국의 독자적인 형법이라고 하는 말 자체가 성립할 수 있을지 의문입니다. 규정 같은 것들이 외국 것에서 다 계수, 독일법을 계수한 것인데 한국의 독자적인 게 있을 수 있는가 싶습니다.

예컨대, 그런 건 있을 수 있죠. 정당방위의 해석과 관련해서는

'우리는 왜 이렇게 좁게 해석하느냐', '미국은 굉장히 넓게 해석
하지 않느냐'라는 비판이 나오는데 그것도 상황에 따라 다른
거죠. 총을 사용할 수 있고 공권력이 금방 개입할 수 없는 미
국 같은 데서는 남의 집에 들어가는 건 다 총기를 들고 간다
라고 하는 게 전제가 되기 때문에 총으로 방어할 수 있는데
우리는 그런 경우에는 과잉방위가 되는 거죠. 그런 고려 없이
그냥 우리도 정당방위를 넓게 해석해야 한다고 한다면 문제가
있는 것입니다. 그러나 그 규정 자체는 독일 것하고 거의 유사
하므로 우리가 독일 이론들이라든지 독일 판례들, 뭐 이런 것
들을 소개하고 비교한다고 해서 '독일 편향이다', 이렇게 얘기
할 것은 아니지 않나 합니다. 그렇게 매도할 것은 아닌 거죠.

이석배 : 저도 이 부분에 관해 조금 생각해 봤었는데, 독일에서 공부한
사람 중에 우리나라 맥락에 잘 맞지 않는 독일 얘기를 막 끌어
다가 쓰는 사람들이 있어요. 그거는 우리가 독일 형법의 틀에
서 벗어나야 할 문제가 아니고 그 개인이 독일의 것을 잘못,
아무 데나, 맥락에도 맞지 않게 막 갖다가 얘기해버리는 것이
문제라고 봅니다. 특히 한국에서 학위 받으신 분들이 보기에는
'저런 쓸데없는 얘기를 한다'고 하시기도 하지만, 오히려 성급
한 일반화의 오류가 발생하는 것은 아닌가 하는 생각이 들거든
요. 그래서 저도 개인적으로 선생님과 같은 생각을 하고 있습
니다.

류경은 : '로스쿨 제도가 도입되면서 법학이 위기를 맞이했다', 그리고
'대학원을 통한 학문 연구 풍토나 여건이 로스쿨 제도 시행 이
전보다 좀 더 어려워진 측면이 있다'라는 지적들이 있는데요.
이 부분에 대해서 선생님의 생각을 좀 여쭤보고 싶습니다.

하태훈 : 제도 자체는 사실 잘 도입이 됐는데 몇 가지 문제가 있는 건

분명하죠. 그게 어디에 결부된 거냐 하면 합격률에 결부된 거거든요, 변호사 시험에 대한. 그러니까 우리의 교육은 초등학교, 중학교, 그 외 전부 다 마찬가진데, 어느 교육이든 시험으로 인해 교육 내용이 결정되는 것이죠. 그런데 변호사 시험 자체가 그렇게 되면 교육도 그렇게 할 수밖에 없는 문제가 생기는 거죠. 하여튼 제가 2005년에 사법제도개혁추진위원회에 있을 때 제 담당은 아니었지만, 그 당시에 '이제 법학 교육 제도를 좀 개선하자'라고 해서 도입된 것이 로스쿨 제도입니다. 제도의 취지는 굉장히 좋은 것인데 합격률을 제한하다 보니까 사실상 사법시험의 입학 정원을 1,500명으로 늘린 것밖에 되지 않는 것 아닌가 하는 생각을 하는 거죠. 그러니까 과거에 사법시험은 1,000명 이런 식으로 미리 정했는데, 지금 우리도 1,500명으로 정해진 것이나 마찬가지예요. 왜냐하면, 합격률을 입학정원으로 따지는 문제 때문에 그렇거든요. 응시자 대비 몇 %, 이렇게 가야 맞는 것인데….

물론 로스쿨 시험 자체를 보면 사법시험하고 다릅니다. 사법시험은 1차 객관식을 먼저 보고 그다음에 2차 보고 그다음에 연수원 들어가서 1년 차에 실무를 익히는 것이지만, 로스쿨에서는 이것을 한꺼번에 해야 한다는 차이가 있는 것인데 그러다 보니까 개선이 되지 않는 거죠. 3년 안에 그 모든 걸 다 해야 하기 때문입니다. 그래서 법을 바꿔야 하는 문제지만, 저는 로스쿨 제도를 개선한다면 2년을 공부하고서 변호사 시험을 보게 하고 그다음 3년 차에는 실무 교육도 하고 선택 과목도 듣게 하고 하는 식으로 바뀌어야 하지 않을까 생각합니다.

그러니까 일단 2년 동안은 기본법을 중심으로 굉장히 철저하게 공부하도록 한 상태에서 시험을 보도록 하는 겁니다. 시험에 합격하게 되면 학생들이 자유로운 상태에서 공부할 것이라고 봅니다. 그렇게 나머지 1년 동안은 경쟁력을 갖추기 위해서 선택 과목 및 실무 관련 과목도 수강할 수 있도록 시험제도를 바꾸면 지금보다 조금 나아질 수 있다고 생각합니다. 예컨대 2년 공부한 사람들이 '나는 학문에 뜻을 두고 있다'라고 한다면 3년차에는 그런 논문을 쓰게 하는 방식으로 하면서 박사 과정에 들어오도록 한다든지, 이렇게 하면 되는데 지금은 실무 교육도 제대로 안 되고 이론 교육은 더더군다나 안 되는, 기본 교육도 안 되는 그런 상황이고요.

그러다 보니까 로스쿨이 도입된 학교들의 경우는 법대를 폐지해야 했고, 그러다 보니 학문 후속세대의 인력풀이 아주 제한된 거죠. 인력풀이 없어서 로스쿨 졸업한 사람 중에 학문 후속세대로 가기를 원하는 사람들이 석사 논문도 써보지 않은 상태에서 박사 과정에 들어오게 되는 문제 등도 있는 거죠. 지금 대학원은 주로 실무가들 위주로 충원이 되고 그러다 보니까 수업도 굉장히 파행적으로 진행되기도 합니다. 대학원에서 해야할 그야말로 발표하고 토론하고 하는 이런 수업이 제대로 이루어지지 않는 상태가 돼서 학문 후속세대를 양성하는 데는 대단히 문제가 많습니다. 하여튼 아무것도 안 되는, 로스쿨 도입 취지대로 제대로 운영되지 않는 그런 문제가 있는 거죠.

V. 교육자의 길

이석배 : 이건 총체적인 질문일 것 같은데요, 선생님. 교수가 연구자이기도 하고 교육자이기도 한데, 연구자로서 가장 중요하게 생각하시는 점이 무엇이 있으신지, 또 교육자로서 대학 때 가장 중요하게 생각하셨던 점, 다시 말해 교육자로서 가장 중요하다고 생각하시는 점, 그 두 가지를 좀 여쭤보고 싶습니다.

하태훈 : 학자는 사실은 되기도 쉽지 않잖아요. 그러니까 학자가 되려면 유학을 하건 아니면 국내 대학원에 진학하는 것인데 공부를 마친다고 해서, 학위를 취득한다고 해서 무슨 장래가 보장되는 게 아니잖아요. 무슨 자격증을 받는 것도 아니고…. 사법시험이나 로스쿨은 그래도 변호사 자격은 받잖아요. 변호사가 되든지, 판검사가 되든지 할 수 있는 자격증은 받는 것인데 박사학위라고 하는 것은 뭐 자격증이 아니죠.

그래서 사실은 학자가 되려면 엄청난 열정이, 학문적인 진리와 그 학문에 대한 열정이 있어야 하는 건 아닐까…. 물론 경제적으로도 뒷받침이 돼야 하겠죠. 그 기간 동안에 공부해야 하는데 경제적으로 여유가 없으면…. 제가 독일 유학할 때 돌이켜보니까, 저희가 그래도 5년여 정도 공부하면서 두 사람 다 무사히 마칠 수 있었던 것은 처음에는 굉장히 경제적으로 어려웠지만 한 2년쯤부터 저와 집사람 둘 다 장학금을 받으면서 경제적으로 여유가 생겨 그렇게 된 것 같습니다. 경제적으로 여유가 없으면 방학 동안에 계속 아르바이트를 해야 해요. 그러면 공부가 늦어질 수밖에 없는 거거든요. 뭐 대단히 뛰어난 사람이라 하더라도 법학은 어느 정도 절대적인 시간이 필요하기 때문이죠. 그래서 학문에 대한 열정이 없으면 되지 않는 그런 직업이라고 생각합니다.

그다음에 특히 우리 법학 같은 경우에는 사회과학, 인문과학과 마찬가지로 성과라고 하는 게 사실 가시적으로 보이는 건 아니잖아요. 즉, '내가 열심히 무언가를 연구해서 논문을 낸 것이 성과다', 이렇게 볼 순 있어요. 물론 그것은 연구 성과이기는 하지만, 좋은 사회로 가는 데 어떤 영향을 미치고 정책화되고 제도화되고 입법화되고, 하여튼 이런 것들에 이바지해야 성과

라고 볼 수 있다고 한다면 그런 걸 가시적으로는 보이기는 쉽
지 않기 때문에 사실 참 어려운 직업이 아닌가 하는 거죠. 다
른 직업들의 경우는 실험해서 뭔가 발견하고 이것들이 또 실제
적용되기도 하는 등 성과가 바로 나타나는 것들이 일반적인데
말이죠. 그래서 그런 것에 대한 조바심을 갖지 않고 공부를 하
는 것이 필요하지 않을까 합니다.

가장 중요한 것은 열정과 성실함이 아닐까, 그런 생각이 들고
요. 저는 그래도 성실하지 않았나 싶어요. 누군가 저에 대해서
성실함이나 신뢰감에 관해 평가해 주기도 했는데 하여튼 저는
성실했던 것 같아요. 그 성실함이라고 하는 게 굉장한 연구자
로서의 필수적 자산이 아닐까, 그런 생각이 들어요. 그다음에
또 뭘 물어봤지?

이석배 : 교육자로서.

하태훈 : 아, 교육자로서…. 우리가 대학교수를 평가할 때도 뭐 교육, 그
다음에 연구, 그다음에 사회봉사, 이런 식으로 하잖아요. 저는 그
중에서 교육이 가장 중요하다고 생각해요. 그러니까 연구기관은
많잖아요. 다른 연구기관들 많은데 교육은 모든 곳에서 하지 않
는 것이죠. '대학이 존재하는 이유는 교육이다', 저는 이렇게 생
각해요. 물론 교육을 잘하려면 연구를 잘해야지만 되는 것이고,
또 교육하다 보면 어떤 연구 거리가 생길 수 있고 해서 서로 순
환하는 것이지만, 하여튼 대학에서 가장 중요한 것은 인재를 양
성하는 것으로 생각합니다.

그렇다면 교육을 어떻게 잘할 수 있을 것인가 하는 것인데, 저는
교육을 잘하려면 준비를 잘해야 하는 것이 아닐까 싶어요. 준비
없이 강의를 잘할 수는 없죠. 이거는 제 지도 교수이신 Hirsch
교수님으로부터 배운 것인데, 그분께서는 강의하기 전에 엄청나

게 준비하시거든요. 제가 갔을 때는 거의 뭐 60세가 다 되셨는데, 정년이 얼마 안 남았음에도 불구하고 강의 준비를 굉장히 열심히 하시는 거를 보고 배워왔습니다.

하여튼 열심히 준비해야 하고 또 교수는 그 분야에서는 학생들보다 먼저 공부를 한 공부량이라는 게 있지 않습니까? 그 눈높이에서 학생들을 대하면 안 되는 것이죠. 학부 같은 경우 그렇기도 하고 로스쿨도 사실 비슷한 경우인데, 학생들은 이제 막 고등학교 졸업해서 법학에 관한 것을 익혀야 하는 처지죠. 그래서 학생들의 눈높이에 좀 맞춰야 하는데, 일방적으로 어떤 이론들을 소개하면 학생들이 잘 이해를 못 합니다. 그래서 판례 사안이라든지 사례를 들어서 이론들을 설명한다든지 하는 이런 것들이 학생들에게 굉장히 좋은 결과를 가져오고 학생들도 그렇게 했을 때 좋은 평가를 했던 것 같아요.

또, 제가 교육자로서 했던 것 중의 하나는 강의를 시작하기 전에 사회적 이슈에 관한 사회 평론을 한 5분 정도 하는 거죠. 물론 제가 일방적으로 제 시각에서 학생들에게 전달할 목적이 아니라 사회의 다양한 문제들에 관한 관심을 좀 두도록 하고, 결국 법학도 사회과학이기 때문에 생활 사안들이나 사회적으로 이슈가 되는 것들을 잘 들여다보고 자기 입장을 항상 정리할 수 있도록 도우려고 하는 것입니다. 하여튼 사회를 바라보는 하나의 관점으로서 제가 평론했던 방식이 학생들의 강의 평가에서 상당히 좋은 평가를 받았던 것 같아요.

마지막으로 제가 강의하면서 했던 것 중 또 하나는 첫 주에는 한 학기 동안 배워야 할 것을 전체적으로 개관하는 시간을 갖는 거죠. 전체적으로 법전을 통해서 쭉 개관하고 그다음에 강의안의 목차를 통해서 개관하기도 하면서 학생들이 한 학기 동안 뭘 배우는지 대략적인 그림을 갖도록 하면 아무래도 조금 관심을 가질 수 있게 됩니다. 또, 저희 학생 때를 되돌아보면 우리 선생님들께서 강의 진도도 얼마 나가시지 않으셨는데, 그런 탓에 뒷부분은 뭔지도 모르고 거의 한 학기를 마치게 되는 그런 문제가 있어서, 적어도 전체적인 그림을 그리도록 하고 그 그림 속에서 학습하도록 하면 훨씬 더 이해가 쉽지 않을까 싶어서 그렇게 강의했습니다.

강의와 관련된 상을 몇 번 받기도 했는데, 어쨌든 간에 그런 점들이 교육자로서는 필요한 것이 아닐까 싶네요. 요즘은 대학교수로서 막 연구를 강조하기도 하는데, 연구가 물론 중요하지만 저는 무엇보다도 교육이 중요한 것이 아닐까 싶어요.

VI. 교내외 활동

이근우 : 선생님. 앞에서 사회 참여 활동에 관해서도 얘기를 약간 설명해 주셨는데, 특히 참여연대나 장발장 은행을 오래 하셨었죠. 그런데 어떤 사람들이 보기에는 교수가 시민단체 활동, 이런 것들을 하면 편견으로 바라보기도 하죠. 그래서 선생님께서 활동하시면서 가장 힘들었던 오해랄까, 혹은 선생님 개인적으로 힘들었던 점이랄까, 그런 게 있으시다면 말씀 좀 해주세요.

하태훈 : 아무래도 사회 활동을, 시민단체 활동을 하다 보니 저에 대해 평가해 주는 것 중의 하나가 '사회참여형 학자'라고 하는 것이 있습니다. 저는 이렇게 평가해 준 걸 굉장히 좋게 받아들입니다만, 교수가, 연구자가, 학자가 연구 열심히 하고 교육 열심히 하면 되는 것 아닌가 하는 지점이 있는 거죠. 물론 그것도 중요하지만, 우리가 무언가를 연구하고 교육하는 것도 다 사회의 발전을 위한 것이라 한다면 사회의 어떤 문제점들을 우리가 보았을 때 지성인으로서 그것들을 좀 개선하는 데 적극적으로 참

여하는 것이 필요하지 않을까 생각합니다.

그게 학자마다 입장이 다양할 수 있죠. 사회적 기여를 연구로써 하는 사람들도 있고 아니면 언론에 기고하거나 인터뷰하거나 하는 방식이 있을 수 있고, 아니면 정부 위원회에 참가하는 방법도 있을 수 있고 저처럼 시민단체에 오래 활동하는 방법도 있을 수 있는데, 저는 하여튼 그런 의미에서는 어떻게 보면 행동 지향적이라고 얘기할 수 있을 것 같기는 해요. 제가 시민단체에 있으면서 실제 행동하기도 했죠. 국회 앞에서 뭐 집회도 나가고, 마이크를 잡고서 큰소리도 외쳐 보고, 박근혜 탄핵 때에는 매주 빠짐없이 촛불집회에 나가기도 하고, 효자동에 가서는 위험한 발언까지 하기도 했는데, 저는 그런 것들이 필요하다고 생각해요.

아까 이 교수께서 말씀한 것처럼 '학자가 그게 할 일인가?'라는 식으로 보는 시각이 없지 않지만, 반대로 다른 평가를 해주시는 분들도 많이 있다는 생각이 드는데, 여러 형법학자께서 저에게 고맙다는 얘기를 가끔 하기도 하거든요. 그러니까 우리가 하지 못했던 목소리를 내줘서 고맙다는 코멘트였던 것 같아요. 물론 모든 학자가 다 그렇게 할 수도 없고 각자의 어떤 소신도 있고 한 것이지만, 저로서는 필요한 일이라 생각해요.

하지만, 조금 그런 편견이 있을 수 있고 아니면 정부의 성향에 따라서는 압력 같은 것들이 있을 수도 있죠. 그러나 그 압력이란 것도 제가 고려대학 소속이기 때문에, 고려대학 교수이기 때문에 특별하게 없었다고 생각해요. 일부 작은 대학들이라든지 아니면 재단이 강한 이런 학교들의 경우는 아마도 압력이 있었을 것 같거든요. 그래서 제가 시민단체 활동하는 것을 두고 저의 대학 및 고등학교 한참 선배이시면서 하여튼 상당히 보수성향이신 분이 계시는데, 그분이 저한테 '괜찮냐?' 이렇게 몇 번을 물어보시기도 했어요. 제가 '아, 뭐, 고려대학 교수를 학교가 그런 활동을 한다고 불이익을 주겠냐'고 말씀드렸죠. 근데 그런 경우가 사실 있긴 했었죠. 반정부, 정부 비판적일 때, 예컨대 4대강 사업에 대해서 반대 서명 같은 것을 했을 때 저희에게는 직접적인 불이익은 없었지만, 이공계 교수들에게는 블랙리스트처럼 연구비가 신청해도 안 된다든지, 이런 것들이 있기도 했죠. 저는 그런 어려움은 없었던 것 같고, 어려움이라고 하면 사실은 시민단체에서 공동대표를 할 때, 박근혜 탄핵 집회에 단 두 번만 빠지고 토요일 오후 2시부터 늦은 밤까지 이어지는 집회에 모두 참여했었거든요. 그러다 보니 공부할 시간이 없더라고요. 그래서 연구가 소홀해진 면이 있었고, 그때 당시에 강의 평가가 제일 안 좋았던 경험이 있습니다. 왜냐하면, 제 울분을 강의실에서 많이 토로하는 바람에, 5분 이야기하기로 해놓고 그 5분을 지키지 못하고 한 10분을 학생들에게 얘기한 적도 있었고 해서 그랬던 것 같아요. 그랬더니 강의 평가가 별로 안 좋았는데, 하여튼 그런 어려움은 좀 있었죠. 시간, 그러니까 여러 가지를 다 병행한다는 게 쉽지 않은 일이기 때문에 균형을 맞춰서 하든지 아니면 어떤 것들을 포기하든지 할 수밖에 없었는데, 지금 되돌아보면 그래도 저는 나름대로 의미 있는 일들을 해왔다고 생각합니다.

이근우 : 그중에 선생님께선 특히 검찰 개혁, 법무 개혁에 많은 활동을 하셨는데 돌이켜 보셨을 때 좀 더 아쉬운 점이나 좀 더 밀어붙였어야 했다 싶었던, 그런 부분이 있으신가요?

하태훈 : 글쎄요, 검찰 개혁도 뭐 오랫동안…. 사실 개혁 운동이라고 하는 게 뭐 크게, 금방 성과가 나지는 않는 것이죠. 예컨대 공수처 같은 것들도 한 20여 년 운동했고, 검찰 개혁이나 사법개혁

이런 것도 제가 98년인가 99년에 김대중 정부의 사법개혁추진 위원회 전문위원으로 들어갈 때부터 논의가 됐던 것이거든요. 근데 이제 겨우 조금 진행되었죠. 법무부의 탈검찰화, 검경 수사권 조정 등의 논의는 우리 검찰의 권력이 정의하는(define) 권력으로서 상당히 막강하여서 그랬던 것이죠.

검찰이 기소해야 비로소 법원이 진실과 정의가 무엇인지 판단 하는 것이고, 아무리 법원이 판단하고 싶어도 할 수 없는 제도 이고요. 범죄가 되는지 안 되는지는 검찰의 손에 달려 있으니 그 권력이 대단히 큰 거죠. 검찰이 진실을 규명하는 초입을 막 고 있어서 검찰 개혁의 핵심은 검찰 권력을 분산하는 것에 있 다고 할 수 있는데, 이게 어느 정도 됐다 싶었다가 최근에 되 돌아간 것 같아요. 제도적으로, 법률로 규정되더라도 또다시 되 돌릴 수 있는 그런 상황이 돼서 사실은 아쉬움이 있기는 하죠.

Ⅶ. 한국형사 · 법무정책연구원 원장을 하면서

이근우 : 그 다음에 또 다른 길로 선생님께서 일종의 기관장 혹은 한국 형사 · 법무정책연구원 원장으로 가시게 되었는데 그 특별한 계 기랄까, 지원하시게 된 동기랄까, 뭐 그런 것들이 있으실까요?

하태훈 : 제 스승인 김일수 선생님께서 정년을 맞이하시기 전에 원장으 로 가셔서 사실은 제가 속으로 비난했거든요. 학자는 학교에서 정년을 맞이해야지, 왜 그런 기관에 가시는가 하고 부정적이었 는데 제가 그렇게 돼버렸네요. 오래전부터 사실 형정원 원장을 공모한다고 그러면 다른 분들이 제가 가는 것이 아닌가 하고 얘기한 적들이 많았는데, 저는 사실 관심이 없었거든요.

그런데 가게 된 계기가 된 것은 형사 · 법무정책연구원으로 이 름을 바꾸면서 연구 영역이 좀 확대되었는데, 그렇다면 연구원의 위상을 좀 높일 수 있겠다 싶은 생각이 들었어요. 형사정책연구원 시절에는 사실 위상과 평가가 높지 않았거든요. 그 이유는 뭐 여러 가지가 있을 텐데요. 무엇보다도 연구원의 유관부처가 주로 법무부와 대검찰청이라고 볼 수 있는데, 연구원의 연구 영역이 형사정책에 국한되어 있어 법무부의 극히 일부 정책영역의 연구 지원만 하다 보니 법무부의 위상을 따라가지 못하게 된 것이죠. 그래서 법무 정책으로 연구 영역을 확장하면서 법무부 소관의 여러 사무에 연구 지원을 해야 하는 연구기관으로 바뀌게 되었기 때문에 제가 열심히 하면 이 연구원의 위상이 조금 높아질 수 있지 않을까 생각했습니다.

2021년 5월 한국형사·법무정책연구원으로 바뀌면서 제2의 도약기를 맞았다고 보았는데, 이 제2의 도약기에 잘 토대를 마련해 주면 좋겠다는 생각이 들면서 지원하게 됐어요. 이제 1년 반 정도가 지났습니다. 계속 그러한 일에 중점을 두고 있고요. 법무 정책의 어떤 토대를 만들어내는, 인력도 충원하고 연구예산도 확보하고 하는 그런 역할을 지금 하는 거죠.

하여튼 학자로서는 전혀 경험해 보지 못한 것들을 지금 다 겪고 있습니다. 예컨대 국정감사도 받아야 하고 감사원이나 국무조정실의 감사도 받아야 하고, 최근에는 국세청 세무조사까지 받기도 했습니다. 하여튼 여러 가지 학자로서는 해보지 못한 경험이고, 학교에 있을 때는 제가 세상의 갑인 줄 알았는데 학교 밖으로 나와 보니까 제가 상대해야 하는 갑들이 너무 많더라고요. 국회의원도 상대해야 하고 공무원도, 예산 당국도 상대해야 하고 등등…. 그래서 그런 역할이 사실 익숙하지 않지만, 그냥 뭐 들리는 평가에 의하면 '잘하고 있다', '학자인 줄만 알았는데 이런 쪽에도 능력이 있었나 보네', 하는 평가들이 간혹 들려서 기분이 좋아요. 연구원 내부 사람들도 '이렇게 연구원이 평화롭고 좋았던 적이 없었다', 이렇게 얘기하고요. 다행히 연구원들도 굉장히 만족하는 것 같아요.

하여튼 제가 연구원에 가서 연구원의 전체적인 위상을 높이기 위해서는 무엇보다도 구성원들의 자긍심을 높이는 것이 중요하다고 생각해요. 또, 이 구성원들과 소통을 계속하면서 구성원들의 연구 환경이나 처우를 개선해 주기 위해 노력을 많이 하는 것이 일정한 성과들을 낳아 연구원들이 만족하게 되고 자긍심이 생기게 되면 결국엔 역시 연구원의 위상도 높아지지 않을까, 뭐 그런 생각을 합니다.

이근우 : 법학 교수나 시민단체의 의장이라는 역할과는 달리 이건 관료제의 기관장으로서 업무 수행 방식이 또 다를 텐데, 특히 그런 부분에서 힘드신 부분이 있었다면 어떤 것들이 가장 힘드셨는지….

하태훈 : 일단, 내부 구성원들이 다양하죠. 그렇다 보니까 제가 이런 비교를 하거든요. 기업 경영했다고 해서 나라를 운영할 수는 없는 것인데, 왜냐하면 기업 경영이야 목표가 똑같잖아요. 모든 사람이 이해가 똑같은 것입니다. 물론 그 안에서도 서로 다를 수 있지만 그래도 목표가 똑같은데, 나라는 생각이 다른 사람들이 다 모여 있는데 '기업 경영을 잘한다고 해서 잘할 수 있을까', '학교에서 잘하고 있었다고 해서 이 연구기관 경영을 잘할 수 있을까' 하는 건데 다르긴 하죠. 구성원들이 다 연구자만 있는 것도 아니고 행정직도 있고요. 또 연구자들이 사실은 생각들이 다양하고 굉장히 자율, 독립적이잖아요. 그러니까 누구에게 간섭받는 걸 원치 않는 그런 집단이기 때문에 사실 연구원을 경영하고 이끌어가는 게 쉽지 않은 일입니다. 하여튼 끊임없이 그들에게 어떤 불만들이 있고, 어떤 문제가 있는지를

대화를 통해서 알아내고 그것을 최대한 충족시킬 수 있도록 노력하는 것, 이게 경영자로서 해야 할 일이라 봅니다.

작년 연말에 연구원 재정이 허락하는 한에서 연봉을 인상하는 처우 개선을 해서 구성원들이 굉장히 좋아하고 있고요. 급여 수준이 저희가 상당히 낮았는데 이제는 조금 높아져서 연구원들이 좋아해요. 연구원 내부적으로 이해 조정이 안 돼서 여태까지 못 했던 것들인데 제가 직급마다, 그다음에 행정과 연구자마다 소통하면서 조정해서 이루어낸 것이거든요. 경영자로서는 하여튼 그게 필요할 것 같고요. 원장이 외부 출신이다 보니까 내부 구성원들에 대해 잘 모르잖아요. 그래서 이번에 직제를 개편해서 부원장 제도를, 다시 말해 내부 연구위원 중에 부원장을 두어서 부원장이 그런 문제들을 좀 잘 파악해서 소통하면서 저를 도와준다면 앞으로도 더 나아질 수 있지 않을까 싶어요.

이근우 : 굳이 명제화 된 모토 같은 건 아니더라도 경영자 혹은 관리자로서 어떤 지침이랄까 혹은 선생님께서 지향하시는 바 같은 것이 있으시다면 어떤 게 있을까요?

하태훈 : 저는 구성원들에게 강조하는 것이 있어요. 제가 소명 의식이라는 단어를 굉장히 좋아해요. 이게 종교적인 색채가 있는 단어이기는 하지만, 구성원들을 보면 그저 하나의 직업으로써, 월급을 타는 직장으로써 생각하는 분들도 있기도 한데, 언제 떠나더라도 있는 만큼은 자기 주어진 일들을 정말 책임감 있게 해내야 한다는 얘기들을 많이 전합니다.

왜냐하면, 연구원의 처우가 낮다 보니까 대학으로 가기를 원하기도 하고 그러는데 그렇다 보면 아무래도 연구원에서 해야 할 연구는 제대로 하지 않고 다른 쪽에 관심을 두게 되잖아요. 연구원에서 주어진 연구 보고서를 쓴다든지 하는 것보다는 학회에 투고한다든지 다른 일들을 많이 하게 되는데, 그러면 연구원에는 손실이 되는 거죠. 그래서 소명 의식 같은 것들을 굉장히 강조하고 있습니다. 그런 것들을 통해서 연구원들이 조금씩 나아지는 것 같다는 생각이 들고, 그렇게 요구하려면 사실 가장 중요한 게 처우죠, 처우. 그러니까 이번 처우 개선을 통해서 가능해질 수 있다는 생각이 들고요. 하여튼 아까도 얘기했지만, 경영하면서 다양한 이해들을 잘 조정하는 것, 이게 중요한 일이에요.

저희가 노조가 있는데 노조와의 대화, 이런 것들이 굉장히 중요한 거죠. 하여튼 서로를 잘 이해하는 것, 이런 것들이 경영자로서는 중요한 것이 아닐까 싶고 제가 좋아하는 말 중의 하나가 역지사지라고 하는 말이 있는데 항상 다른 사람의 입장에서, 상대방의 입장에서 생각을 해보면 쉽게 소통할 수 있고, 쉽게 공감할 수 있고, 어떤 합의도 끌어낼 수 있지 않을까 싶어서 그런 쪽을 강조하고 있죠.

이근우 : 우여곡절 내지 많은 어려움 속에 처우 개선은 일단 하셨다고 하셨고, 남은 기간 동안 더 중점적으로 하시고 싶은, 앞으로 이루어내고 싶은 일들은 어떤 게 있으실지….

하태훈 : 그러니까 아까 얘기한 것처럼 제가 연구원장이 된 이유 중의 하나가 법무 정책으로의 확장이어서 이 법무 정책 쪽에 연구 기반을 확충하는 것이 중요한 일이에요. 인력과 예산을 확보해야 하는데, 불행하게도 이 정부가 효율성을 강조하니까 연구기관에 대한 지원이 충분하지 않습니다. 되도록 삭감하려 해요. 지금도 연구 예산을 삭감하고, 인력도 감축하는 쪽으로 가고 있어서 제가 기대했던 만큼은 안 될 것 같긴 합니다.

그러니까 처음 예상키로는 한 3~4년 안에 연구 예산 한 30억 정도와 그다음에 인력 같은 경우는 연구직을 포함해서 한 25명, 이렇게 계획했었는데 굉장히 어려울 것 같아요. 지금 7명과 연구비 9억 정도밖에 확보를 못 했는데, 그래도 어려운 상황 속에서도 다른 연구기관하고는 달리 계속 증원이 되거나 연구 예산이 증액되는 상황이기는 합니다. 하여튼 인력이나 연구 예산 면에서 법무 정책 연구 쪽에 신경을 쓰려고 하고 있어요. 법무 정책이 굉장히 다양하거든요. 민·상사법도 있고, 인권 문제도 있고 그다음에 외국인·이민·난민 정책도 있고 등등 한데, 예컨대 민·상사법 같은 것들을 개정하는 것 등도 이제 중요한 일이거든요.

대학 같은 곳과 함께 법무정책과 관련한 공동 연구 같은 것 등을 하는 것, 이런 것에 지금 중점을 두고 있어서 기구를 조금씩 법무 정책 연구를 확대하는 방향으로 계획을 좀 갖고 있죠. 그래서 다양한 기관들하고 MOU도 체결하고 기관을 방문해서 사정도 하고 요청도 하고….

예컨대 제가 오고 나서 해양대학과 MOU를 맺었는데, 해양과 관련한 법무 정책, 이런 것들을 함께 연구하도록 한다든지 아니면 성범죄, 사이버 성범죄 연구센터 같은 것들을 한번 만들어본다든지 하는 것들도 하고요. 코이카(KOICA)도 방문해서 제3국에 우리 연구원과 같은 기관을 설립할 수 있도록 지원하는 것이 가능한지도 타진도 해보고, 서울시가 우리 연구원 근처에 AI 허브를 만들겠다고 오래전부터 계획하고 있어서 연구원에 AI·법·정책연구센터를 만들고 연구기능을 강화해서 서울시와 같이할 수 있는 일이 있는지 등을 타진해 보는 등 다양한 기관들을 방문하고 MOU도 체결하고 있습니다.

Ⅷ. 앞으로의 여정과 마지막 한 마디

윤동호 : 지난 한 40여 년의 형사법학의 여정을 잘 들었는데요. 아주 쉬지 않고 달려오신 듯한 그런 느낌을 받았습니다. 그러면 혹시 지난 40여 년을 되돌아보셨을 때 혹시 후회되거나 좀 아쉬운 점이 있다면 어떤 게 있을까요?

하태훈 : 항상 되돌아보면 후회가 되죠. 좀 더 열심히 할 걸, 좀 더 잘할 걸 뭐 이런 후회는 항상 남는 것인데 그런 후회가 없었으면 사실은 못 살 것 같기도 해요. 인생이 그걸 통해서 계속 발전해나가고 좀 더 나아지는 것이 아닐까, 지금까지 해 온 것들이 다 만족스러우면 더 나아갈 수 있겠어요? 하여튼 계속 되돌아보고 성찰하면서, 부족하다면 이제 그걸 채워나가야 하는 거죠. 형사법학으로 치면 46년 정도의 여정이고, 형법 강의는 한 30몇 년의 여정이기는 한데 후회가 많기는 하지만, 나름대로 만족할 만한 일들도 있고 그렇습니다.

한 가지 더 후회가 남는 것이 있다면 형법에서 일탈하지 못한 것이 아닐까 싶어요. 그러니까 다른 걸 해보지 못한 것이 사실은 참…. 물론 제가 얘기했던 시민단체 활동이나 이런 것을 두고 얘기하는 건 아니고요. 다른 학문에 관한 관심을 조금 가졌으면 하는 그런 것이죠. 사실 우리 법학자들이 가진 한계가 거기일 것 같기도 해요. 너무 법학에 매몰돼 있는 것…. 그래서 다른 학문에 좀 관심을 뒀다면, 그것이 꼭 사회과학이나 인문과학 같은 것들이 아니더라도 예술이라든지 이런 쪽에도 좀 관심을 가졌다면, 삶이 조금은 더 풍부하지 않았을까 하는 생각이 들어서 그런 점이 되돌아보았을 때 아쉬운 점인 것 같아요. 그러나 이렇게 후학을 양성하는 것이 굉장히 보람되었던 일이기도 했고, 또 사회적인 평가를 받은 것도 굉장히 기분 좋은 일이었습니다.

이제는 의무가 없어지는 거니까…. 물론 임기가 끝까지 보장된다면 연구원장은 앞으로 정년퇴임하고도 1년 한 6개월 정도를 더 해야 하지만, 이제 교육자로서, 교수로서의 의무는 없어지는 것이어서 조금은 자유로워지는 것에 대한 기대가 있습니다. 그래서 '여태까지 해보지 않았던 것들을 좀 해보면 어떨까?', 이런 생각이 들고…. 하여튼 몇 해 전부터 그런 생각을 쭉 했습니다. 아직 내가 이걸 하고 있다, 이렇게 얘기할 수 있는 정도는 아니긴 한데 하여튼 음악, 악기를 한번 해본다든지 아니면 그냥 소일거리로 꽃을 가꾸거나 채소를 기르는 등 이런 취미 활동들을 좀 하면 좋지 않을까 싶어서 그런 시도를 하고 있어요.

후배들이나 우리 제자들에게 하고 싶은 얘기는 물론 지금도 잘하고 있지만, 사회적 스피커가 되는 것이 굉장히 좋은 일이 아닐까…. 물론 이제 저처럼 시민단체에 활동하고 그런 것까지 요구하지는 않지만 적어도 언론이나 그런 식의 활동을 통해서 우리의 목소리를 끊임없이 내는 것, 지식인으로서 끊임없이 목소리를 내는 것이 필요하지 않을까 싶은 생각이 드네요.

윤동호 : 이제 다 말씀해 주셔서 끝내도 될 것 같기는 한데, 혹시 그래도 또 하시고 싶은 말씀이 있다면…?

하태훈 : 아까 연구원으로서는 법무 정책만 얘기했는데 형사 정책 쪽에 대해서도 말하고 싶네요. 제가 최근에 논문 쓴 것 중에도 있습니다만, 우리 형사정책과 입법이 증거 기반(evidence based)이 아니라 그냥 opinion based, 그러니까 정책책임자가 자기 생각이나 주관, 여론에 따라 정책 결정을 하고 입법하고 있다고 생

각합니다. 언론에 의해서 형성된 여론이라는 게 과학적인 증거가 될 수 없고, 근거가 될 수 없는데 그런 입법이나 정책들이 너무 많아요.

증거 내지 근거에는 전문가의 의견도 포함되는데, 어느 때부터인가 법무부에 설치되어 있던 형사법개정자문위원회도 사라지고 정책 결정과 입법과정에서 전문가가 보이지 않게 되었습니다. 학문이 횃불을 들고 앞서면 그 빛 안에서 입법과 사법이 뒤따르던 호시절은 간데없죠. 저는 언론 인터뷰나 칼럼 기고를 통해서 목소리를 내려고 노력했는데, 앞으로 학계가 관심을 갖고 힘써야 할 부분이 아닌가 싶어요. 정책 결정과 입법과정에 자문역과 선생님의 역할을 할 수 있도록 말이죠.

우리 형사법무정책연구원에서 증거에 기반한 형사 입법이나 형사 정책을 좀 수립하는 데 도움이 되는 연구들을 많이 해보고 싶다는 생각이 들어요. 지금까지 제가 잘 해보지 않았던 영역이긴 하지만, 연구원장으로 와 보니까 그런 것들이 필요하지 않을까 생각하게 되었습니다. 대중영합적으로 형량이 계속 올라가고 형법이 너무 과잉화되는 게 아닌가 싶고, 형벌포퓰리즘에 빠져 있는 것 같아서 그런 연구들을 우리 연구원에서 끊임없이 해야 하지 않나 생각합니다.

이석배 : 요즘에 판례도 그런 것 같아요. 특히 성범죄 관련해서는 좀…. 예전에, 선생님께서 '장애인 여성 강간에 대해서 요건을 약간 완화해야 한다', 이 정도까지는 어느 정도 동의가 됐는데 요즘에는 뭐 그냥….

이근우 : 그게 아니라 저는 이제 비동의 간음죄를 차라리 만들어주는 게….

류경은 : 예, 비동의 간음죄 만드는 게….

이근우 : 법원이 비동의 간음죄가 없는데 해석으로 비동의 간음죄를 창
설하니까요.

이석배 : 거의 그렇게 돼버리는 거죠.

류경은 : 더 명확할 거고….

이근우 : 뭐, 형은 한 3년 정도만 떨어뜨리고…. 지금 그렇게는 해석이
안 됩니다.

류경은 : 예.

김상중 : 이상으로 간담회 자리를 마무리하도록 하겠습니다. 약 2시간 내
외의 선생님 말씀을 잘 들었습니다. 오늘의 기록은 학교·연구
를 포함해 전문 직업을 지향하시는 분들이 보실터인데, 형법·
형사정책에 관한 전문적 식견 외에도 누구나 공감할 수 있는
'성실', '소명의식', '준비되고 폭넓은 생각', '실천하는 생활인의
자세', 이런 내용들을 배울 수 있었습니다. '역지사지'라는 말씀
도 그런 말씀의 키워드로 남겨져 있습니다. 주신 말씀 소중하고
감사하게 잘 들었습니다.

하태훈 : 김 교수님이 마무리 정리를 잘 해주셨고요. 이렇게 소중한 대담
의 기회를 주셔서 감사드립니다.

저자 약력

하태훈

고려대학교 법과대학 졸업(1981년)
고려대학교 대학원 형사법 전공(1985년 법학석사)
독일 Köln대학교 법과대학 박사과정(1990년 Dr. jur.)
UC Berkeley, School of Law, Visiting Scholar
경찰청 인권위원회 위원
대법원 양형위원회 위원
고려대학교 교원윤리위원회 위원장
고려대학교 법학연구원 원장
한국비교형사법학회 회장
한국형사법학회 회장
국가인권위원회 혁신위원회 위원장
한국범죄방지재단 학술상 수상
법무부 교정정책자문단 위원장
참여연대 공동대표
현: 고려대학교 법학전문대학원 명예교수
    한국형사 · 법무정책연구원 원장

저서 및 주요 논문

Die strafrechtliche Behandlung des untauglichen Versuchs, Baden
    −Baden(1991).
사례중심 형법총론, 법원사(2002).
판례중심 형법총론 · 각론, 법원사(2006).
사례판례중심 형법강의, 법원사(2021).
검찰공화국, 대한민국(공저), 삼인(2011).
형사법사례연습(공저), 박영사(2020).

법치국가에서 형법과 형사소송법의 과제, 박영사(2023).

명확성의 원칙과 일반교통방해죄의 예시적 입법형식, 형사법연구 제26권 2호
(2014).

합리적인 사법제도 구현방안, 고려법학 제75호(2014).

수사공보준칙과 피의사실공표죄, 안암법학 제48호(2015).

한국 형사법학 60년의 회고와 전망 -형사소송법 중 총론과 수사를 중심으로-,
형사법연구 제29권 3호(2017).

형사사건에서의 재판전 범죄보도에 대한 제도적 통제방안에 관한 연구(공저),
법원행정처(2017).

의료법학 20주년 회고와 전망(형사법 분야), 의료법학 제20권 3호(2019).

수사권·기소권 분리와 독립수사기구 설치 방안(공저), 국회입법조사처
(2020).

수용자 인권보호를 위한 과밀수용 해소방안 연구(공저), 법무부(2021).

증거기반 형사정책과 형사입법, 형사정책 제34권 제3호(2022).

등 다수.

겨울 지나면 봄, 정의도 자연법칙처럼

초판발행   2024년 7월 10일

지은이   하태훈
펴낸이   안종만·안상준

편 집   장유나
기획/마케팅   조성호
표지디자인   BEN STORY
제 작   고철민·김원표

펴낸곳   (주) **박영사**
               서울특별시 금천구 가산디지털2로 53, 210호(가산동, 한라시그마밸리)
               등록 1959. 3. 11. 제300-1959-1호(倫)
전 화   02)733-6771
f a x   02)736-4818
e-mail   pys@pybook.co.kr
homepage   www.pybook.co.kr
ISBN   979-11-303-4767-7   93360

copyright©하태훈, 2024, Printed in Korea

정 가   15,000원